"*Abuelita fe* ofrece una clase ma[...]l-
beración en el cruce de sus propias historias y las [...]os
libros exploran la teología, pero muy pocos brindan una imagen tan
amplia de Dios contada a través de los ojos y las historias de personas
ignoradas. Este libro nos invita a todos a una mayor liberación al encontrarnos en la historia de Dios, la historia de nuestros antepasados
que aparecieron y nos abrieron el camino".

—**Brandi Miller**, presentadora del podcast *Reclaiming My Theology*

"*Abuelita fe* hace algo que pocos escritos son capaces de hacer. Nos
devuelve nuestros recuerdos de Dios donde más importan: nuestro
cuerpo y nuestro hogar. Pensar, sentir, hacer y amar en nombre de Dios
se han convertido en operaciones blancas, masculinas, racionales y
normativas en el espacio occidental. Pero Armas ha encontrado a Dios
operando poderosamente en el interior de la academia, la iglesia y la
ciudad; es decir, en casa, a través de la sabiduría y práctica de mujeres
luchadoras y dadoras de vida, verdaderas maestras del Espíritu. Armas
combina lo mejor de las teorías poscoloniales con enfoques bíblicos y
éticamente reconstructivos de la vida cotidiana. Una lectura obligada
para aquellos de nosotros que deseamos una forma diferente de hacer
teología y fe".

—**Oscar García-Johnson**, profesor, Fuller Theological Seminary;
autor de *Spirit Outside the Gate: Decolonial Pneumatologies
of the American Global South*

"*Abuelita fe* elogia a las mujeres como auténticas fuentes de teología.
Partiendo de su experiencia como hija de inmigrantes cubanos, Armas
nos muestra cómo las narrativas personales y bíblicas de las mujeres de
todos los días son esenciales para vivir realidades de vida y fe no frag-
mentadas. Este es un libro para iglesias, seminarios, hombres y mujeres".

—**Michelle Ami Reyes**, vicepresidenta, Asian American Christian
Collaborative; autora de *Becoming All Things: How Small
Changes Lead to Lasting Connections across Cultures*

"Con este impresionante debut, Armas deja su huella como una de
las estudiosas bíblicas más brillantes de su generación. Su hermosa y
accesible prosa rebosa de esperanza a la vez que aboga por las mujeres

marginadas y oprimidas en el texto bíblico con interpretaciones matizadas y originales. Los lectores se encontrarán con el poder liberador de luchar con el texto bíblico mientras sondean las profundidades de las ricas tradiciones sapienciales de las latinas. Estoy profundamente agradecida por todas las formas en que Armas me ha brindado un suave aliento para ver a mis antepasadas de nuevo. Su voz es importante para nuestro tiempo".

—**Karen González,** teóloga, activista de inmigración y
autora de *The God Who Sees*

"*Abuelita fe* tiene un nombre perfecto. Armas presenta la traumática historia de la espiritualidad de las mujeres marginadas en una tierna invitación tan gentil como una abuela que pone la mesa. Como toda buena comida, este libro está destinado a nutrir, no solo a abrirnos a la experiencia vivida de 'otros', sino a encontrar en su testimonio una gracia sustentadora. La delicada mezcla de historia, experiencia, teología y Escritura de Armas ofrece una rica comida que alimenta nuestra descolonización y reconstrucción de la fe cristiana mucho después del último plato".

—**Emmy Kegler,** autora de *One Coin Found:*
How God's Love Stretches to the Margins

"Con una prosa inspiradora de flor y canto metafórico, Armas honra la dignidad espiritual de nuestras abuelas, madres y tías, que son las heroínas espirituales anónimas de nuestras familias latines. Desentierra los temas de sus lecciones en las historias de mujeres de las Sagradas Escrituras y eleva la fe de abuelita que ha dado forma a la iglesia morena durante siglos".

—**Robert Chao Romero,** profesor asociado,
César E. Chávez Department of Chicana/o and Central
American Studies, UCLA; autor de *Brown Church*

"La combinación de erudición quirúrgica y narración poética hace de este libro un tesoro y un bálsamo sanador para aquellos de nosotros que intentamos imaginar un camino a seguir en nuestra fe".

—**Sandra María Van Opstal,** directora ejecutiva de Chasing Justice

"Leer *Abuelita fe* es como deleitarse con una fe preparada por generaciones. A través de comentarios culturales incisivos, recuerdos de la familia bellamente escritos y el recuento de narrativas bíblicas, Armas nos invita a una fe relacional y encarnada".

—**Hillary L. McBride**, psicóloga, autora, oradora, presentadora de podcast

"Armas entreteje brillantemente las Escrituras, la teología, la historia, la erudición poscolonial y feminista, la experiencia personal y la cultura para demostrar que mujeres poderosas con nombre y sin nombre llenan no solo la Biblia sino también nuestras vidas. Esas mujeres, incluidas nuestras abuelitas y otras mentoras, son teólogas, maestras y activistas que encarnan el camino sabio y amoroso de Cristo. Pasar por alto y menospreciarlas nos empobrece a nosotros y al mundo. *Abuelita fe* es convincente, aguda e inspiradora. ¡Espero ansiosamente leer cualquier otra cosa que publique Armas!".

—**Marlena Graves**, autora de *The Way Up Is Down: Becoming Yourself by Forgetting Yourself*

"Armas habla de su propia formación personal y comunitaria bajo la vida espiritual valiente, amorosa y resistente de su abuela, a la vez que analiza cuidadosamente las Escrituras y evoca una humanidad tentadora en comunión con Dios, la familia y el mundo. *Abuelita fe* no es una abstracción, un ideal o una ideología; es un testimonio desafiante de una esperanza vigorosamente encarnada".

—**Mark Labberton,** presidente, Fuller Theological Seminary

"A veces leo y tengo que contárselo a alguien. Otras veces leo y me hace sentarme, sentir, pensar, releer y hacer una pausa. *Abuelita fe,* de Armas, hace precisamente eso: es un milagro teológico. Sus palabras bailan y cantan de una manera que me hizo repensar lo que significa bailar, cantar y escribir como teólogo. Esta historia, estas palabras, este tipo de amor, es el camino hacia nuestra liberación".

—**Dante Stewart,** escritor y orador

"Armas nos invita a asistir al juego semanal de dominó, sentarnos con sus familiares, escuchar sus historias y hacer y crear junto con la familia.

Ella entrelaza la sabiduría de sus antepasados con las historias de mujeres en las Escrituras, brindando información sobre cómo sobrevivir y prosperar en la fe de uno. Los pastores, educadores y aquellos que intentan dar sentido a sus propias historias a la luz de la narrativa bíblica necesitan este libro".

—**Patrick B. Reyes,** galardonado autor chicano de
The Purpose Gap y *Nobody Cries When We Die*

Abuelita *fe*

Lo que las mujeres marginadas
nos enseñan acerca de la sabiduría,
la perseverancia y la fortaleza

Kat Armas

BrazosPress
a division of Baker Publishing Group
Grand Rapids, Michigan

Edición en inglés © 2021 por Kat Armas

Edición en español © 2022 por Baker Publishing Group

Publicado por Brazos Press
una división de Baker Publishing Group
PO Box 6287, Grand Rapids, MI 49516-6287
www.brazospress.com

Impreso en los Estados Unidos de América

Library of Congress Cataloging-in-Publication Data
Names: Armas, Kat, 1989– author.
Title: Abuelita fe : lo que las mujeres marginadas nos enseñan acerca de la sabiduría, la perseverancia y la fortaleza / Kat Armas.
Other titles: Abuelita faith. Spanish
Description: Grand Rapids, Michigan : Brazos Press, a division of Baker Publishing Group, [2022] | Includes bibliographical references.
Identifiers: LCCN 2021056292 | ISBN 9781587435829 (paperback) | ISBN 9781587435843 (casebound) | ISBN 9781493439461 (pdf) | ISBN 9781493439331 (ebook)
Subjects: LCSH: Women in Christianity. | Christian women—Religious life.
Classification: LCC BV639.W7 A7618 2022 | DDC 270.082—dc23/eng/20220106
LC record available at https://lccn.loc.gov/2021056292

Traducido por Grupo Nivel Uno, Inc.

Algunos nombres y detalles de las personas y situaciones descritas en este libro se han cambiado o presentado en forma compuesta para garantizar la privacidad de aquellos con quienes la autora ha trabajado.

Publicado en asociación con Books & Such Literary Management, www.booksandsuch.com

Las publicaciones de Baker Publishing Group utilizan papel producido a partir de prácticas forestales sostenibles y residuos posconsumo siempre que sea posible.

22   23   24   25   26   27   28   7   6   5   4   3   2   1

Dedicado a mi abuela, Evelia.
Soy todo lo que soy gracias a ti.

Contenido

Agradecimientos

¿Cómo puedo siquiera comenzar a agradecer o reconocer la miríada de personas que han entrado y salido de mi vida, que han jugado un papel decisivo en la elaboración de esta obra, aun antes de que fuera escrita? Le debo este libro a un ejército de mujeres, ancestras, testigas y santas de mi pasado que han allanado el camino, creyendo en el amor liberador de Dios y actuando en respuesta a esa creencia.

A las mujeres que me formaron desde la niñez, tuvieron fe en mí, me cuidaron: Mami, tu apoyo incansable e incondicional me ha llevado a través de cada momento de mi vida. Gracias por creer siempre en mí y amarme de la mejor manera posible. Ash, tu amor inquebrantable me ha moldeado. Mama y Lela, mi infancia habría sido incompleta sin su cuidado por mí. Yetz, tu presencia constante me apoya. Amanda, tu profundidad y tu aliento me han cambiado. Este trabajo trata sobre todas y cada una de nosotras dando sentido a la vida, a Dios y a nuestra existencia. Les agradezco a todas por desempeñar un papel fundamental.

Gracias a otras mujeres que me han inspirado, han escuchado mi visión y mi sueño desde su inicio, y me han brindado ánimo en el camino: Nicole, literalmente, no podría haber hecho esto sin ti. Esther, eres mi roca. Biankha, siempre has creído en mí. Gracias a Ana

Estevez, Naty Espinales, Gaby Perez-Julio de Zamora, Natasha Santana, Karen González, Jenn Guerra Aldana, Roslyn Hernandez, Inés Velázquez McBryde, Teesha Hadra, Bethany Banks, Lacey Lanier, Sandy Ovalle, Melody Jalandoon, Sandra Van Opstal, Shelley y Liz Cole, Haley Johnston, Elizabeth Staszak, Irene Cho, mi equipo de Nodie, mi agente, Rachelle Gardner y el increíble equipo de Brazos. Cada uno de ustedes ha dado vida a este proceso, ya sea directa o indirectamente, en el pasado o en el presente.

A los hombres que me apoyaron, elevaron mi voz, confiaron en la obra del Espíritu Santo en mí y me trataron con amor, dignidad y respeto: gracias. Lo que soy es gracias a ustedes. Especialmente tú, Taylor, eres mi hogar, mi espacio seguro, mi caja de resonancia. Este libro no sería nada sin ti.

Un agradecimiento especial a mis animales de parentesco pasados y presentes, que me han recordado que este mundo, toda su vida y sus criaturas están interconectados: Muka, Sasha, Max, Scully y Mulder.

Por último, a abuela Evelia, a abuela Flora y a la tierra cubana que las engendró. Siempre estaré en deuda con su sabiduría y su amor.

1

Dolor investigativo

Me senté en la cama mirando mi computadora portátil, docenas de pestañas de Google detallaban la jornada en la que había estado. Los libros estaban enterrados en mi edredón, creando una especie de zona de guerra literaria. Mis ojeras decoraban mi cara con el color de los moretones de un día. Seguí abriendo el archivo de mi teléfono titulado "No abrir", desplazándome de forma robótica a través de cada aplicación de las redes sociales para distraerme del agudo y punzante dolor en el estómago que había persistido durante días. No era la primera vez que sentía los dolores que surgen cuando el pasado se te revela, cuando una historia desconocida se desentierra del sepulcro. Colonizador o colonizado, opresor u oprimido: hay un momento después del trabajo profundo, oscuro y, a menudo, solitario de convertirnos en nuestras propias arqueólogas, en que nos llega la angustia. Es un dolor sorprendente que a menudo surge cuando desenterramos los esqueletos, cuando nos damos cuenta de que la tierra sobre la que nos paramos está contaminada y la realidad que nos ha alimentado está comisariada.

Aun cuando esa no fue la primera vez que la realidad golpeaba, sería la primera en que me apresuraría mientras escribía un artículo académico, un proceso, me dijeron, que se suponía que fuera "objetivo", una disciplina exclusiva de la mente. Hasta ese momento, nadie me había advertido que eso pasaría, que el trabajo se sentiría así de personal. La cultura dominante me enseñó a separarme de lo que estudio y, en consecuencia, a vivir con una identidad fragmentada. Pero cuando nuestras cavilaciones sobre la vida y la fe existen solo en fragmentos, vivimos realidades incorpóreas. Dios también está incorpóreo.

Es más fácil cuando nos guían en cuanto a qué pensar, qué creer sobre nosotras mismas, nuestras historias y Dios. Cuando nuestras identidades son programadas, no se nos enseña a involucrarnos realmente ni a exponer todo nuestro ser. Se nos ha enseñado que en nuestros propios pensamientos y corazones no se puede confiar de ninguna manera y, por lo tanto, vivimos en la vergüenza, un abismo ensanchado. Pero sucede algo doloroso y terriblemente hermoso cuando ese abismo comienza a estrecharse. Creo que en ese estrechamiento, ese espacio cada vez más reducido donde la teología, la historia y nuestras identidades —corazones, mentes, cuerpos y almas— comienzan a mezclarse, es donde los dolores se sienten más agudamente.

Puede que no se sienta así en el momento, pero eso también es parte de la marcha hacia la liberación.

Ese día, mientras estaba en la cama con mi computadora portátil y mis libros abiertos, ese abismo se redujo otra vez. La realidad hizo una visita dolorosa. Y no vino sola. Trajo el duelo junto con ella, esa profunda y desgarradora sensación de malestar. Era un dolor de una época en lo profundo del pasado, antes de que yo existiera, un dolor que mis antepasados conocían, uno que flotaba por encima del tiempo, abarcando la historia.

¿Qué haces con el dolor generacional?

Me senté un rato. Y luego me puse a trabajar.

Al principio, llamé a la angustia que sentí ese día "dolor investiga-tivo"; ese dolor que surge cuando se profundiza en la investigación de temas difíciles. Sorprendentemente, esto es algo común en el mundo académico. Una vez escuché de una mujer que comenzó a perder el sueño, el cabello y la cordura —durante el tiempo que pasó como estudiante de doctorado— al escribir su disertación sobre el Holocausto. Incluso tratar de encontrarle sentido al trauma de otras personas puede resultar traumatizante.

Esa notable punzada de dolor por la investigación surgió al prin-cipio de mi carrera en el seminario, durante una clase de "Mujeres en la historia de la iglesia y la teología". Aunque hice varios cursos en mi programa de maestría en teología, era nueva en cuanto a explorar los temas de las mujeres y las personas de color en lo que respecta a la teología. La cultura dominante aún tenía que invitarme a verme a mí misma y a mi cultura dentro de la historia de Dios.

Pero agradezco al Creador por mi terquedad, por mi espíritu combativo, que la cultura dominante ha considerado demasiado, muy fresco.

Cuando comencé este curso, asistía a mi segundo seminario. Había dejado el primero solo unos meses antes, después de pelearme con los profesores y los pastores, y de sentir —directamente— los de-monios del sexismo y el racismo. Lo acepto, el haberme criado en una comunidad católica romana de inmigrantes y la posterior transición —como adulta— al protestantismo no me permitió familiarizarme con los pros y los contras del evangelicalismo. No solo era felizmente ignorante de dónde estaba entrando en lo espiritual, sino que como cubanoamericana nacida y criada en una ciudad predominantemente compuesta por cubanoamericanos, todavía tenía que luchar con mi identidad cultural en un contexto mayoritario blanco, no hispano.

Estaba sentada en mi clase de hermenéutica en el primer semi-nario al que asistí, cuando me di cuenta de que tenía que irme; fue un día difícil. Cuando el profesor nos enseñó cómo involucrarnos en la interpretación semana tras semana, quedó claro que no hablaba conmigo. La lente con la que enseñaba y con la que nos animó a participar fue la suya, por supuesto. Nació y se crio en una pequeña granja en el área rural sureña, por lo que el contexto desde el cual entendía el mundo era tal, y la forma en que nos enseñaba a involucrarnos en las Escrituras también reflejaba esa realidad. Recuerdo que constantemente me sentía como si nada de lo que él enseñaba sobre el mundo, la vida o la Biblia se relacionaba conmigo. Crecí en una gran ciudad latine[1] donde bailaba salsa los fines de semana y saludaba a los extraños con un beso en la mejilla. Fui concebida y nací fuera del matrimonio, y viví la primera parte de mi vida en un pequeño apartamento con mi madre soltera en La Sagüesera, la parte suroeste de Miami, donde poseí mi primera identificación falsa a los dieciséis años. Esos detalles me hicieron sentir perdida, como si no perteneciera a esa realidad. ¿No era lo suficientemente domesticada o pura? ¿Me colocaron la realidad de mi vida, mis experiencias y mi cosmovisión demasiado lejos de comprender y conocer a Dios de la manera en que se suponía que debía hacerlo? Tratar de aprender cómo hacer el trabajo de interpretación en el contexto rural del sur solo me hizo sentir más alejada de Dios; lo que me hizo sentir que mis experiencias, comunidad y cultura solo se interponían en el camino de mi capacidad para entender la Biblia. Como nueva evangélica, me dijeron que la vergüenza ya no era mía, pero ¿cómo no sentiría vergüenza como mujer latina tratando de encajarme en el molde de los blancos?

La activista Julia Serano dijo una vez: "Una mujer de color no enfrenta el racismo y el sexismo por separado; el sexismo al que se enfrenta a menudo es racializado y el racismo al que afronta a menudo es sexualizado".[2] Esa verdad comenzó a parecerme personal. Un día, ese mismo profesor eludió lo importante que es para todos aprender griego y hebreo, ya que cambia la forma en que leemos y enseñamos las Escrituras. Me pareció que, en realidad, solo se dirigía a los hombres de la clase cuando terminó su discurso con:

"Y señoras, sus maridos quedarán realmente impresionados si pueden hacer la exégesis de las Escrituras junto a ellos". Mi corazón se hundió; me sorprendió que insinuara que yo estuviera haciendo el esfuerzo de aprender los idiomas bíblicos simplemente para impresionar a mi cónyuge. Casi me caigo del asiento cuando terminó preguntando: "¿Verdad, Kat?". Yo era una de los estudiantes muy francos de la clase. Las mujeres en mi cultura me enseñaron a ser así, a tener confianza, a hablar, a trabajar duro. Llevé eso conmigo al seminario. No solo debatía sobre teología, hacía exégesis de las Escrituras y tenía una opinión educada junto con mis compañeros masculinos, sino que también pasaba tanto de mi tiempo personal estudiando como ellos, y —según mi profesor— eso no era para algún día liderar la iglesia, sino para impresionar a mi esposo.

A esas alturas ya había comenzado a estudiar, en profundidad, a las mujeres en las Escrituras. Ya había aprendido acerca de los códigos del hogar, las mujeres líderes en la Biblia, el contexto del que habló Pablo y una miríada de otros detalles que me convencieron de que Dios me había llamado y me había empoderado de manera única para liderar, usar mis dones y mis talentos, y hacerlo basada en la fortaleza de mi abuela, mi mamá y la nube de antepasadas antes de ellas.

A través de mi estudio de las Escrituras, había aprendido que Dios no cometió un error al crearme mujer, como seguramente tampoco lo cometió al crearme como mujer cubana. La vergüenza que sentí por no encajar en el molde de lo blanco y el patriarcado pronto comenzó a desaparecer, y pude ver las formas en que lo divino se encontró conmigo en medio de mi compleja identidad, antecedentes y experiencias de múltiples dimensiones. Lo admito, este es un viaje en curso.

Ese día, después de clases, llegué a casa todavía en un estado de incredulidad y dolor, sintiendo como si mi arduo trabajo, mi vocación, mi dignidad me hubieran sido arrebatados. Entré por la puerta, miré a mi nuevo cónyuge solo unas semanas después de nuestra boda y murmuré: "Creo que tenemos que salir de aquí".

"Está bien", dijo. "¿A dónde debemos ir?".

Una semana más tarde, mientras yo todavía estaba en el mismo seminario, otro profesor enseñó sobre cómo diferentes traducciones de la Biblia alteraron la formación de los párrafos en Efesios 5, lo que afecta la forma en que la leemos y, por lo tanto, cómo la traducimos. En algunas traducciones, un nuevo párrafo comienza con el versículo 22 (y muchas veces con su propio título), lo que indica que la sumisión pertenece principalmente a las esposas. Pero el griego original no tiene títulos ni números de versículo. Así que este mandato, nos enseñó mi profesor, se supone que fluye del versículo anterior, que enseña sobre la sumisión mutua. Al darme cuenta de lo que podría haber estado tratando de insinuar, casi salté de mi asiento.

Después de la clase, le confesé al profesor que estaba pensando transferirme a otro seminario. Me animó a ir, recordándome el potencial que tenía y la pequeña oportunidad que tenía de crecer en un contexto que no afirma a las mujeres en todos los aspectos del ministerio.

Unas semanas más tarde, mi cónyuge y yo teníamos toda nuestra vida embalada dentro de mi Kia. Pero en ese momento, no sabía dónde terminaríamos, al igual que no sabía a dónde me llevaría el viaje descolonizador: a un nuevo estado, una nueva ciudad y un nuevo seminario, donde estudiaría la historia de mi isla, y cómo se cruza eso con mi fe. Tampoco sabía cuánto más aprendería, qué rechazaría o abrazaría. Era un espacio aterrador e incierto, pero sagrado de todos modos. Ahora me doy cuenta de lo peligroso que es pensar que hemos llegado a la iluminación, a la certeza, acerca de nosotros mismos, acerca de Dios. Todavía lo estoy averiguando día a día. Algunos días tengo confianza y esperanza. ¿Y otros? Bueno, otros días simplemente me las arreglo.

Había una cosa que sí sabía con certeza ese día que aprendí acerca de Efesios 5. Aprendí que Dios realmente obra de maneras y en lugares misteriosos y a través de personas insospechadas. Ese solo detalle hace que el trayecto sea estimulante.

No fue hasta que hice ese primer éxodo doloroso que sentí la libertad de comenzar a invitar cada aspecto de lo que soy a mi estudio y trabajo como teóloga. Fue en el segundo seminario, en esa clase de mujeres en la historia de la iglesia y la teología, que me animé a explorar cómo ha dado forma mi pasado a mi presente, y resultó ser otro punto de inflexión en mi vida y mi ministerio.

Después de diez semanas de sumergirme profundamente en las vidas de mujeres ignoradas en el pasado del cristianismo, mujeres como Perpetua, Felicitas, Juliana de Norwich y Katharina Schütz Zell, comencé a ver cómo su trabajo, aunque a menudo ignorado, alteraba la historia. Sé que no estaríamos donde estamos hoy si no fuera por el sacrificio de esas mujeres que soñaban con Dios y escribían sobre Dios y a menudo eran silenciadas, etiquetadas como herejes o, peor aún, simplemente ignoradas por lo que hacían. Sin embargo, ese descubrimiento me dejó con ganas de aprender más. ¿Qué pasa con las mujeres cuyas vidas influyeron directamente en la mía? ¿Las que cruzaron la frontera, aquellas que habitaban múltiples mundos intermedios?

Como hija de inmigrantes que creció en una ciudad de inmigrantes, siempre tuve una conexión profunda con mi isla, Cuba. Sin embargo, antes de este tiempo, mis antepasadas —las mujeres en cuyos hombros ahora me apoyo, cuyas experiencias viven dentro de mi cuerpo y cuyos sacrificios allanaron el camino para mi realidad presente— nunca habían sido parte de la narrativa teológica en ningún sentido "formal".

Cuando comencé mi investigación, no sabía hasta dónde me llevaría el camino del conejo al indagar en la historia de mi gente. Si bien sabía que nuestro pasado era doloroso, era ingenua y estaba ansiosa por asumir la tarea de aprender más sobre él. En casa, no hablamos demasiado sobre nuestra historia. Claro, éramos —somos— orgullosos y, modestia aparte, cubanos; pero debido a que los detalles del pasado de mi familia son tiernos y complicados, a menudo es incómodo hablar de ellos. Sin embargo, había mucho que quería aprender, así que esperaba comprender la forma en que el cristianismo se cruza con el país que dio a luz a mi abuelita y a mi madre, las dos mujeres fuertes y valientes que me criaron.

El primer libro que agarré fue *The Quest for the Cuban Christ* de Miguel De La Torre. Salí de la biblioteca ese día con ganas de leer sobre Jesús y mis antepasadas y antepasados. Pero no hace falta decir que mi entusiasmo se disipó rápidamente cuando leí la primera página: "Las mujeres fueron violadas. Los niños fueron sacados de los vientres. Los hombres cayeron presa de las espadas de los invasores".[3]

Inmediatamente supe que esa jornada iba a ser tenebrosa, ardua y difícil. ¿Y la peor parte? Ese fue solo el comienzo de la historia escrita de mi pueblo. Esta información redirigiría el curso de mi ministerio y cómo entendí la teología, quién soy y las formas en que todo eso se cruza.

La historia de mi gente involucra la historia de los cubanos nativos, los taínos, que fueron invadidos y torturados por España. Peor aún, cuenta cómo España usaría su "Cristo" importado para justificar la codicia por el oro y la gloria.[4] España explotaría y oprimiría a los llamados paganos que encontraran en nombre de ese "Cristo" importado, que apoyaría el etnocidio y el genocidio de los taínos, así como el transporte forzoso de cientos de miles de africanos esclavizados a la isla.[5] Y como sabemos, el etnocidio, el genocidio, la esclavitud y la reubicación forzada no son elementos aislados de la historia de Cuba, sino que describen la historia de los nativos de todo el mundo.

Muchas personas saben que el Jesús sobre el que han estado cantando y alabando —y el amado símbolo de su cruz— se ha utilizado históricamente como un arma de odio, dolor y opresión, pero algo cambia cuando una persona se da cuenta por primera vez, de cuán profundas son realmente las heridas coloniales. Ese cambio es colosal. Desorientador. ¿Qué haces con esa información? Muchos se rinden y abandonan todo, lo que es comprensible. Los sentimientos de traición pueden ser abrumadores. Otros atraviesan temporadas de lamento, dolor e ira. Este proceso a menudo se ha llamado "deconstrucción" o "descolonización" de la fe: la desvinculación de nosotros mismos de un dios que creíamos conocer, de un cristianismo colonial, de un Cristo importado e imperial. Si bien es incómodo, el trayecto de un lugar de conocimiento, una forma de ser y conocer, a otra manera de entender y ver el mundo, es crucial e incluso sagrado.

Gloria Anzaldúa llama a ese espacio "nepantla". Nepantla es la palabra náhuatl (un grupo indígena de México y América Central) para un estado intermedio, un espacio en el medio. La nepantla es el terreno incierto que atravesamos al cambiar de un lugar a otro. Es un espacio de tensión constante donde la transformación y la curación pueden ser posibles.[6] Nuestras jornadas de descolonización e indigenización, de deconstrucción y reconstrucción son nepantla. Son espacios sagrados para aprender, crecer, cambiar, devenir.

Mi viaje por nepantla no comenzó ese día sentada en mi cama con las pestañas abiertas y mis ojeras de color púrpura brillante. Pero ese día fue cuando me di cuenta de que estaba en eso. De hecho, pensando en retrospectiva, ese día se destaca como otro punto de inflexión en esta jornada. Me acuerdo del esposo de Raquel, Jacob, que construyó un pilar de piedra sagrado en Luz, "al Dios que me socorrió cuando estaba yo en peligro, y que me ha acompañado en mi camino" (Gn 35,3).

Ese día y el de mi clase de hermenéutica sirven como recuerdos perennes en el altar de mi vida, recordatorios de que lo divino ha estado conmigo dondequiera que he ido.

———

Ese día, mientras leía a De La Torre, sentí curiosidad por saber más sobre los invasores de la Europa cristiana, los representantes de Cristo, que clamaban lealtad al Dios "verdadero" de la Biblia mientras ignoraban el llamado básico de la Biblia a la justicia.[7] También sentí curiosidad por el Cristo del que ellos hablaban. Me pregunté: ¿Puede ese Cristo, el que se ha infiltrado en gran parte de nuestra teología y esfuerzos misioneros, el Cristo blanco, elitista y de ascendencia europea, ser el redentor? ¿Es este el Jesús que me "salvó"? ¿O podría haber otro Cristo? ¿El que muchos hemos estado buscando, el de los humildes, como los llama De La Torre? Mi jornada comenzó a ser moldeada por el deseo de aprender sobre Jesús desde la perspectiva de los humildes: los colonizados, los marginados, los que no llegaron a escribir los libros de historia y teología. En muchos sentidos, son los que conocen íntimamente al Jesús de los Evangelios: el Jesús moreno, bicultural, que cruza la frontera, el que nació en un establo, que fue rechazado en su ciudad natal, torturado, desgarrado y maltratado. Sabía que para entender mejor a ese Jesús tendría que darle prioridad a escuchar y centrar las voces de los humildes.

Seguí leyendo. "Sobre el cuerpo de la mujer se encuentran las cicatrices del colonialismo y la dominación".[8] A lo largo de la historia, las mujeres negras, indígenas y otras mujeres de color han sufrido la peor parte de la colonización a través de la esclavitud, la subyugación y la explotación sexual. Esas heridas coloniales y patriarcales perduran hasta hoy. Como resultado, las mujeres pobres y marginadas se encuentran entre las menos representadas en nuestra sociedad, y sus voces a menudo se ignoran. Al reflexionar sobre eso, me di cuenta de que cuanto más tiempo paso con mujeres que el mundo ignora, mujeres que llevan las cicatrices de la colonización, más reconozco que comprenden algo que el resto de nosotros no. Su relación notablemente íntima con el Jesús moreno de los humildes es el tipo de conexión que muchos de nosotros con diferentes niveles de privilegio anhelamos. No tuve que buscar demasiado para encontrar a esas mujeres; fui criada, modelada y formada por ellas.

Pero, ¿por qué pasan por alto sus conocimientos teológicos y por qué nunca se les invita a compartir su sabiduría? En mi experiencia, nuestras antepasadas espirituales, nuestras madres de la fe, siempre fueron el objeto de las narrativas, de las que se hablaba, pero nunca hablaban ellas mismas. Cuanto más luchaba con eso, más me preguntaba: *En nuestra lucha por la liberación, ¿buscamos asegurarnos de que los pueblos ignorados y no reconocidos actúen como protagonistas de sus propias historias?* Con demasiada frecuencia, las mujeres, en particular las marginadas, son las heroínas de la historia de otra persona o, peor aún, otro individuo (generalmente un hombre) es su héroe. En esa lucha es que recibí la inspiración para este libro, así como un podcast. Mi búsqueda para encontrar protagonistas inicialmente me llevó a comprar un micrófono, descargar software de edición y comenzar a enviar correos electrónicos a mujeres negras, indígenas y otras mujeres de color en mis redes. Unos meses después, mi podcast, *The Protagonistas*, se dio a conocer en el mundo.

Lo que hizo que ese proceso fuera tan significativo no fue solo que pude hablar y aprender de las protagonistas en mis redes, sino que, con cada conversación, reflexioné sobre la protagonista más personal y significativa de mi propia vida. Como ves, aun después de varios años de educación formal en el seminario, puedo decir francamente que la teóloga más impactante, aunque no reconocida, en mi vida es una mujer valiente que modeló la sabiduría, la fuerza, la supervivencia, la persistencia y la resistencia: una mujer como la alabada en Proverbios 31:

> Una mujer cuyo valor excede las perlas,
> cuyo marido le confió su corazón,
> quien dirigía negocios,
> proporcionó comida para todos en la familia,
> plantó frutos de sus huertos,
> quien dio a los necesitados,
> quien [literalmente] hizo sus prendas y las vendía,
> que se vestía de fuerza y honra,
> que tenía confianza en el futuro,
> cuya boca estaba llena de sabiduría,
> cuyos hijos la bendicen
> cuyo marido la elogió.
>
> —El *eshet chayil* de Proverbios 31
> (Pr 31,10-31, mi traducción)

Mi abuelita.

Lo bonito es que mi abuelita es una de las millones de abuelitas —así como tías y madres— que nos han formado a nosotros y han formado nuestras creencias. Muchos de nosotros tenemos o conocemos a una teóloga fuerte, devota y no reconocida que ha servido como madre de nuestra fe, un faro de luz en nuestro viaje espiritual, ya sea que esté relacionada biológicamente o no. Este libro es una invitación no solo a celebrar a esas mujeres, sino a considerarlas auténticas fuentes de teología.

A lo largo de estas páginas, encontrarás historias de la lucha, batallas, por la liberación. Las mujeres negras, indígenas y otras mujeres de color están intensamente familiarizadas con las profundidades de esta lucha.

Este libro explora una abuelita fe a través de los lentes de mi abuela y otras madrinas de la fe anónimas y pasadas por alto en las Escrituras y más allá. Es un intento por contar una historia familiar de desplazamiento y pertenencia. Dentro de estas páginas hay historias de fe cruda, fe ordinaria y de su amiga cercana, la supervivencia. Si bien estas historias son únicas, no son inusuales. Muchas son notablemente familiares entre muchas mujeres marginadas, desde antes de la época de Jesús hasta nuestros días. Parte de lo que hace que sus historias sean tan familiares es que, históricamente, no se han contado. Pero a menudo me pregunto: ¿Y si al silenciar a estas mujeres, nos hemos perdido algo profundo? *¿Qué pasa si los más grandes teólogos del mundo son aquellos a quienes el mundo no considera teólogos en absoluto?*

———

Me encanta la Biblia; encuentro sus historias fascinantes. Me agrada estudiarla y hablar de ella por muchas razones, pero una de las principales es que, sinceramente, nunca va a ser irrelevante. Como algunos han señalado, la Biblia no solo refleja la historia; la hace.[9] La Biblia no solo es un libro sobre el pasado; afecta la forma en que se toman las decisiones actuales. Durante siglos, las

Escrituras se han empleado y mal utilizado para justificar atrocidades en todo el mundo y, como cristiana occidental educada en la Biblia, mi convicción es ofrecer herramientas para que otros puedan leerlas y releerlas a través de lentes que dan vida, ya que creo que la liberación es fundamental a la historia de Dios.

Aunque la Biblia se ha utilizado como arma de destrucción en muchas formas, también es importante reconocer que, a lo largo de los siglos, las personas marginadas se han encontrado también dentro de la narrativa, a menudo reclamando la "realidad" de la Biblia como propia y, por lo tanto, excediendo los límites de la exégesis imperial.[10]

Por ejemplo, Rigoberta Menchú es una organizadora y activista maya quiché que lideró su comunidad para oponerse al gobierno guatemalteco, que buscaba exterminar a su pueblo. Al leer la Biblia, Menchú aprendió que es el derecho de su pueblo, y de otros pueblos oprimidos, defenderse de las potencias opresivas y colonialistas. "La Biblia, para nosotros, es nuestra arma principal. Nos ha mostrado el camino", afirma.

> Quizás aquellos que se llaman a sí mismos cristianos, pero que en realidad son solo cristianos en teoría, no entenderán por qué le damos a la Biblia el significado que le damos. Pero eso se debe a que no han vivido como nosotros. Y quizás también porque no pueden analizarla. Puedo asegurar que cualquiera de mi comunidad, aunque sea analfabeto y necesite que se la lean y traduzcan a su idioma, puede aprender muchas lecciones de ella, porque no tiene dificultad para entender qué es la realidad y cuál es la diferencia entre el paraíso de arriba, el Cielo, y la realidad de nuestra gente aquí en la Tierra.[11]

El activismo de Menchú, su lucha por su comunidad indígena contra la explotación colonial (por la que recibió el Premio Nobel de la Paz), nació de su estudio personal de las Escrituras. Si bien la Biblia ha sido un arma para los opresores, también ha servido como un faro de esperanza y fortaleza para los oprimidos. Mi esperanza es destacar lo último en estas páginas.

A medida que leas, puedes notar que hago más preguntas que brindar respuestas cuando se trata de las Escrituras. Para mí, las preguntas son una invitación a mantener la curiosidad y seguir escuchando. A menudo, cuando sentimos que tenemos las respuestas, dejamos de prestar atención, por lo que nunca quiero dejar de escuchar o prestar atención a la voz divina en las páginas de la Biblia. También espero que, con mis preguntas, pueda dar a nuestra imaginación teológica la oportunidad de volar, ver el texto con nuevos ojos y encontrar nuevos puntos de vista. Con ese fin, mi exégesis no es exhaustiva. Sin embargo, ofrezco lecturas alternas que de ninguna manera son objetivas o universales.

———

A lo largo de estas páginas también destaco las formas en que la fe de mi abuelita ha influido en la mía. Es así como llegué a aprender, desaprender y reaprender mucho de cómo leo la Biblia y entiendo a Dios.

Sin embargo, antes de entrar en esto, es importante indicar mi ubicación social y posición. Mi intención es ser inclusiva, pero no hablo por todas las personas latines o mujeres. A pesar del intento de la cultura dominante por colocarnos en una categoría: "hispano" o incluso "latino/a", nuestras culturas y experiencias son diversas, únicas y estratificadas. Soy cubanoamericana de segunda generación, nacida y criada en la comunidad cubana de Miami, Florida; estos son detalles importantes que me moldean y hablan en el contexto de este libro. Ser latina de segunda generación significa que mis perspectivas son diferentes a las de las personas de primera o incluso de tercera generación. Además, el hecho de que soy una latina que vive en los Estados Unidos significa que mis experiencias y mi comprensión del mundo son diferentes a las de latines que viven en la América Latina.

Crecer en una ciudad donde mi cultura es la dominante también influye en mi realidad. No sé si alguna vez has estado en Miami o has caminado por la Calle Ocho para ver a todos los viejos cubanos jugar dominó y fumar puros cubanos, pero es un lugar extraordinario, como ningún otro. Muchos se han referido a ella como la capital de la América Latina en los Estados Unidos, donde los extraños van a darse un beso en la mejilla, se habla spanglish —una mezcla entre inglés y español— y los restaurantes cubanos colman todas las esquinas.

La población cubana de Miami ocupó los titulares nacionales en las elecciones presidenciales de 2020 por sus afinidades pro-Trump, lo que la convierte en un interesante caso de estudio sobre lo que significa ser latine y cómo nosotros, como pueblo, debemos luchar con nuestra identidad colectiva e individual. Si bien muchos comentaristas blancos no hispanos, liberales (en su mayoría) estaban perplejos por cómo la cantidad de personas en nuestra comunidad votaron, muchos latines que conozco no se sorprendieron.

De manera similar, vi titulares tras titulares de noticias haciendo referencia al "voto latino", como si nuestra comunidad no estuviera marcada por una miríada de países con sus propias historias, antecedentes y costumbres culturales que influyen en cada uno de nosotros de manera única. Las opiniones políticas y las experiencias generales de la comunidad latine son diversas. Si la cultura dominante ha aprendido algo sobre nosotros, espero que sea que no somos un monolito. Como muchos otros pueblos latines, mi ciudad y mi gente en particular tienen una identidad de múltiples capas nacida de una historia complicada que lleva las cicatrices de las heridas coloniales.

Aun cuando la mayor parte de la historia cubanoamericana se centra en la inmigración posterior a Castro, es importante señalar que muchos cubanos llegaron a los Estados Unidos en el siglo diecinueve. Este primer grupo estaba compuesto principalmente por afrocubanos que se establecieron en diferentes partes de la Florida, incluidos Tampa y Key West.[12] Casi un siglo después, tras la revolución de 1959, llegó otra gran ola de cubanos a los Estados Unidos.

Durante este tiempo, más de 150,000 refugiados aterrizaron en Miami, la mayoría de ellos blancos, de élite, profesionales y educados. Aunque todavía enfrentaban discriminación étnica en la vivienda y el empleo (era común encontrar carteles en Miami que decían: "No se permiten cubanos, ni mascotas, ni niños" y "¡El condado de Dade no es Cuba, habla inglés!"), pudieron usar sus conexiones, riqueza y tiempo para construir raíces y restablecerse de manera similar a su pasado.[13] Otra ola ocurrió poco después y duró hasta principios de la década de 1970, trayendo casi trescientos mil refugiados, la mayoría de los cuales eran de la clase trabajadora semicalificada, y muchos de ellos se designaron a sí mismos como "otra raza" o mestizos.[14] La mayoría de ese grupo también eran mujeres, niños y ancianos.

Mi abuelo llegó a este país durante la segunda ola de inmigrantes. Lo que creo que hace que su historia sea tan única es que estaba entre los balseros, un término menos honorable para aquellos que llegaron a los Estados Unidos no en avión sino en balsa. Siempre me ha parecido interesante que, para muchos dentro de la cultura dominante, aquellos que abandonan su país en busca de la oportunidad de una vida mejor a menudo son mal vistos, considerados menos que, sin honor. Es curioso porque no puedo pensar en nada más honorable que hacer todo lo que puedas o tengas que hacer para brindarle una vida mejor a tu familia.

Sin embargo, otra ola de inmigrantes cubanos llegó a Miami en la década de 1980 después de que miles de nacionales de la isla lograron irrumpir por las puertas de la embajada peruana, buscando asilo principalmente debido a la mala situación económica de la isla. Después de que Castro abrió el puerto del Mariel, más de 125,000 refugiados cruzaron el Estrecho de la Florida; la mayoría de ellos eran jóvenes afrocubanos.

Con el tiempo, Miami se convirtió en un refugio, un lugar donde los cubanos pudieron recrear su pasado y aferrarse firmemente a la memoria de su isla.

De La Torre usa el término *Ajiaco* —un guiso cubano que consiste en diferentes carnes, hierbas indígenas y vegetales tropicales— para describir quiénes son los cubanos y la formación de sus diversos orígenes étnicos. De los amerindios tenemos maíz, papa, malanga, boniato y otros. Los españoles incluían calabaza y nabo. Los chinos agregaron una gran variedad de especias y los africanos contribuyeron con ñame y más. Este mestizaje (mezcla) de sabores, razas y culturas ofrece un guiso de identidades que confluyen en la estufa del Caribe.[15]

De la misma manera, Miami se convirtió en lo que es, no solo por el éxodo masivo de cubanos que huyeron de su isla después de que Fidel Castro tomó el poder, sino por la mezcla de culturas nicaragüense, haitiana, hondureña, dominicana, colombiana, jamaicana y de otras naciones, todo lo cual contribuyó a su colectivo "guiso Ajiaco".

La noción de un estofado de múltiples sabores con una variedad de ingredientes hirviendo juntos también puede simbolizar lo que significa ser una persona latine. Aun cuando esta mezcla de culturas y razas contribuye a nuestra rica diversidad, también agrega complejidad a cómo se vive esta diversidad. Históricamente, ha resultado en el silenciamiento de las culturas y voces negras e indígenas que componen la comunidad cubana y latine en general. La esperanza, el objetivo, es que cada sabor juegue un papel único en la creación de la obra maestra final, no que un sabor sea elevado a expensas de otro.

Como mencioné, mi lente es la de una cubanoamericana de segunda generación que ha estado nadando en aguas occidentalizadas durante toda su vida. Lo único de la experiencia de segunda generación es la complejidad de ser occidentalizada y estadounidense y, al mismo tiempo, tener formas no dominantes de comunicarse y comprender el mundo. Dejar Miami me hizo darme cuenta de lo diferente que era mi infancia en comparación con la de muchos de mis amigos blancos no hispanos. Ser de una ciudad formada por inmigrantes que han sido desplazados de su país ofrece su propia lente particular. He nadado en aguas traumatizadas, moldeadas por el exilio y el desplazamiento, y en muchos sentidos, que ve al imperio, a los Estados Unidos, como una especie de salvación. Pero eso es lo que hace el imperio, ¿no? Pone a las personas en posiciones vulnerables y luego las convence de que solo el imperio puede salvarlas de su vulnerabilidad.

Mis esfuerzos descolonizadores intentan dar nombre a esa complejidad.

Debido a la presencia y al éxito predominante de los cubanos en Miami, también he nadado en aguas que conllevan distintos niveles de privilegio. Tomé uno de mis últimos cursos de seminario con el Programa de Verano Hispano, un programa de enriquecimiento ecuménico para estudiantes latines. Durante una de nuestras primeras sesiones, nuestro profesor nos pidió que compartiéramos algunas experiencias que tuvimos con nuestra etnia al crecer. Uno por uno, cada compañero —la mayoría de los cuales habían llegado a los Estados Unidos como estudiantes internacionales de la América Latina— comenzó a contar que la noción de ser una persona minoritaria era nueva para ellos. No lo habían pensado antes de mudarse y se sorprendieron cuando de repente se convirtieron en "personas de color" de la noche a la mañana. Aunque nací en los Estados Unidos, sentí una sensación de solidaridad con mis compañeros de clase, ya que mi experiencia al salir de Miami me pareció similar. De La Torre también creció en Miami y se mudó al sur cuando era adulto. Él expresa exactamente mi experiencia: afirma que se acostó una noche como blanco en Miami y se despertó a la mañana siguiente como moreno en el sur.[16]

Estas realidades, las desventajas que experimento al ser parte de un "grupo minoritario" a los ojos de la cultura dominante, así como las ventajas que disfruto debido al color de mi piel, el estatus de documentación y el nivel de educación, se suman a las complejidades de quién soy: las múltiples identidades que tengo y desde las que entiendo y navego por el mundo.

En Miami, el anhelo por Cuba se ha convertido en "la sustancia unificadora del ser existencial del cubano exiliado", representando un pasado común, vinculándonos simbólicamente con la tierra que dejamos atrás.[17] Mi gente es un pueblo en perpetuo exilio, y como los israelitas, los cubanos sueñan con la tierra prometida. Pero su tierra prometida vive solo en sus recuerdos. Gran parte de ese anhelo de mi familia y la comunidad que me rodea se ha transmitido de generación en generación.

Es extraño sentir nostalgia por una tierra en la que nunca has vivido, pero si hemos aprendido algo de nuestros antepasados en las Escrituras y más allá: la tierra vive dentro de nosotros. Mi alma recuerda los ritmos familiares de mi isla, por lo que puedo sentir las congas y mi corazón latiendo como uno solo.

2

La teología abuelita

Cuando he hablado sobre la teología abuelita en el pasado, muchos se han preguntado, simplemente, ¿qué es? Una pregunta justa, pero difícil de responder porque la teología abuelita es profundamente personal. Para mí, se crea en tiempo real a medida que descolonizo: descentrar y volver a centrar, deconstruir y reconstruir.

Es la práctica de descubrir y nombrar a nuestras abuelas que nos han inspirado, enseñado y guiado en nuestro proceso de devenir y de pertenencia. En este sentido, me gusta pensar no en *una* teología de abuelita sino en *múltiples* teologías de abuelitas nacidas de la diversidad que conforman las experiencias vividas de mujeres marginadas a través de expresiones religiosas, razas, etnias, culturas, clases y lugares. Desarrollar o articular esa teología no tendrá una definición lineal, occidental ni moderna. Al contrario, no solo debemos detenernos a escuchar, sino también a reflexionar: ¿Dónde, cuándo y cómo nos han ministrado o nos han criado las abuelitas, las del presente y las que vinieron antes que nosotros?

Aun cuando este capítulo puede parecer un poco académico, este libro no lo es. Puede que venga un libro académico, pero presentar primero una teología abuelita a través de una narrativa personal y bíblica contada a través de la vida cotidiana de las mujeres, es importante para mí puesto que esa es la esencia de la teología abuelita. Es una teología nacida a través de lo cotidiano. No es elevada sino informal. Algunos llaman a la teología abuelita "teología de la cocina" porque se forja en la cocina, mientras los frijoles negros hierven a fuego lento en la estufa, se limpia el piso y se prepara el cafecito. La teología abuelita toma forma mientras los miembros de la familia están sentados alrededor de la mesa discutiendo la lucha de la vida cotidiana. Por lo tanto, este libro es una invitación a la sala de mis experiencias y mis perspectivas al crecer como hija de inmigrantes cubanos.

Ahora, deseo ser franca cuando hablo de la teología abuelita. Aun cuando busco honrar y elevar las voces de nuestras abuelas y "abuelitas teólogas" a través de las Escrituras, también quiero tener cuidado de no idealizar ni reducir a lo esencial sus vidas o sus experiencias. Sus historias y reflexiones encierran tanto belleza como dolor. Muchas personas que conozco todavía tienen heridas de ideologías perpetuadas por sus abuelitas, ya sean de género o estereotipos patriarcales, vergüenza corporal, antinegritud o normas culturales estrictas: nuestras abuelitas habitan una realidad compleja. De la misma manera, la teología abuelita como teología de la cocina refleja la hermosa formación comunal y natural de la fe en la cocina. Sin embargo, esta realidad es cierta principalmente porque nuestras abuelitas a menudo son relegadas a la cocina debido a la existencia del machismo. Así, la teología abuelita habita un complicado espacio intersitial,[1] como veremos.

Tu viaje y el mío están moldeados por una memoria cultural colectiva. La teóloga Jeanette Rodriguez explica que la cultura ha sido el medio de supervivencia humana. Las culturas humanas han sobrevivido a muchas amenazas al interpretar, adaptar y resistir a las culturas dominantes que son más "poderosas". Esto se hace principalmente a través de nuestra capacidad para recordar, crear y recrear nuestro pasado. La *memoria cultural*, por tanto, se refiere a un conocimiento colectivo de una generación a la siguiente que nos da a muchos de nosotros la oportunidad de reconstruir nuestra identidad cultural. Se caracteriza por la supervivencia de un pueblo histórico, político y socialmente marginado y por el papel de la espiritualidad como forma de resistencia. Para Rodriguez, "la memoria cultural se trata de hacer declaraciones significativas sobre el pasado en un contexto cultural dado de las condiciones presentes".[2]

Esta también es la esencia de abuelita fe: requiere que me sumerja en el cofre del tesoro de la memoria cultural colectiva de aquellas que vinieron antes que yo. Mientras lees los capítulos de este libro y reflexionas sobre mi historia junto con las de las mujeres en la Biblia, te animo a que también te sumerjas. Estamos formados por la memoria de nuestros antepasados, la nube de testigos que nos precedieron.

También busco articular una abuelita fe a través de perspectivas descolonizadas y poscoloniales. El término *poscolonial* se creó para dar voz a los miembros más vulnerables y más pobres de la comunidad mundial. El poscolonialismo se ocupa de la colonización o de los pueblos colonizados, centrándose en la forma en que la literatura de la cultura colonizadora distorsiona las experiencias y realidades de los pueblos colonizados y asume su inferioridad. Busca recuperar la identidad de las personas colonizadas que fueron moldeadas por la idea de la *alteridad*.[3]

La idea del otro, perpetuada por los colonizadores europeos, se ha utilizado como una forma de que los que están en el poder mantengan la autoridad sobre los que están colonizando. El imperialista ve al otro como un ser diferente para mercantilizar el control sobre la identidad del otro. El yo y el otro son el colonizador y el colonizado, respectivamente, o el familiar y el extranjero, el que no pertenece al grupo, que no habla un idioma determinado, o que no tiene las mismas costumbres.[4]

La cultura dominante ha diseñado a muchas de nuestras abuelitas como otro por el idioma o dialecto que hablan, sus acentos, la pigmentación de piel, sus costumbres culturales, su falta de educación occidental, su estatus socioeconómico o su género. El concepto de alteridad ve al mundo dividido en opuestos que se excluyen mutuamente. Mientras que el yo (el colonizador) es ordenado, racional, masculino y bueno, el otro (el colonizado) es caótico, irracional, femenino y malvado. La cultura dominante actual puede que no lo diga con sus palabras, pero lo que se presenta como "normal" o "común" perpetúa este mito.

A lo largo de la historia, el colonizador ha sido el que "sabe" y "teoriza", mientras que el colonizado solo puede ser conocido o teorizado. Por lo tanto, el poscolonialismo aboga por pensar *con* los marginados más que pensar *en* ellos. Mi esperanza es que cuando nos relacionemos con personas colonizadas, ordinarias o ignoradas, ya sea en la sociedad o en las Escrituras, no escuchemos para consumir, tomar o apropiarnos, sino para mantener el espacio sagrado, aprender y hacer espacio para lo sacro, donde Dios —a menudo— obra en lo cotidiano, el espacio informal donde se desarrolla la vida y la fe, donde se toman un sinnúmero de decisiones, las que muchos de nosotros con diferentes niveles de privilegio ni siquiera tenemos que considerar.

Al leer las narrativas de muchas mujeres marginadas en las Escrituras, he tratado de observar no solo las innumerables decisiones que ellas toman por sus familias, sino también lo que esas decisiones trasmiten. ¿Qué pasa con los detalles? ¿Qué queda sin decir? ¿Qué podemos extraer de la voz de otra en las Escrituras, aquella por la que Dios se preocupa tan profundamente y busca proteger y honrar? Mi esperanza es que las historias de esas mujeres ignoradas y anónimas nos den la oportunidad de escucharlas a "ellas" hablarnos a "nosotros", en vez de "nosotros" hablarles a "ellas" o hablar acerca de ellas.[5] También espero que cuando descubramos y escuchemos sus voces a menudo silenciadas, sintonicemos nuestros oídos con esas mismas voces en medio de nosotros. Al evocar esas narrativas en las Escrituras, que releamos estos textos con ojos para ver a las abuelas que nos han criado y dado calor maternal, no solo nuestras propias abuelas biológicas sino nuestras madrinas y comadres tanto en el presente como en el pasado. Mi esperanza es que reconozcamos cuánto más tenemos que aprender, no de los libros, sino de las experiencias vividas, y que esas experiencias puedan ayudarnos a cambiar la forma en que vemos el mundo y a las personas que tienen algo valioso que brindarnos.

Para mí, la teología abuelita tiene que ver con investigar el verdadero y crudo resultado de la fe.

Sin embargo, antes de que podamos escuchar y reconocer estas voces en las Escrituras, debemos entender que la lente a través de la cual muchos han leído y se han capacitado para comprender la Biblia ha sido predominantemente una lente europea occidental y masculina. Estas voces han dominado nuestros púlpitos y nuestros comentarios, los lugares desde los cuales muchos de nosotros hemos sido educados, entrenados o formados espiritualmente. Esto ha dejado en un segundo plano la percepción, las interpretaciones y las perspectivas de los escritores negros, latines, asiáticos e indígenas.

En 2019, John MacArthur, un prominente pastor evangélico, apareció en un vídeo ampliamente compartido, no solo diciéndole a la maestra de estudios bíblicos Beth Moore que se "fuera a casa", sino también criticando a los líderes de la Convención Bautista del Sur (SBC) por su sugerencia de que nunca debería haber otro comité de traducción de la Biblia sin un académico latine, negro o mujer en dicho comité. MacArthur se burló de la sugerencia y respondió preguntando: "¿Traducción de la Biblia? ¿Qué tal alguien que sepa griego y hebreo?".[6] La SBC tiene una clara historia de racismo, pero seguramente no estaban dando a entender que el conocimiento de los idiomas bíblicos es innecesario para los comités de traducción. Y seguramente MacArthur lo sabe (¿o tal vez no?). Su aparente desprecio por las experiencias vividas y las percepciones culturales de quienes son diferentes a él perpetúa la ideología que excluye a la mayoría del mundo de la mesa teológica.

Debido a ello, me gustaría pensar que este trabajo, mi trabajo, como teóloga latina, escritora y erudita bíblica emergente es un acto de disensión. Como han dicho otros antes, *mi existencia es resistencia*.

Primero, cualquier intento que haga por presentar una teología que esté descentrada de la narrativa dominante y centrada para enfocar o resaltar las perspectivas de las mujeres marginadas inevitablemente se filtrará a través de una lente occidental, porque soy una persona occidental. Estoy en el mismo camino de descolonización en que es posible que tú estés.

En segundo lugar, como me iluminó el académico latino Oscar García-Johnson, cualquier intento por incorporar el pensamiento descolonizado, particularmente en el contexto de la cultura estadounidense, necesariamente alimentará una narrativa colonial. El meollo del pensamiento colonial está incrustado en las dicotomías binarias percibidas, y no importa cuánto trate de alejarme de esos binarios coloniales, mi trabajo será colocado en algún tipo de categoría: liberal o conservador, de izquierda o de derecha. Eso es cierto especialmente como alguien de la comunidad cubanoamericana. Muchos cubanos en los Estados Unidos que se vieron afectados por la revolución mantienen posturas políticas estrictas, lo que es comprensible. Por un lado, si yo, o cualquier otra persona en mi comunidad, criticamos cualquiera de las posiciones que podrían ocupar, rápidamente podríamos ser etiquetados como "socialistas" de una manera despectiva. Por otro lado, sentir simpatía por el trauma del exilio y el desplazamiento podría hacer que muchos progresistas se cuestionen si ya no estoy de su lado.

La experiencia humana, tanto nuestras historias como las de nuestras abuelitas, a menudo son más matizadas y complicadas que los moldes que tenemos ante nosotros, en los que nos hemos visto obligados a encajar. Aunque lo hago de manera imperfecta, trato de mantener esas complejidades con cuidado.

A menudo me pregunto si los estrictos binarios coloniales que tenemos ante nosotros son lo que han lastimado a tanta gente dentro de la iglesia. Durante mucho tiempo, los líderes eclesiales nos han dicho que somos amados pase lo que pase, y al mismo tiempo nos dicen que si no nos aferramos a una forma específica de entender a Dios, una determinada categoría de creencias, corremos el riesgo de ser condenados. La primera vez que me llamaron hereje fue por creer que las mujeres podían predicar, una creencia basada en mi estudio en profundidad del texto bíblico. No me llamaron hereje porque negué la Trinidad, la resurrección o cualquiera de los principios fundamentales del cristianismo.

Quizás sea por eso que muchos jóvenes cristianos están huyendo de la iglesia, debido a esos puntos de vista dicotómicos, de "todo o nada" en cuanto a la fe, que ignoran las complejidades de la vida, los puntos de vista de la fe que disimulan el desorden de la vida reflejada por los personajes bíblicos y las historias que nos son tan queridas. Como mostrará el resto de este libro, las Escrituras son un relato hermoso y matizado del caos de la vida y la fe.

Para construir un pensamiento descolonizado, debemos dejar de lado las dicotomías que estereotipan y obligan a las personas a encajonarse, para recuperar las voces de los subrepresentados, las voces marginadas que se pierden en el medio.

Ahora quiero ser clara: no estoy diciendo que no haya bien o mal. La injusticia, la deshumanización y la opresión de las personas siempre son malas. Cuando la imagen de Dios es violada, destruida, deshonrada o desprotegida, eso es malo, "un acto de violencia", como señala la autora negra Osheta Moore.[7] Sin embargo, el lenguaje no binario se resiste a la noción de reducir a las personas, sobre todo a los marginados, a objetos que pueden categorizarse y comprenderse fácilmente.

Antes de describir los detalles de la abuelita fe (como yo la entiendo) ya articulados por algunos estudiosos, incluidos Virgilio Elizondo, Loida Martell-Otero, Miguel De La Torre y Robert Chao Romero, quiero presentar otros contextos teológicos que han marcado este viaje. Además de los estudios de descolonización y poscolonialismo, estos incluyen (pero no se limitan a) hermenéutica bíblica womanist, teología mujerista, teología intercultural feminista y pensamiento latina evangélica. Cada uno de ellos ha ayudado a dar forma a mi comprensión de la teología desde la perspectiva de los humildes.

Hermenéutica bíblica womanist. La erudita womanist Mitzi Smith señala que la hermenéutica bíblica womanist prioriza las experiencias e historias vividas comunales y particulares de las mujeres negras y otras mujeres de color no solo como un punto central sino como un punto de partida, así como una lente interpretativa general para el análisis crítico de la Biblia, contextos, culturas, lectores y lecturas. "Las womanists cantan, escriben y hablan desde los márgenes hacia los márgenes: la doblemente marginada, la mujer negra llamada a predicar en la iglesia negra, la madre negra soltera, la niña negra sin madre, la madre soltera embarazada que se esfuerza por encontrar un hogar en la iglesia negra. Testificamos que el Dios en nosotras es grande, compasivo, valiente, audaz, amoroso, sin prejuicios y empoderado".[8] La hermenéutica bíblica womanist me ha ayudado a involucrarme con ese Dios en las Escrituras, en mí misma y en el mundo.

Teología mujerista y teología intercultural feminista. La compañera cubana Ada Maria Isasi-Díaz acuñó la expresión *teología mujerista*, lo cual es la teología de la liberación desde una perspectiva latina. La teología de la liberación se originó como un movimiento profético que responde al sufrimiento humano, más específicamente, a la pobreza y la injusticia en los sectores populares de la América Latina. Destaca las preocupaciones sociales de las personas pobres y oprimidas, como lo enfatizó Jesús en gran parte de su ministerio. La teología de la liberación me ha enseñado que la teología no puede divorciarse de la historia personal. La historia es lo que conecta la teoría con la realidad, lo que da vida a nuestra comprensión religiosa. En esta línea, la teología mujerista toma en serio las narrativas y las experiencias vividas de las mujeres, enfatizando la lucha única de las latinas en la intersección de la etnia, la raza, el género y el nivel socioeconómico. Isasi-Díaz comenzó a desarrollar esta teología después que trabajó como misionera en Perú. Allí se dio cuenta no solo de que la liberación es necesaria para la justicia y la paz, sino que una no puede ser liberada a expensas de otro o aislada de los demás.[9] Así, la teología mujerista es un proceso de empoderamiento de las mujeres marginadas que comienza con el desarrollo de un fuerte sentido de agencia moral. Trabaja para aclarar la importancia y el valor de quiénes son esas mujeres, qué piensan y qué hacen.[10]

La teología mujerista intenta proporcionar una plataforma para las mujeres latinas ordinarias, tomando en serio sus entendimientos y prácticas religiosas como una fuente de teología y desafiando los entendimientos teológicos o las enseñanzas de la iglesia que oprimen a las mujeres latinas.[11] No insiste en que la liberación es algo que una persona puede dar a otra, sino que es un proceso por el cual los oprimidos se vuelven protagonistas de sus propias historias, participantes en la creación de una realidad diferente a la opresiva en la que se encuentran. Lo más importante, la teología mujerista no es una teología exclusivamente *para* latinas sino una teología *de* latinas, capacitándolas para que comprendan las formas en que han interiorizado su propia opresión. Prácticamente, la teología mujerista es una teología de la resistencia que tiene como objetivo ayudar a las latinas a descubrir y afirmar la presencia de Dios en sus comunidades, así como la revelación de Dios en su vida diaria.[12]

Aunque he resonado y construido muchas de mis ideas a partir de la teología mujerista debido a sus conexiones con la católica romana y la cubana, también entiendo y quiero implicar las críticas que ha recibido por las formas en que arriesga una especie de exclusividad u homogeneidad que universaliza la experiencia latina/hispana, a menudo en beneficio de las latinas blancas. Por eso, intento involucrarme también con la *teología intercultural feminista* presentada por María Pilar Aquino, Daisy Machado, Maria José Rosado-Nuñes y otras. Para Aquino, la teología intercultural feminista agrega más matices a la mesa. Nombra mejor lo que ella llama convivencia entre las identidades latinas (católica, protestante, amerindia, africana, latinoamericana, latinoestadounidense) como iguales en sabiduría.[13]

Pensamiento latina evangélica. Este marco me ha ayudado a ver la forma en que la teología en su conjunto, incluida la doctrina de la Trinidad y las Escrituras, se cruzan con mi posición como mujer latina. El pensamiento latina evangélica enfatiza la "Niña Salvaje" femenina de la Trinidad, la Espíritu Santa[14] y la palabra inspiradora e inspirada de Dios en la Biblia.[15] El trabajo de evangélicas latinas me ha recordado que la teología es una tarea colaborativa. Las mujeres, en particular las de color, aprenden de las experiencias de las demás y buscan que todas, juntas, sean liberadas para servirse mejor unas a otras y a sus vecinos y vivir en la libertad prometida en la Espíritu Santa.

Al presentar una abuelita fe (una entre muchas), lo hago desde los hombres de womanists, mujeristas, feministas interculturales, latinas evangélicas, eruditas poscoloniales, pensadoras descolonizadoras y otras, obteniendo continuamente una visión de sus perspectivas y entendimientos teológicos sobre Dios y el mundo. El trabajo de la teología es una obra de la gente, algo que hacemos en conjunto. De esta manera, la imagen de Dios no es solo individual sino colectiva. Nos necesitamos unas a otras porque ninguna persona o grupo de personas puede soportar plenamente todo lo que es la imagen de Dios. Sin embargo, cada cultura, pueblo o grupo ofrece una visión de un aspecto diferente de la imagen completa de Dios.

Aprendí "formalmente" acerca de la teología abuelita mientras investigaba sobre César Chávez, el líder, voz y rostro público preeminente del movimiento de derechos civiles mexicoamericanos de la década de 1960.[16] El teólogo asiático-latino Robert Chao Romero señala que el enorme impacto de Chávez en la comunidad mexicana fue fundado finalmente por su abuela, Mama Tella. De la misma manera, no se puede exagerar el papel de las abuelitas en las vidas de muchos latines radicados en los Estados Unidos. Nuestras abuelas son nuestra conexión con nuestra cultura, nuestro idioma y el país que nos engendró. Son nuestras fuentes de sabiduría y recuerdos, tanto traumáticos como necesarios para la supervivencia. Para nosotros, que somos latines en los Estados Unidos, nuestras abuelitas tienen gran parte de nuestras identidades, creencias, tradiciones y teologías.

La fe católica de Mama Tella formó a Chávez en los primeros años de su vida.[17] Un ejemplo fue cuando recibió su primera Comunión. Debido a que la familia Chávez vivía lejos de la ciudad, César no pudo asistir a las clases de catecismo. Sin embargo, su familia viajó un día a la ciudad para solicitarlas al sacerdote anglo, quien se negó, recordándoles que no podían tomar la Comunión sin antes recibir una capacitación religiosa "formal". La madre de Chávez, Juana, le dijo al sacerdote que le hiciera a César y a su hermana, Rita, cualquier pregunta del catecismo católico para demostrar que estaban listos. Para sorpresa del sacerdote, respondieron a todas las preguntas que hizo, por lo que no tuvo más remedio que permitirles recibir la Comunión al día siguiente.[18] Chávez, que ha sido llamado el Martin Luther King Jr. de la comunidad mexicano-estadounidense,[19] no hubiera sido quien fue sin la formación teológica de abuelita que recibió de Mama Tella.

La historia de Mama Tella habla del hecho de que el pensamiento occidental blanco ha monopolizado durante mucho tiempo las formas de conocer y ser, asumiendo que las culturas originarias, indígenas o inmigrantes carecen de capacidades estéticas, tradiciones intelectuales o pensamiento crítico. La cultura dominante ha desacreditado históricamente a nuestras comunidades, etiquetándolas como sin educación o, debido a otros factores como el nivel socioeconómico, asumiendo que son incapaces de desarrollar conocimientos o articular sus pensamientos, en particular en lo que respecta a la teología.

En su libro *After Whiteness*, el académico negro Willie Jennings explica que la imagen de la persona educada en la cultura occidental es la de un hombre blanco autosuficiente. Su autosuficiencia, argumenta Jennings, se define por la posesión, el control y el dominio.[20] La cultura occidental ha establecido durante mucho tiempo las reglas sobre lo que es y lo que no es el "conocimiento", posicionándose como controladores, poseedores, maestros y, por lo tanto, como didactas del conocimiento. Esto ha resultado no solo en la homogeneidad, "un control que apunta a la igualdad y una igualdad que imagina el control",[21] sino en la marginación o el silenciamiento de cualquier persona ajena a la academia elitista blanca.

Con este fin, el pensador poscolonial Boaventura de Sousa Santos sostiene que la justicia social no es posible sin la *justicia cognitiva*. Para Santos, la injusticia cognitiva es la falta de reconocer las diferentes formas de conocimiento mediante las cuales viven las personas en todo el mundo y le dan sentido a su existencia.[22] Me hago eco de Santos al instar a que debemos recuperar la diversidad de formas de ser y conocer en el mundo. Mientras que la cultura dominante dice que no tenemos nada que aprender de la gente pobre o sin educación, la teología abuelita afirma que tenemos más que aprender de ellas, de mujeres marginadas como Mama Tella o mi propia abuela Evelia.

No solo las Mama Tellas del mundo han servido como columna vertebral de nuestra fe, llevando el peso de los César Chávez del mundo, sino que al hacerlo, nuestras abuelas han resistido e incluso avergonzado la noción occidental dominante de "conocimiento" que aísla y margina aun más.

En una entrevista con Krista Tippett, Robin Wall Kimmerer, botánico y miembro de Citizen Potawatomi Nation, explica que, en las formas indígenas de conocimiento, conocer una cosa no significa saber algo solo intelectualmente, sino saberlo intuitivamente. Para saber en realidad algo, debes conocerlo emocionalmente y espiritualmente.[23]

"¿Qué significa ser una persona educada?", pregunta Kimmerer. "Significa que sabes cuál es tu don y cómo darlo en nombre de la tierra y de la gente, así como cada especie tiene su propio don".[24] Según este estándar, nuestras abuelas son educadas sin medida, ofreciéndonos sus dones de una manera que la academia no puede. El resto de este libro detallará algunas de esas formas en cuanto a cómo las abuelitas entre nosotros y en las Escrituras comparten su sabiduría con nosotros a través de sus manos, sus cuerpos y sus formas alternativas de ser y conocer.

La teología abuelita es una realidad no solo en la comunidad latine; también ha sido expresada por algunos en la comunidad afroamericana. Hak Joon Lee relata en *We Will Get to the Promised Land*, la relación íntima de Martin Luther King Jr. con su abuela, Jennie C. Parks Williams. Lee lo llama "la familia africana característica de la presencia permanente del vínculo materno".[25] La abuela Jennie desempeñó un papel clave en la formación emocional y espiritual de King, inculcándole una fuerte identidad, autoestima y misión. La abuela de King "era una fuerza espiritual fuerte, portadora de cultura y un pilar de fortaleza en la familia".[26] El vínculo de King con su abuela era tan fuerte que en las dos ocasiones en que pensó que ella había muerto, trató de suicidarse. Imagínate dónde estaría nuestra sociedad sin la influencia de la abuela Jennie en la vida de su nieto. La teología abuelita reconoce y celebra su vida junto a la de él.

El teólogo y líder de derechos civiles Howard Thurman fue criado por su abuela, Nancy Ambrose. Él recuerda las formas en que su abuela sirvió como una roca para toda su comunidad, asumiendo la responsabilidad de ser ella quien empoderara a su familia, para recordarles que a pesar de sus circunstancias eran hijos de Dios. Thurman escribe que la pasión y la energía de su abuela establecieron la base de la dignidad personal "para que un profundo sentido de valor personal pudiera absorber la reacción de miedo que venía con ser esclavos".[27] Su abuela creía que el cristianismo de Jesús apareció como una técnica de supervivencia para los oprimidos. Sin embargo, a lo largo de los años, se convirtió en una religión de poderosos y dominantes, a menudo utilizada como instrumento de opresión. A través de la influencia de su abuela, Thurman también desafió la noción de que la opresión estaba en la mente y la vida de Jesús.

Esto, creo, es lo que poseen las abuelitas: una conexión con Jesús que empodera, a pesar de las formas en que la cultura dominante ha intentado despojarlas de su dignidad, incluso y especialmente en el nombre de Jesús. Las enseñanzas de la abuela de Thurman sobre Jesús fueron fundamentales para su ministerio y dieron forma fundamental a sus sentimientos religiosos, que finalmente dieron a luz a *Jesus and the Disinherited*, el libro más famoso de Thurman. Se rumorea que King llevaba una copia de ese libro en su bolsillo junto con su Biblia.

Muchos dentro de las comunidades nativas americanas también están íntimamente familiarizados con esas experiencias, es decir, las formas en que se ha utilizado el cristianismo como un instrumento de opresión. Históricamente, los pueblos indígenas han sido expulsados de sus tierras, obligados a "convertirse" y ser bautizados, esclavizados, asesinados, a menudo en el nombre de Jesús. A lo largo de los años de trauma generacional y dolor histórico no resuelto, muchas abuelas nativas americanas han ofrecido fuerza a sus comunidades, transmitiendo conocimiento cultural, conciencia espiritual y lazos de parentesco, ya que los ancianos y abuelos de la comunidad a menudo son responsables de criar y educar a los niños.[28] En las tribus, las abuelas a menudo crían a sus nietos y, a través de su edad y su papel como cuidadoras, las mujeres mayores tienen un estatus especial en la comunidad, actuando como conservadoras culturales, exponiendo a sus nietos a las formas de vida de los nativos americanos a través de actividades ceremoniales e informales.[29] George Tinker, teólogo y ciudadano de la Nación Wazhazhe (Osage), explica que muchos en su comunidad entienden la creación como "Abuela de la Tierra": la creación es sagrada, la tierra es una fuente de vida y las criaturas son parientes a quienes debemos respeto y reciprocidad.[30] Este es el honor que se les otorga a las abuelitas.

De manera similar, el sociólogo japonés Yoshinoro Kamo explica que muchos países de la Asia oriental, incluidos China, Taiwán, Corea, Japón y otros, han adoptado la ética confuciana, que enfatiza la jerarquía por edades.[31] Si bien la mayoría de las naciones occidentales valoran el individualismo y la autosuficiencia, que a menudo resulta en discriminación por edad, lo contrario es cierto para muchas culturas orientales. No solo se mantiene una mentalidad comunitaria, sino que los abuelos, incluidas las abuelitas, se encuentran entre los más honrados y respetados.

Al igual que las comunidades indígenas de la América del Norte, mis propios antepasados indígenas, los taínos del Caribe, veían a las mujeres —abuelas, madres, hermanas e hijas— como la base de la sociedad, expresada por el rastreo de la descendencia a través de la línea femenina hasta un ancestro femenino mítico. Esa organización social matrilineal no es infrecuente en todo el mundo.[32]

Aun cuando las abuelas sirven como base para muchos pueblos latines con sede en los Estados Unidos, el desarrollo de una teología de las abuelitas no es exclusivo de la experiencia latine.

La teología abuelita surge de la realidad de que, en la cultura religiosa latine, figuras matriarcales como las abuelitas preservan y transmiten tradiciones, creencias, prácticas y espiritualidad religiosas. Funcionan como "ministras internas", particularmente porque el privilegio de recibir instrucción religiosa "formal" no está disponible a menudo. Así, las abuelitas son las sacerdotisas y teólogas funcionales en nuestras familias. Las teologías que hemos heredado de estas mujeres ignoradas nos han dado una base firme para vivir nuestra fe y mostrar amor en el mundo. "Estas sabias mujeres nos enseñaron sobre el poder de las palabras proféticas y la responsabilidad que tenemos de buscarlas y escucharlas", escribe Loida I. Martell-Otero. "No transmitieron simplemente el evangelio como un conjunto de declaraciones dogmáticas aceptadas. Nos nutrieron con un agudo sentido de la capacidad del Espíritu para crear de nuevo".[33]

Las enseñanzas de nuestras abuelitas fueron nuestros puntos de partida, pero continuamos en un esfuerzo continuo y comunitario por discernir críticamente aspectos de nuestras tradiciones heredadas que han sido colonizadas.[34] Ofrezco este libro con la esperanza de que juntos no solo encarnemos una comunidad ansiosa por reconocer a las abuelitas teólogas ignoradas y anónimas entre nosotros, sino que busquemos vivir la abuelita fe en nuestra vida diaria.

La abuelita fe no es solo una realidad cultural, sino también bíblica. La Escritura testifica del poder y la influencia de las abuelas entre el pueblo de Dios. Muchos años pasé por alto este detalle porque no había sido entrenada para reconocer la importancia ni el valor de las mujeres en la Biblia. Por ejemplo, no me enseñaron a dejar que mi mirada se detuviera en las mujeres incluidas en la mayoría de las introducciones de las cartas de Pablo, ni a preguntar qué significaba que estuvieran allí, en primer lugar. De manera similar, a muchas personas en la iglesia no se les enseñó a comprender la forma en que funcionaba ese proceso de escritura de cartas en el primer siglo: el peso de alguien que patrocina, entrega y lee (que en ese momento habría sido similar a predicar) una carta una vez que fue entregada a una iglesia en casa (como con Febe, la diaconisa a quien Pablo elogia al final de su extenso tratado en Romanos).

De la misma manera, pasé por alto la introducción de la segunda carta de Pablo a Timoteo hasta que un día me llamó la atención, afirmando mi curiosidad y convicción sobre la importancia tanto de las abuelitas como de la fe de mis antepasados. En este breve pasaje, Pablo dice: "Al recordarte de día y de noche en mis oraciones, siempre doy gracias a Dios, a quien sirvo con una conciencia limpia como lo hicieron mis antepasados. Y, al acordarme de tus lágrimas, anhelo verte para llenarme de alegría. Traigo a la memoria tu fe sincera, *la cual animó primero a tu abuela Loida y a tu madre Eunice*, y ahora te anima a ti. De eso estoy convencido." (2 Tim 1,3-5; cursivas mías).

Aquí Pablo menciona el poder y la importancia de la teología abuelita.

Al reconocer la fe de Timoteo (una fe que nació de su abuelita y su mamá), Pablo honra a las dos mujeres, pone sus nombres en tinta para que sean recordadas para siempre, canonizadas, si se quiere. Él reconoce que su fe es una fe comunitaria que toma en serio el impacto no solo de las personas que lo precedieron, sino también de las *mujeres* que lo moldearon y le dieron forma. Esta poderosa afirmación cambió el curso de mi vida, recordándome que la teología abuelita ha existido durante siglos. También me llevó a reentrenar y centrar mi pensamiento, lo que me permitió ver nuevos personajes y nuevas percepciones que me llamaban desde las páginas de este libro sagrado.

A menudo me pregunto cómo sería la fe de la abuela Loida y mamá Eunice. ¿Cómo la vivieron? ¿Estaban dedicadas a servir a la comunidad como Tabita? ¿Estaban liderando iglesias en casas como lo hizo Lidia o instruyendo a líderes como lo hizo Priscila? ¿Le dijeron la verdad al poder como Nancy Ambrose o la abuela Jennie?

Me paro sobre los hombros de las enseñanzas del catolicismo popular de mi abuela. Durante la mayor parte de mi infancia asistí a misa, clases de catecismo y confesión, y recibí mi primera Comunión y la confirmación en la Iglesia Católica. Sin embargo, después de hacer mi transición al protestantismo a los veinte años, comencé a creer en algunos de los tropos evangélicos sobre la fe de mi abuela: en particular, que se "basa en obras" porque involucra prácticas como defender los sacramentos y asistir a la confesión. Empecé a creer que comprometerse con símbolos como los de los santos era "adoración de ídolos". Esos primeros años como nueva evangélica, vertí muchas lágrimas de desesperación por la salvación de mi abuela, porque me dijeron que creyera que su fe no era auténtica, que necesitaba ser salva, convertida.

Interioricé la visión hiperindividualista de la fe y la salvación, creyendo en la noción de que seguir a Jesús es simplemente una decisión personal que tomo "en mi corazón". Compré la idea de que mi espiritualidad es privada, que mi crecimiento espiritual no tiene absolutamente nada que ver con mi comunidad, mis antepasados, la nube de testigos, aquellos a quienes conocí directa e indirectamente, así como el innumerable número de personas que me han influido o incluso a las que yo misma he influido. Con ese fin, la erudita palestina Jean Zaru dice: "Muchos argumentan que la fe de uno, o la espiritualidad de uno, es un asunto privado de uno mismo. Estoy en desacuerdo, porque la espiritualidad incluye todas las dimensiones de la vida humana, personal y social que se combinan para hacer humana la vida humana, la medida de la plenitud del don de Dios".[35]

A menudo me pregunto: Al demonizar o ignorar otras expresiones de la fe cristiana, ¿han olvidado los evangélicos que la iglesia, correctamente entendida, es una comunión de santos, no solo aquí en la tierra sino también en el cielo? Los santos son como "casas de tesoro abiertas al alcance de todos, como fuentes fluyentes en las que todos pueden beber. En la comunión de los santos nada es privado, aunque todo es personal".[36] La comunión de los santos ha enriquecido mi imaginación teológica, sobre todo en lo que respecta a mis antepasados y las madres de la fe, las mujeres a lo largo de la historia que antes han ido allanando el camino, construyendo sus propias mesas y ofreciendo una perspectiva de lo divino, sin la cual nuestra fe se debilitaría.

Las madres y las madrinas de la fe son las mujeres a menudo ignoradas que componen la nube de testigos a la que alude el libro de Hebreos. Nos han empoderado, desde mujeres como Débora, la profeta y jueza que ayudó a llevar a Israel a la victoria junto a Jael, hasta mujeres como Junia, una apóstol notable en la iglesia del Nuevo Testamento. También hay mujeres cuyo trabajo ha demostrado ser invaluable, como Paula de Roma, que estableció monasterios e iglesias y tradujo la Biblia del hebreo al griego junto con Jerónimo, el famoso latín estudioso.

Todavía hay otros, como Teresa Urrea, que jugó un papel importante en México como santa y curandera y que también luchó por la justicia para los pueblos indígenas. O María Elena Moyano, una organizadora comunitaria afroperuana que fue asesinada a principios de la década de 1990 por su activismo. O Josefa Llanes Escoda, una filipina defensora del sufragio femenino que luchó por la paz durante la ocupación japonesa de las Filipinas. La lista es interminable.

Mis antepasadas iluminaron mi fe solo después de que invité a mi cultura, mi educación y mi identidad como latina a dialogar con lo que soy como persona de fe. Como la de Timoteo, mi fe me fue transmitida por mi abuelita, apoyada con los recuerdos de la Iglesia Católica St. Dominic en Miami, donde me bauticé por primera vez, donde recibí la eucaristía por primera vez y donde vi a mi abuela cantar en el coro cada domingo. En vez de desconectarme de esas partes importantes de mi espiritualidad, lo divino les ha permitido darme una comprensión más sólida e integrada de mi fe y de mí misma.

Mis esfuerzos al presentar esta teología son para volver a lo primordial, para visualizar un movimiento de base en el que las abuelitas estén en el centro de la narrativa. Mi esperanza es que aquellas sin poder o privilegios en la sociedad, muchas de las cuales mantienen unidas a nuestras familias, sean muy honradas por todos. Al profundizar en sus historias, espero que las formas alternativas de conocimiento, el conocimiento incorporado transmitido por nuestros antepasados, se destaquen como dones otorgados por Dios. Por último, mi deseo es que las historias de estas mujeres en las Escrituras y más allá iluminen algo nuevo en nosotros para que cuando veamos a los marginados viviendo la vida en la lucha, en la batalla, nos sintamos atraídos por sus experiencias y bebamos de estos pozos rebosantes de sabiduría, sapiencia, acerca de lo divino.

3

La sabiduría que sana

Si estás familiarizada con algún aspecto de la comunidad latine, es probable que hayas escuchado muchos de los refranes comunes de nuestras abuelitas ("aforismos" o, más exactamente, "proverbios" o "dichos"). Aun cuando cada cultura latine es única, todavía hay un cierto hilo que nos une: nuestras abuelitas portan una sabiduría que no conoce límites. No siempre sabemos de dónde vienen los refranes de ellas, pero nos han moldeado a nosotros y a nuestra sabiduría popular. A menudo, se aprende a través de experiencias vividas. Y la experiencia vivida es clave; como esto que aprendí al crecer: "El diablo sabe más por viejo que por diablo".

Los refranes nos han ayudado a vivir. Quizás nos hayan ayudado a aprender a navegar por las amistades en la escuela secundaria: "Dime con quien andas, y te diré quién eres". O "Mejor sola que mal acompañada". Quizás incluso nos han ayudado a evaluar a las personas: "Perro que ladra no muerde" (en otras palabras, la gente habla más de lo que actúa). Nuestras abuelas rezumen sabiduría

39

que se aprende y se encarna, conocimiento adquirido de tradiciones orales e intuiciones que toman forma en la vida cotidiana. Sigo viviendo de "A quien madruga, Dios lo ayuda". (Un proverbio similar a "la primera ave se lleva la lombriz" en inglés). La ética del trabajo duro de abuela condensada en una lección de vida memorable me ha formado.

La sabiduría de nuestras abuelas nos sana, ya sea el recordatorio de que "sana, sana colita de rana, si no sanas hoy sanarás mañana", que significa que la sanidad lleva tiempo, o el recordatorio de que "el que no llora no mama", que significa que, si queremos algo, debemos pedirlo. La mayoría de sus refranes viven en nuestros cuerpos y activan nuestros sentidos. Hasta el día de hoy, incluso con la vejez y la demencia de mi abuela, pronuncia algunos de sus dichos cuando la visito. Su favorito es "Manos frías, amor para un día. Manos calientes, amor para siempre". Dirá esto mientras agarra mis manos a menudo frías, depositando un suave beso en la parte superior de ellas, recordándome que las manos frías significan amor por un día, pero las manos cálidas significan amor para siempre. Y tiene razón: mis manos en las suyas son instantáneamente cálidas, el signo de un amor eterno.

A través de sus refranes, entre otras cosas, nuestras abuelitas han ofrecido un camino de sabiduría espiritual, de conocimiento. Las formas en que involucran al mundo nos brindan una investigación espiritual que se forja por la manera en que involucran su fe en su vida cotidiana, incluida su creación artística, su curación, su danza y su "política de inclusión".[1]

Nuestras abuelas también adquieren sabiduría para transmitir, en parte a través de cómo oran, leen y aplican las Escrituras. A menudo escucho historia tras historia de abuelas que dedican horas a leer la Biblia y a orar. La mayoría se compromete sin comentarios y sin educación de seminario. De muchas maneras, sus experiencias vividas y las formas en que se han asegurado la supervivencia diaria informan sus prácticas espirituales.

Cuando muchos de nosotros con diferentes niveles de privilegio interactuamos con las historias de la Biblia, particularmente las de

Jesús comprometiéndose con las mujeres marginadas, a menudo tenemos que forzarnos a entrar en la narrativa. Me pregunto si gran parte de la percepción teológica de nuestras abuelitas proviene del hecho de que pueden verse claramente en esas historias. No necesitan estirarse para imaginar cómo sería ser la mujer samaritana o la viuda persistente. Muchas de nuestras abuelas conocen esas historias íntimamente no solo porque se han comprometido a estudiarlas y sus lecciones, sino porque muchas veces esas historias son sobre ellas. Lo que nos transmiten es un conocimiento acerca de Dios que muchos de nosotros pasamos la vida tratando de obtener a través de libros y conferencias. Nuestras abuelitas pueden no tener educación según los estándares de la cultura dominante, pero poseen doctorados en oración e interpretación de la Biblia. Puede que no sean ordenadas sacerdotisas ni pastoras oficiales, pero han estado desempeñando esos roles tras escenarios desde siempre, notadas y llamadas por Dios.

El viaje de conocimiento espiritual, de exploración interior y divina, en el que muchos de nosotros nos encontramos es una tarea en la que hay que retroceder, llegar al pasado, para recuperar la sabiduría de nuestras abuelas y nuestros antepasados. Creo que parte de esa sabiduría incluye su comprensión de la interconexión de todas las personas, la naturaleza y Dios.

Cuando pienso en el trabajo del conocimiento y el proceso de volver a la sabiduría encarnada de mi abuela, recuerdo cómo veía ella todas las cosas entrelazadas. Pienso en sus árboles de mango que proporcionaron alimento a nuestra familia, así como refugio para los animales que solían echarse debajo de ellos. Pienso en las gatas callejeras preñadas que atravesaban el portal de nuestro pequeño dúplex, arañando las ventanas abiertas para encontrar un espacio seguro dentro de nuestra casa para dar a luz. Siempre tuvimos gatitos recién nacidos en la casita, el cobertizo, detrás de nuestra casa. Después de que las gatas daban a luz, mi abuela las limpiaba y les despegaba el cordón umbilical, y la gata madre la dejaba, dejando al descubierto en confianza su barriga. Abuela me decía que aprendió a hacer eso en el campo. Ella encontraba huevos de lagarto en la casita y me llamaba para ir a verlos: "¡Katy! ¡Katy! ¡Mira!". Y los cuidábamos hasta que nacían, protegiéndolos de los depredadores. He aprendido que los lagartos son sagrados para el pueblo taíno y juegan un papel importante en los orígenes de su historia. Creo que mi abuela llevaba ese conocimiento dentro de su cuerpo; quizás conocía íntimamente la sagrada sabiduría de nuestros antepasados.

Si queremos recuperar esta sabiduría, debemos rescatar y reconstruir nuestra espiritualidad, edificada sobre las espaldas de quienes vinieron antes que nosotros, especialmente aquellos que fueron ignorados o silenciados. Este trabajo se vuelve conmovedor cuando recordamos el silenciamiento de las voces de las mujeres, especialmente dentro de un cristianismo imperial. Un ejemplo temprano se remonta al siglo cuarto, cuando el emperador romano Constantino recibió en un sueño la instrucción de "conquistar" mediante la señal de la cruz de Jesús. Como resultado, sus ejércitos "lograron la victoria", reemplazando todos los "estandartes paganos" con imágenes de una cruz y las dos primeras letras del nombre de Cristo, blandiendo la cruz y la espada juntas, fusionando iglesia y estado.[2]

Poco después de que Constantino emitiera un edicto de tolerancia que legalizara el cristianismo en todo el imperio, se instigaron las primeras guerras de una iglesia imperial contra los llamados paganos y sus prácticas. A lo largo del siglo siguiente, los edictos ordenaron la persecución, destrucción y desfiguración de todo lo que no fuera "cristiano" en el sentido institucional e imperial de la palabra. Eso incluía no solo tradiciones y prácticas, sino también bibliotecas y centros de curación.[3] Una ciudad que fue el objetivo de esa antigua purga fue Alejandría, Egipto. Alejandría era un centro de conocimiento antiguo de lugares como Mesopotamia, Babilonia, Siria, Persia, India y Grecia, y de la cultura egipcia que había florecido a lo largo del

Nilo. Alejandría contenía materiales sagrados, bibliotecas y centros de aprendizaje mediante los cuales la población floreció.

En 392 CE, un motín de turbas cristianas destruyeron el centro de estudios más importante de Alejandría, que albergaba la biblioteca sagrada de la ciudad. Después de la destrucción de ese centro de aprendizaje, se produjo el violento asesinato de la mujer más erudita de Alejandría, una filósofa, matemática, pensadora y maestra prominente llamada Hipatia. En 415 CE, una turba cristiana la acusó de ser bruja, le arrancó los ojos, arrastró su cadáver por las calles de la ciudad y quemó sus restos.[4] Su cuerpo y la sabiduría que llevaba dentro fueron hechos trizas. Su muerte a manos de cristianos celosos simboliza el asesinato de nuestras abuelas nativas y el aplastamiento de su sabiduría.

La violencia se produjo a lo largo de los siglos cuando la cruz y la espada se convirtieron en una sola. Lo que había comenzado como un pequeño grupo de seguidores de Jesús vendiendo sus posesiones, compartiendo lo que tenían en común y viviendo una vida de armonía, humildad y autosacrificio se había convertido en un movimiento de poder: la cruz de Jesús simbolizando la codicia y la destrucción.

Después de la llegada de Colón a las Américas, las matemáticas avanzadas, las observaciones astronómicas, la medicina herbaria y otras prácticas destacadas de las civilizaciones indígenas fueron catalogadas como malvadas y destinadas a la destrucción. Y, sin embargo, muchas creencias y prácticas populares dentro del cristianismo moderno nacieron de esas prácticas indígenas y supuestamente paganas.

Por ejemplo, mis redes sociales están repletas de publicaciones de mujeres cristianas que posan junto a equipos de iniciación de aceites esenciales que prometen mejorar el estado de ánimo, aliviar el estrés, ayudar con el sueño y brindar curación física y mental mediante la aplicación de brebajes que contienen propiedades curativas que se encuentran en el eucalipto, la lavanda y otras hierbas totalmente naturales. Estas "pociones" que sirven como agentes curativos naturales de hoy en día se remontan a cinco mil años, y se originaron en el antiguo Egipto (donde Hipatia era considerada bruja y fue asesinada por los cristianos). Los remedios curativos a través de la medicina herbaria eran parte de las prácticas espirituales en el mundo antiguo y eran fundamentales para la espiritualidad popular.[5] La medicina natural incluía cosas como frotar, restregar e incluso inhalar hierbas para obtener efectos calmantes y curativos, no muy diferentes de las prácticas actuales.[6]

Durante el período colonial, estas formas de prácticas espirituales africanas se extendieron a América a través de los millones de africanos que fueron capturados y traídos por España como esclavos de acuerdo con la iglesia española. Parte de la colonización europea implicó el intento de domesticar e incluso exterminar esas formas de espiritualidad y reemplazarlas por una más "civilizada", occidental, a saber, el cristianismo. No es de extrañar que la historia de la iglesia desde entonces, y en particular el evangelicalismo occidental moderno, no solo haya rechazado las formas populares de espiritualidad africana e indígena, sino que también las haya considerado demoníacas. Pero, ¿qué se puede decir sobre el cristianismo occidental cuando adapta una parte clave de la tradición espiritual indígena y africana al mismo tiempo que demoniza la cultura, la gente y las expresiones de fe de las que proviene?

Estas pociones curativas convertidas en "aceites esenciales" provienen del conocimiento adquirido de nuestros antepasados, abuelitas centenarias cuyas relaciones con la tierra y lo divino dentro de ella han demostrado ser invaluables.[7] Como escribió una vez la poeta tejana Carolina Hinojosa-Cisneros en una publicación de Facebook: "La riqueza ancestral es más profunda que las fronteras imaginarias y las historias complicadas".[8] Cuanto más intento descolonizar, incluso mis lecturas de las Escrituras, más me enamoro del misterioso gran Creador que impregnó a nuestros antepasados con el conocimiento encarnado. Un Dios de curanderismo.

44

La Biblia tiene mucho que decir sobre sabiduría, *khokmah* en hebreo y *sophia* en griego. En hebreo, la palabra *khokmah* no implica sabiduría intelectual, sino habilidad o conocimiento aplicado, el tipo de sabiduría que posee un hábil artesano que sobresale en su oficio, una sabiduría adquirida que crea y sostiene.

La primera personificación bíblica completa de la sabiduría aparece en el libro de Proverbios.[9] Proverbios anima al pueblo de Dios: "Adquiere sabiduría, adquiere inteligencia;... No abandones nunca a la sabiduría, y ella te protegerá; ámala, y ella te cuidará" (4,5-6). En la tradición cristiana creemos que esta sabiduría proviene de la Espíritu Santa.

Las Escrituras hebreas usan la palabra *espíritu* ochenta y cuatro veces para referirse a la Espíritu Santa. De esas ochenta y cuatro, setenta y cinco de ellas se refieren a la Espíritu Santa en términos femeninos. Por ejemplo, en Génesis 1,2, donde aparece por primera vez el término *Espíritu de Dios*, está en forma femenina. En Jueces, el espíritu siempre es femenino. Y en Proverbios, la Sabiduría de Dios, que gran parte de la tradición cristiana entiende como la Espíritu Santa, está personificada como mujer. De hecho, esta es una de las mejores formas en las que se hace referencia a Dios en términos femeninos. A lo largo de las Escrituras, la Sabiduría (Dios) es ella.

La teóloga puertorriqueña Mayra Rivera señala el hecho de que la sabiduría, o Sophia, como ella la llama, se destaca como una rareza en la Biblia debido a su género. "En una comunidad en la que la identidad se define en referencia a sus miembros masculinos, ¿el hecho de que Sophia sea una mujer no la convierte en una extraña imagen de autoridad?",[10] pregunta Rivera. En Proverbios, Sophia se destaca en la calle, en la plaza pública, en la entrada de las puertas de la ciudad, clamando a los que escuchan (1,20-21). Este es un contraste notable con la "esposa competente" de Proverbios 31, cuyo esposo es el que es conocido en las puertas de la ciudad (vv. 10.23). En lugar de su marido, Sophia se para ella misma, poniéndola en la encrucijada de los roles de género "apropiados".[11] La señora sabiduría es audaz, atrevida. Es una mujer que traspasa fronteras, imaginarias y fijas, como la Espíritu Santa.

Me pregunto si el evangelicalismo de la cultura dominante a menudo reprime a la Espíritu Santa no solo por las formas en que se le caracteriza como ella, sino también porque no puede ser domesticada.

Zaida Maldonado Pérez llama a la Espíritu Santa "la Niña Salvaje de la Trinidad": indomable, llena de posibilidades y potencial creativo, maravillosamente esquiva, pero siempre plenamente presente. Ella es la *ruakh*, el aliento de Dios que siempre está "volviendo nativo".[12] Cuando llegó el día de Pentecostés y todos los presentes se encontraron con la Espíritu Santa, cada uno habló y escuchó el evangelio en su "idioma nativo" (Hch 2,8). ¿Quién puede decir que esta sabiduría "nativa" nacida desde el principio de los tiempos e introducida en Génesis 1 como flotando sobre la tierra, no es la misma sabiduría que guio a nuestros antepasados en su conocimiento, sus formas de ser y saber, de ciclos astronómicos que dirigió su producción de cultivos a las pociones herbales que comprometían su curación? ¿O es la "sabiduría" eurocéntrica, que asesinó, esclavizó y destruyó, la única *sophia* que queda?

Hay muchas mujeres anónimas que poseen sabiduría en las Escrituras, pero dos "mujeres sabias" pasadas por alto, en particular, se destacan. Si aprendiéramos a mirar alrededor de nuestro mundo en los espacios menos esperados, entre y dentro de las historias de Abraham, Moisés y los otros patriarcas, tropezaríamos con más mujeres sabias.

Siempre han estado ahí. Todavía están aquí.

La primera de esas mujeres sabias se encuentra en 2 Samuel 14. Su nombre se pierde entre los detalles de la historia de David. En la narración, el general de David, Joab, envía por una mujer sabia de Tecoa para que vaya a Jerusalén a hablar con David sobre su hijo Absalón, que mató a su hermano Amnón para vengar la violación de su hermana Tamar. Absalón ha estado en el exilio durante tres años, y Joab siente que es hora de que David se reconcilie con su hijo porque "se dio cuenta de que el rey extrañaba mucho a Absalón" (v. 1). Así que Joab hace que la mujer sabia se ponga ropas de luto y actúe como alguien que llora por los muertos. Joab luego le dice que le cuente al rey David una historia inventada acerca de que ella es una viuda con dos hijos, uno de los cuales mató al otro y ahora está en peligro de ser asesinado por el resto del clan, reflejando la historia de Absalón y Amnón, los hijos de David. Después que David da la orden de proteger a su hijo, la mujer sabia se vuelve y lo acusa de haberse incriminado a sí mismo. Tras conversar un poco más, David escucha sus palabras y permite que Absalón regrese a Jerusalén.

Me pregunto, ¿Quién era esa mujer sabia? ¿Cuál es su historia? El hecho de que Joab mandó llamar a esa mujer, trayéndola de otra ciudad para realizar esa tarea específica, prueba que la sabia de Tecoa no es una mujer cualquiera. Quizás su papel vocacional como mujer sabia es uno de los que buscaba. Podemos suponer que su sabiduría era conocida en toda la región. ¿Qué la hizo sabia? Me pregunto si obtuvo su sabiduría de su abuela, o si su experiencia vivida le valió el título de "mujer sabia". De todos modos, ¿cómo supo Joab que ella estaba en Tecoa? Tecoa era conocida por sus aceitunas y su peculiar producto llamado "fruto del sicomoro", una planta valiosa para las abejas. Por lo tanto, la tradición antigua hace que ese lugar sea proverbial tanto para el aceite (derivado de las aceitunas) como para la miel,[13] un elemento sagrado que el Señor regala al pueblo de Dios a través de las Escrituras. Quizás la sabiduría de esa mujer sabia provenía de la tierra; su conocimiento tenía raíces en la tierra.

Siento curiosidad por la autoridad que poseía esa mujer, considerando el hecho de que el rey David no solo la escuchó, sino que siguió su consejo y su reprimenda.[14] Como mencioné, la mujer sabia está respondiendo a la historia de Tamar. Después de que Amnón violara a Tamar, el texto dice que David "se enfureció, sin embargo no quiso castigar a su hijo Amnón" (2 S 13,21 PDT). Es posible que la apatía de David por la agresión sexual sea parte de lo que condujo a la muerte de su hijo. Por lo tanto, algunos se han preguntado si el editor de 2 Samuel está tratando de reflejar la interacción entre David y la mujer sabia después de la de David y el profeta Natán, que acusa a David por su asalto a Betsabé dos capítulos antes. Esto se debe al hecho de que el intercambio y las circunstancias son similares. Si es así, ¿por qué se habla a menudo de Natán pero nunca de la mujer sabia, cuyas palabras llevan a David a la acción por medios indirectos?

Su astuto discurso no se parece a ningún otro. Ella yuxtapone indicios de culpa con declaraciones de elaborado elogio, poniendo al rey en una posición incómoda, manteniéndose a salvo mientras lo coacciona. Algunos argumentan que eso es una hazaña impresionante, considerando la tasa de mortalidad de quienes rodeaban al rey durante ese tiempo.[15] Quizás esa mujer sabia también tuvo sus propios refranes, sus propias formas de ver y entender el mundo. Muchos creen que los profetas Jeremías y Amós vivieron en Tecoa y que Amós incluso nació allí. Quizás recibieron su sabiduría de esa abuelita, esa antepasada que los llevó a decir: "Que la justicia fluya como el agua" (Am 5,24 PDT) y "Practiquen el derecho y la justicia. Libren al oprimido del poder del opresor. No maltraten ni hagan violencia al extranjero, ni al huérfano ni a la viuda" (Jer 22,3).

Unos capítulos después conocemos a otra mujer sabia. En la narración de 2 Samuel 20, las tensiones son muchas entre la tribu del sur de Judá y las diez tribus del norte de Israel después que David reprimió la revuelta de Absalón. Seba, un benjaminita del norte, pide a los norteños que se rebelen o se separen. Luego huye hacia el norte para refugiarse en Abel, donde Joab lo persigue. Mientras los hombres de Joab atacan el muro de Abel en un intento por entrar en la ciudad, una "mujer sabia" hace negociaciones para salvar su ciudad. Al igual que con la mujer de Tecoa, Joab le responde de una manera que honra su posición y autoridad.

En su discurso, acusa a Joab de buscar matar a "una ciudad que es madre en Israel". "Antiguamente solían decir: Quien preguntare, pregunte en Abel; y así concluían cualquier asunto", dice (2 Sam 20,18-19 RVR60). Algunos argumentan que la retórica que usa esta mujer sabia en su discurso es "una obra maestra de manipulación".[16] Ella vincula la reputación de su ciudad en cuanto a que es una de sabios consejos con su propia afirmación de ser una de las "pacíficas y fieles de Israel". "¿Por qué destruyes la heredad de Jehová?", pregunta ella (20,19 RVR60). Su pregunta pone a Joab a la defensiva, a lo que este responde que nunca aniquilaría ni destruiría tal cosa. Solo entonces pregunta por la cabeza de Seba. Esa petición acaba perdonando a toda la ciudad, gracias a la intercesión de la mujer sabia.

Ahora, una lente descolonizada cuestionaría la decapitación de cualquier persona, pero —como veremos en capítulos posteriores— las mujeres a menudo deben aceptar acciones cuestionables para sobrevivir. Dado el contexto, esa mujer anónima garantiza la seguridad no solo de su familia sino de toda su ciudad por la astucia de su discurso. Al igual que la historia de su contraparte en Tecoa, esta historia de una mujer sabia da fe de lo que debe haber sido un papel público regularizado para las mujeres, al menos durante el período inicial de la monarquía israelita.[17]

En otras palabras, durante ese tiempo, el antiguo Israel tenía abuelitas teólogas "oficiales".

Una antepasada a menudo pasada por alto en la tradición mexicana es Sor Juana Inés de la Cruz, que usó su sabiduría para desafiar la ideología colonialista y patriarcal de la iglesia en el siglo diecisiete. Lo hizo a través de sus escritos teológicos, poemas y obras de teatro, e incluso sus villancicos (himnos de adoración), que solía cantar con temas de justicia social.[18] El compromiso de Juana con el aprendizaje fue tal que de niña trató de convencer a su mamá para que la vistiera con ropa de niño en un esfuerzo por lograr una educación superior. Como eso no funcionó, decidió aprender por sí misma; incluso se disciplinaba a sí misma cortándose mechones de su propio cabello cuando aflojaba.[19]

Después de ser invitada a unirse a la corte virreinal para convertirse en dama de honor, Juana usó su puesto para escribir poesía y obras de teatro que defendían el derecho de las mujeres a la educación. Cuando se le dio la oportunidad de casarse, Juana optó por convertirse en monja, ya que hacerlo aseguraría su decisión de dedicar su vida al estudio. Como monja, Juana continuó escribiendo obras de teatro, poesía y ensayos teológicos que suscitaron muchas críticas por parte de las autoridades religiosas masculinas.[20]

Después de desafiar la cristología del renombrado teólogo jesuita portugués, Antonio de Viera, Juana fue reprendida públicamente por el obispo de Puebla, y las autoridades masculinas pidieron que se le prohibiera estudiar. Eso la llevó a escribir una serie de ensayos defendiendo su derecho como mujer a estudiar las Escrituras, afirmando que su amor por el aprendizaje provenía de Dios. Eso fue monumental para su época. Robert Chao Romero explica que "en una época en la que la Iglesia Católica gobernaba con mano de hierro y con toda la autoridad y las herramientas de la Inquisición española, Sor Juana luchó poderosamente con su pluma, con poco o ningún apoyo político o espiritual".[21]

La sabiduría que poseía Juana era demasiado intimidante, demasiado sospechosa para el patriarcado religioso. Bajo la presión del obispo de Puebla, Juana se vio obligada a vender su biblioteca, que contenía sus conocimientos intelectuales encuadernados en libros. El peso de la persecución se volvió demasiado para ella, ya que también firmó una declaración pública de arrepentimiento. Su último año lo vivió en penitencia y tranquila reflexión. Juana simboliza la sabiduría encarnada que poseen nuestras abuelitas. Ella libró una batalla de por vida por la liberación de las mujeres que vendrían después de ella, y como Hipatia y tantas otras, su sabiduría fue silenciada.

De manera similar, la autora afrobrasileña y abolicionista Maria Firmina dos Reis fue una madre ancestral que usó sus palabras para hablar de la maldad de la esclavitud. Reis nació en la isla de São Luís en Maranhão en 1825, tres años después de que Brasil declarara su independencia de Portugal. Reis no solo fundó la primera escuela libre y mixta de Brasil, sino que su novela *Úrsula* es conocida como la obra que verdaderamente inició la literatura afrobrasileña. En sus escritos, Reis aborda la identidad negra de una manera única para su época y convirtió a sus personajes afrobrasileños en sujetos de su propio discurso, volviendo a contar la historia desde su propio punto de vista y encarnando valores como sus creencias en Dios y sus experiencias.[22]

La historia de Reis es inspiradora y desgarradora. Aunque fue una figura tan influyente en su tiempo, su historia a menudo se pasa por alto y es ignorada. Fue una escritora, educadora y compositora monumental, una mujer que se atrevió a denunciar los males de la cultura dominante. Lo que encuentro tan especial de Reis es que su sabiduría nació de la influencia de su madre y su abuela, ya que nunca recibió una educación formal, sino que obtuvo la mayor parte de su conocimiento en casa.

Siempre han habido mujeres sabias y, aunque muchas de ellas no se mencionan en las Escrituras, mi esperanza es que ya no pasen inadvertidas, que su sabiduría sea celebrada. Si nuestras abuelitas tienen roles oficiales como en el mundo antiguo (al que se sometieron hombres de poder como el rey David y su general Joab) o roles no oficiales (como las mujeres sabias de nuestras familias que transmiten sus palabras de sabiduría ganadas a través de sus experiencias vividas y su decidido compromiso con su fe), debemos volver a ver y honrar a nuestras abuelitas. Quizás estas "mujeres sabias" poseían una sabiduría que venía de la Espíritu Santa, la espíritu "que se volvió nativa" que está íntimamente conectada con lo divino, la tierra y sus seres vivos. Como Sor Juana, Maria Firmina dos Reis y las sabias mujeres de 2 Samuel, que buscaron justicia para todo un pueblo, nuestras abuelas a menudo llevan vidas en las que el bienestar de quienes las rodean es de suma importancia para ellas.

La sabiduría de nuestras abuelas proviene de nuestros antepasados, tal vez incluso de los innominados de Tecoa y Abel, y esta sabiduría se nos transmite, una sabiduría que sana.

4

Mujeres del éxodo

La noche del éxodo de papi de Cuba, él abordó una lancha (una pequeña balsa) con algunas otras personas para dirigirse a los Estados Unidos. Nunca sospechó que sería la última vez que sus pies pisarían el suelo de su isla. Lo imagino con el corazón latiendo con fuerza en el pecho y el sudor goteando de su cabello negro sobre su piel acaramelada mientras mira por última vez a abuela antes de empujarse de la arena mojada, descansando su mirada en la orilla mientras desaparece en la oscuridad de la noche. Intento imaginarme a papi todo el tiempo. Aunque era mi abuelo, nunca tuve la oportunidad de conocerlo, de llamarlo abuelo, por eso lo llamo papi, según su memoria, como el resto de la familia.

La mayoría de los que abandonaron la isla después de la revolución estaban seguros de que regresarían, seguros de que tendrían otra oportunidad de hundir los dedos de los pies en la blanca arena, caminar por las calles de La Habana o sentarse alrededor de la mesa en el campo con los amigos, respirando la brisa salada del cálido clima tropical. Pensaron que el malestar político desaparecería después de unos meses y que volverían a casa. Pero para papi, y para la mayoría de los demás, ese momento nunca llegó.

Ese viaje en el oscuro océano sin saber lo que acechaba o lo que vendría, o cuándo volvería a ver a nuestra familia, fue suficiente para matar a papi años después. Algunos familiares dicen que sus problemas de salud comenzaron con los riñones después de que desarrolló una infección por aguantar los deseos de orinar durante todo el viaje a la Florida. Se rumorea que se negó a hacer sus necesidades frente a la única mujer que viajaba en la lancha con ellos. Otros dicen que el estrés y el trauma de toda la situación —la revolución, una fuga de medianoche, el exilio— fue lo que lo mató.

Quizás el océano lo sepa, esas historias pueden estar vadeando el Estrecho de la Florida. Todo lo que sabemos es que su corazón se rindió un par de años después de su llegada.

Durante el primer año de papi aquí, trabajó en una tienda de abarrotes como carnicero, esforzándose por ahorrar suficiente dinero para enviar al resto de mi familia en Cuba: abuela, mamá, mi tía y mi tío, Mama y Kiko. Mientras la vida cambiaba en los Estados Unidos, abuela y sus hijos esperaban bajo el peso de la incertidumbre. Finalmente, un año después, pudieron realizar su éxodo. Empacaron sus maletas con solo las pertenencias esenciales y cruzaron el océano por última vez.

El océano que me separa de mis antepasados guarda recuerdos dolorosos e historias sagradas. A menudo llamado el Corredor de la Muerte, esas noventa millas de agua entre Cuba y la Florida se han tragado miles de cuerpos de refugiados. Incluso otros han visto sus vidas transformadas por esas mismas aguas.

La autora Potawatomi Kaitlin Curtice escribe: "El agua puede ser algo peligroso, pero también es el elemento vital de todos nosotros. Es por eso que las historias de inundaciones son tan poderosas y tan sagradas; la tierra es destruida por el agua y es reconstruida por esa misma agua, ya que da vida a todo de nuevo".[1]

En mi crecimiento, tuve un profundo respeto por el agua y buscaba su sustento con regularidad. Cuando visité el borde del

Atlántico, permanecí cerca de su orilla, sin alejarme nunca demasiado para que no me llevara con su poder y su fuerza, excesivos para que mi cuerpo pudiera luchar contra ellos.

El clima tropical de mi ciudad implicaba que me encontraba regularmente con el agua que nació en las nubes, goteando sus poderes curativos sobre el suelo, creando nueva vida, haciendo que nuestros jardines fueran exuberantes y verdes. Los huracanes que se forman sobre el agua también nos visitaban periódicamente, a menudo inundaban nuestras casas y destruían todas nuestras pertenencias.

El agua es una fuerza poderosa. Cura y nutre; devasta y destruye. También cuenta historias de éxodo.

Muchos pueblos marginados a menudo se han encontrado a sí mismos y a Dios dentro de la historia del éxodo en la Biblia. Una de las principales voces de la teología de la liberación, el arzobispo Óscar Romero, utilizó el éxodo israelita para hablarle vida a los pobres en El Salvador, recordándole a su gente que el pueblo de Dios sufrió hambre, maltrato y opresión hasta que un día fue liberado. Martin Luther King Jr. hablaba de lo profundo del corazón de Dios para liberar al pueblo de Dios de la esclavitud en sus esfuerzos de movilización durante la gesta de los derechos civiles. A través de la historia de los israelitas esclavizados en Egipto, aprendemos acerca de un Dios que decide involucrar a la humanidad en un viaje desde la sumisión y la esclavitud hacia la liberación política y social.

Aun cuando la narrativa del éxodo es importante al considerar una teología de liberación, quiero ser sensible a las formas en que ha sido criticada por los pensadores descolonizadores que hacen preguntas matizadas sobre las nociones de conquista en las Escrituras. Por ejemplo, en su ensayo "Canaanites, Cowboys, and Indians", el teólogo nativo americano Robert Warrior sostiene que el éxodo promueve una narrativa conquistadora basada en última instancia en el genocidio de los pueblos indígenas de la tierra prometida: los cananeos, los hititas y otros (Ex 3,8).[2] De manera similar, la cristiana palestina Jean Zaru pregunta: "¿Cómo, se pregunta una, podría un Dios de justicia y compasión ordenar la matanza de un pueblo para lograr la liberación de otro?". Ella argumenta que la vida de Jesús es una prueba de que Dios no ordenaría tal cosa, lo que la llevó a proponer que quizás "el Dios de esa parte del relato bíblico es el Dios de la conciencia y la percepción de las personas más que el Dios que realmente es". Esto se debe, según Zaru, al concepto de los israelitas de que son el "pueblo elegido".[3]

Aun cuando intento ser una intérprete y lectora responsable y holística del texto bíblico, sigo siendo sensible a esas críticas y sugerencias, consciente de cómo una historia bíblica podría desempeñar un papel liberador y desencadenante para las diversas comunidades devastadas por el imperialismo. Como insta Warrior, debemos ser más conscientes de la forma en que ideas como las de las narrativas de la conquista se han abierto paso en la conciencia y la ideología de los estadounidenses.[4] El pensamiento descolonizado intenta leer la historia del éxodo a través de los ojos de los cananeos junto con los de los israelitas, para ser franca, por nombrar la tensión. No significa que tendremos todas las respuestas a las preguntas complicadas que puedan surgir; simplemente significa que debemos estar dispuestas a luchar con el texto y las formas en que se ha utilizado tanto para bien como para mal.

Para este fin, me hago eco de las palabras de la erudita bíblica womanist Wilda Gafney: "No evado una pelea o un texto difícil ni una batalla con un texto dificultoso. Creo en luchar con las palabras hirientes hasta que les exprima una bendición, no importa cuán sucia e inmunda se ponga o cuán desubicada me sienta".[5] Esto me recuerda Génesis 32, cuando Jacob lucha con "el ángel", que algunos creen que era Dios mismo. Mientras pelea, el "hombre" desconocido separa la cadera de Jacob y luego le dice que lo deje ir. "No te soltaré hasta que me bendigas", responde Jacob (v. 26). Entonces el hombre le pregunta a Jacob su nombre, y cuando él se lo dice, el hombre responde: "Ya no te llamarás Jacob, sino Israel, porque has luchado con Dios y con los hombres, y has vencido" (v. 28). Como Gafney (y Jacob), yo también intento luchar con lo sagrado hasta sacarle una bendición, a pesar de lo desarticulado que pueda llegar a ser.

Para muchas comunidades marginadas que se identifican con Israel, la idea de salir de Egipto va acompañada de una narrativa de esperanza: llegar a la tierra prometida, o a la cima de la montaña, como King se refirió a ella. El teólogo de la liberación Gustavo Gutiérrez dice al respecto: "La tierra prometida no es simplemente un país nuevo; es también el regalo de una situación radicalmente nueva".[6] La gente común se ve obligada a tomar decisiones extraordinarias para salir de los contextos opresivos en los que se encuentran, en busca de algo mejor, una nueva realidad. Esto ha sido cierto para las personas a lo largo de la historia como lo fue para los israelitas en Egipto.

La primera persona con la que normalmente asociamos la narrativa del éxodo es Moisés y con razón. Moisés tiene múltiples identidades dentro de sí mismo: un hijo adoptivo y un hebreo privilegiado que vive en las cortes egipcias. En la primera parte de su historia, defiende la causa de su pueblo (quizás demasiado poco, demasiado tarde) y es incomprendido, lo que lo obliga a su propio destierro antes del exilio. Huye atemorizado por su vida, vive con un impedimento en el habla y es enviado de regreso por Dios a las personas que lo rechazaron para liberarlos de los poderes del imperio.

Moisés es un personaje relacionable. Confía en Dios, pero también lidia con la inseguridad, el miedo y el síndrome del impostor. Sin embargo, la historia de la liberación de los israelitas no comienza con él. Como todos los movimientos, comienza con unos pocos fieles y, como muchos movimientos de la historia moderna, comienza con las mujeres.

Dentro de la historia cubana, las mujeres jugaron un papel importante tras bastidores en los movimientos de oposición contra Fulgencio Batista, el dictador militar de derecha que fue respaldado por el gobierno de los Estados Unidos por sus puntos de vista anticomunistas y proempresariales. Su corrupción preparó el escenario para la revolución cubana liderada por Fidel Castro en 1959. El régimen de Batista era tan opresivo que muchos cubanos inicialmente apoyaron a Castro y sus políticas de izquierda, esperando que este desterrara la corrupción en la isla. Los primeros días de la revolución prepararon el escenario para lo que vendría.

Aun cuando los hombres fueron considerados los líderes de ese período debido a su papel en el dominio público, las mujeres demostraron ser esenciales, participando en muchos movimientos influyentes que incluyeron cadenas telefónicas de manifestantes, campañas de rumores, protestas "relámpago", teatros callejeros patrióticos, boicots y más.[7] Las "amas de casa" desempeñaron un papel activo en el subsuelo urbano como mensajeras y espías, utilizando sus hogares como tapadera para sus acciones de disensión y resistencia. Esas mujeres usaban sus habitaciones para crear, almacenar y distribuir cosas como cartas de protesta y noticias de la oposición. Las cadenas telefónicas y las campañas de rumores se convirtieron en herramientas tan poderosas que los funcionarios del gobierno aprobaron un decreto de emergencia que especificaba un castigo severo para las personas que se dedicaban a difundirlas.[8] A medida que aumentaba la violencia, las casas se duplicaban como refugios para los militantes del movimiento identificados por la policía, con las más famosas casas seguras a menudo dirigidas por mujeres. Las iglesias también se convirtieron en sitios políticos populares durante la resistencia porque la asistencia a la iglesia cubana era predominantemente femenina.

Aunque estas formas de protesta no eran confrontativas, abarcaban un profundo sentido de activismo cívico en un ámbito en el que las mujeres podían participar plenamente. Eso se conoció como resistencia pasiva y podría haber culminado con el cierre de toda la ciudad, la llamaron "ciudad muerta". Las mujeres dominaron esas formas de colaboración y estrategia, con movimientos urbanos que fueron pioneros en tácticas creativas de protesta inclusiva de género y concientización que ayudaron a desacreditar la dictadura.

Las mujeres en todas las esferas de la vida, pero especialmente en el hogar, demostraron ser actrices importantes a medida que crecía la insurrección.[9]

Casi al mismo tiempo en la historia, a través del Estrecho de la Florida, las mujeres negras actuaban como la columna vertebral del movimiento de derechos civiles y el evento que lo encendió, es decir, el Montgomery Bus Boycott. Al final, el boicot tuvo éxito gracias a la organización tras bastidores por parte del Women's Political Council (WPC) dirigido por Jo Ann Robinson. Como presidenta de WPC, Robinson hizo de la eliminación de la segregación del autobús una de las principales prioridades de la organización después de que un conductor de autobús la atacara verbalmente por sentarse a cinco filas de la parte delantera de un autobús casi vacío.[10] Tras el arresto de Rosa Parks, Robinson dirigió al WPC en la planificación de un boicot a los autobuses copiando decenas de miles de folletos y distribuyéndolos por toda la ciudad. Eso llevó a lo que conocemos como el evento clave, el boicot, que comenzó el 5 de diciembre de 1955, cuando cincuenta mil personas se bajaron de los autobuses de la ciudad desafiando las condiciones existentes, degradantes, humillantes e intolerables. Durante trece meses se negaron a viajar en autobús a menos que se cambiaran las condiciones para cumplir con su aprobación. Finalmente, en diciembre de 1956, trece largos meses después de que comenzara el boicot, los tribunales federales ordenaron la integración de los autobuses.[11] Ese extraordinario éxito se logró gracias a la lucha, el apoyo y el compromiso de un grupo de mujeres negras.

Los detalles de estas historias a menudo se dejan de lado como "historia de mujeres" de la misma manera que la teología realizada por pensadores negros, marrones y asiáticos se considera "contextual" y, a menudo, se condensa en una sola conferencia en un curso de teología o un párrafo en un libro de historia. Pero cuanto más estudiamos el lado oculto de la historia, menos podemos negar el poder de las mujeres. No es de extrañar que la cultura dominante se apresure a silenciarnos y rechazarnos.

La historia del éxodo de Israel de Egipto comienza con una madre desesperada e incluye a un grupo de mujeres cuyos esfuerzos de resistencia sirvieron como columna vertebral para la liberación. Aun cuando Moisés ocupa un lugar central en el primer capítulo de Éxodo como el niño que escapó de la orden del faraón de matar a los hijos hebreos, una mujer en particular, cuyo nombre a menudo no se reconoce, juega un papel fundamental: su mamá, Jocabed, que tomó la audaz decisión de enviar a su hijo a un viaje sin compañía con la esperanza de asegurar su futuro.

Sin embargo, antes de conocer a Jocabed en Éxodo, conocemos a otras dos mujeres: Sifrá y Fuvá, las parteras que también tomaron decisiones valientes y peligrosas que prepararon el escenario para la liberación.

El primer capítulo del Éxodo se sitúa entre la muerte de José en Egipto (Gn 50) y el nacimiento de Moisés (Ex 2). Al revisar las narraciones patriarcales de Génesis 12 a 50, vemos que concluyen con los descendientes de Israel viviendo cómodamente en Egipto como un grupo familiar numeroso. La fortuna política y económica de Israel estuvo asegurada hasta la muerte de José, que había sido nombrado gobernador por el Faraón. Pero debido a la muerte de José, el destino de los descendientes de Israel estaba en juego.

Para cuando comienza la historia, han pasado muchos años y la familia ha crecido hasta convertirse en una gran nación, cuyo pueblo se mantiene como esclavo en Egipto, el imperio gobernante del Levante. El área en la que se establecieron los israelitas fue la sección oriental bien regada del delta del Nilo, llamada Gosén. Debido a su proximidad a Asia y a que dos rutas principales entre Egipto y Siria-Palestina lo atravesaban, Gosén sirvió como refugio para los inmigrantes asiáticos y como puerta por la que pasaban los viajeros, comerciantes e invasores en su camino a Egipto.[12] Eso hizo que el área fuera estratégicamente importante para la seguridad de Egipto y llevó al faraón a presionar a los israelitas que vivían allí.

Los israelitas permanecieron en Gosén mucho después de que terminara la hambruna que los había sacado de Canaán. Quizás se quedaron allí por comodidad, dándose la oportunidad de prosperar, multiplicarse y formar una sociedad coherente, preservando su identidad a través de la memoria de sus antepasados, los patriarcas y las matriarcas, y su relación de pacto con Dios[13].

Preocupado por el crecimiento de Israel, Faraón promulgó un decreto para detener la reproducción israelita, primero mediante el trabajo forzoso. Sin embargo, el texto dice que "cuanto más los oprimían, más se multiplicaban y se extendían, de modo que los egipcios llegaron a tenerles miedo" (Ex 1,12).

Lo interesante es que, hasta ese punto, solo se menciona a los hombres en la historia, pero —como todos sabemos— el deber real de tener hijos sanos (que a Faraón le preocupaba) recae en las mujeres. Las mujeres son las que llevan a los niños a término, los dan a luz y los crían hasta la edad adulta. En el mundo antiguo, eso no era poca cosa, ya que la mortalidad infantil era extremadamente alta. Quizás para los israelitas eso se debió en parte al hecho de que se esperaba que las mujeres participaran en trabajos forzados al mismo tiempo que dieran a luz y criaran hijos, algo similar a las expectativas puestas en las mujeres negras que fueron esclavizadas en el sur de los Estados Unidos.

"La lógica del rey no es errónea", argumenta la erudita del Antiguo Testamento Jacqueline Lapsley. Ella señala la profundidad de la ironía que yace en esta parte de la historia: aunque se espera que tanto mujeres como hombres realicen trabajo forzoso, las mujeres pueden no solo mantener sino aumentar el número de niños sanos que llevan a término y criarlos hasta la edad adulta. "En todos los demás casos, las condiciones de trabajo duro y pobreza tenderían a disminuir las tasas de supervivencia infantil. Pero estas personas, y específicamente estas mujeres, desafían la lógica del sufrimiento y la muerte al 'estallar' con niños (v. 12)".[14]

Asesinarlos con trabajo forzoso no funcionó. Así que Faraón decidió intentar matar a los niños recién nacidos pidiéndoles a las parteras que se encargaran de eso. Podríamos preguntarnos: ¿Por qué las parteras? El ejército del faraón podría haber cumplido fácilmente su solicitud. ¿Esperaba engañar al pueblo hebreo para que pensara que todas esas muertes infantiles eran mortinatos? ¿Quizás una plaga o un juicio de su Dios?

Irónicamente, aunque Faraón piensa que los hombres representan una amenaza para su poder, pasa por alto la amenaza real: *Dios está usando a las mujeres con el fin de preparar el escenario para la liberación.* Cautivado por la ideología patriarcal, Faraón ignora el poder y el carácter de la mujer. Pero la Escritura no lo hace. De hecho, el narrador de la historia del éxodo nos muestra cómo empiezan las mujeres a actuar. La historia misma revela con aguda ironía la falacia del patriarcado, que alimenta la mentira de que los hombres son más importantes, más valiosos que las mujeres. Cuando el faraón decretó dos veces que las niñas vivieran (Ex 1,16.22), estaba intensificando el poder mismo, es decir, el poder de la mujer, que al fin lo llevaría a su ruina.[15]

He descubierto que Dios, a menudo, trabaja de esa manera: avergonzando al poder usando a los menos esperados, aquellos a quienes el mundo podría considerar débiles o insignificantes.

En el antiguo Cercano Oriente, las parteras tenían normalmente dos tipos de tareas. Primero realizaban las labores físicas relacionadas con el parto, que incluían preparar todo el equipo necesario y, por supuesto, ayudar a dar a luz al niño. Pero también desempeñaban funciones espirituales y curativas. De hecho, la partería se entendía a menudo como una vocación religiosa en el mundo antiguo. La partera no solo consolaba a la madre, sino que invocaba la protección "mágica" o religiosa sobre la mujer y su bebé mediante la realización de rituales, como colocar un ungüento sobre el niño y frotarlo con sal.[16] Estos eran vistos como actos sagrados. La sabiduría encarnada de las parteras en Éxodo se unió a su fe en Dios para traer nueva vida al mundo. El texto nos dice que debido a que las parteras temían a Dios, no hicieron lo que el rey de Egipto les había ordenado.

No puedo evitar notar la frecuencia con la que hablamos de las parteras como nada más que las mujeres que desobedecieron a Faraón. Pero la historia prueba que eran más que eso. Las parteras eran antiguas guardianas de la sabiduría, nuestras abuelitas ancestrales que llevaban la medicina en sus manos. Y eran mujeres que amaban a Dios. Su fe, vivida a través de sus roles como sanadoras espirituales y cocreadoras, comadres de una nueva vida, las impulsó a involucrarse en la desobediencia civil, a hacer justicia, como muchas mujeres valientes a lo largo de la historia. Sifrá y Fuvá eran líderes espirituales y sanadoras, similares a las curanderas.

En la cultura indígena tradicional, así como en muchas culturas latines de hoy, las curanderas son sanadoras, personas que tienen una sabiduría espiritual para curar las dolencias cotidianas utilizando alimentos, hierbas y oraciones. Las curanderas adoptan un enfoque holístico del bienestar, creyendo —por lo general— que la enfermedad es causada por factores sociales, psicológicos, físicos, ambientales y espirituales.

Aun cuando esas formas tradicionales de curación a menudo son demonizadas en la cultura occidental, consideradas como antitéticas al Dios cristiano, las curanderas indígenas y modernas eran y son muy similares a las antiguas parteras que fueron bendecidas por el mismo Dios a quien los evangélicos afirman que adoran.

En vez de matar a los niños hebreos como se les indicó, las parteras los dejaron vivir, una jugada audaz. Pero hay algo único en su plan. En Éxodo 1,18, el faraón descubre lo que están haciendo y les pregunta: "¿Por qué han hecho esto? ¿Por qué han dejado con vida a los varones?" No sabemos con certeza cómo se enteró el faraón, ya que el texto no hace ninguna mención. ¿Estaba haciendo un seguimiento? ¿Le informó un espía? Las parteras responden: "Resulta que las hebreas no son como las egipcias, sino que están *llenas de vida* y dan a luz antes de que lleguemos" (v. 19; cursivas mías). Sin embargo, los eruditos argumentan que la palabra *hayot*, generalmente traducida como "vigorosa", "llena de vida", "fuerte" o "vivaz" en este versículo, es demasiado suavizada por la mayoría de los traductores. No obstante, la traducción literal es más cercana a "brutal, animalista, sin refinar".[17]

La erudita hebrea Tikva Frymer-Kensky aboga por "animalista" como la traducción adecuada, argumentando que las parteras ciertamente no halagarían a las hebreas más que a las mujeres egipcias. No obstante, basadas en el hecho de que el faraón ve a Israel como otros, lanzan un insulto étnico menospreciando a esa supuesta otredad. De esta manera, le demuestran al faraón que no están a favor de los hebreos, lo que básicamente hace que él caiga en el engaño de ellas.[18] Por lo tanto, podría ser que las parteras no solo estuvieran desobedeciendo al faraón, sino que usaron el prejuicio cultural de él en su contra,[19] esencialmente utilizando las herramientas del imperio para deconstruir el imperio, una táctica común en la retórica imperial. (En la teoría poscolonial, el *mimetismo* se refiere al acto de asumir la política o las actitudes del colonizador como una forma de burla).

El valor de las dos parteras al desafiar al faraón es motivado por el hecho de que temen a Dios más que al faraón. El temor de Dios está asociado con el coraje y la sabiduría para actuar con cuidado entre los poderes opresores y resistirlos de maneras que no sean utilizados por quienes tienen acceso a la autoridad coercitiva.[20] La erudita bíblica womanist Renita Weems señala que el engaño de las parteras es un arma convencional de los impotentes, especialmente las mujeres en las Escrituras hebreas, contra los que están en el poder: "[Es] el arma del engaño donde la 'verdad' no es definida por los poderosos, sino que se convierte en la prioridad de la clase baja para interpretar y moldear de acuerdo con sus propia realidad".[21]

El faraón fracasa en su intento por exterminar al pueblo de Dios puesto que subestima la tenacidad y el poder creativo de las parteras. El humor en la respuesta de ellas se ve intensificado por la respuesta de Dios. Debido a que las parteras temen a Dios y, por lo tanto, desobedecen a Faraón, Dios las recompensa haciéndolas muy exitosas y otorgándoles sus propias familias. Las parteras más exitosas significan que menos niños mueren al nacer y, como resultado, Israel se vuelve aún más numeroso.[22] "Son las madres de una revolución librada por mujeres", escribe la erudita womanist Wilda Gafney. "Probablemente reclutaron un número incalculable de mujeres parturientas y embarazadas en su movimiento de resistencia".[23]

Al final, la resistencia de las parteras sentó las bases para que surgieran otras, incluida la madre de Moisés, Jocabed. De esa forma, actuaron como "parteras" en más de un sentido. Engendraron resistencia en las otras mujeres de la narrativa. Y así es el caso de nuestras abuelas y lo que nos han transmitido: su comadrazgo o comaternidad. Ayudan a producir liberación y sanación en nuestras relaciones mutuas.

En el siguiente capítulo conocemos a Jocabed, la madre de Miriam, Moisés y Aarón. Lo primero que sabemos es que Jocabed está embarazada, una decisión que en ese momento podría percibirse como desafiante debido a la instrucción del faraón al pueblo de Egipto de arrojar a todos sus hijos al Nilo. Después de dar a luz a Moisés, Jocabed lo esconde durante tres meses. Luego, el texto dice que "cuando ya no pudo seguir ocultándolo, preparó una cesta de papiro, la embadurnó con brea y asfalto" (Ex 2,3). Aquí, Jocabed nos muestra que ella es una madre de sabiduría encarnada, que crea un espacio seguro para su hijo con el trabajo de sus manos y con el conocimiento y los dones que recibe de la tierra.

Su sabiduría y la de las parteras conllevan conocimientos ancestrales, medicina y curación.

Jocabed puso entonces a su hijo en la canasta y la colocó entre los juncos a la orilla del río (Ex 2,3), otro acto de desobediencia civil en Éxodo. Jocabed es un ejemplo de una madre que toma decisiones audaces por sus hijos; su último acto en las Escrituras es asegurarse un lugar como nodriza de su hijo una vez que lo descubren. Lo interesante es que el texto no menciona a su esposo o si su esposo estuvo presente en la decisión que tomó Jocabed para poner a su hijo en el río.

Aquí encontramos otro giro irónico de la historia: el medio que Faraón usó para matar a los niños —el Nilo—, se convirtió en el medio de liberación de Moisés, gracias a su madre.

"Para las personas cuya supervivencia dependía de los inescrutables estados de ánimo del Tigris, el Éufrates y el Nilo, el agua representaba tanto la vida como la muerte... Los ríos rebosaban de inconstantes posibilidades".[24] A través del agua sagrada que fluye dentro del Nilo, nació la liberación en un pueblo.

Y fue en esa agua donde entró la hija de Faraón para bañarse (Ex 2,5) y donde encontró al bebé Moisés protegido por las plantas de la tierra.

La hija del faraón es un personaje conmovedor para muchos de nosotros que nos encontramos en espacios privilegiados. Aun cuando no se menciona en la Biblia hebrea, partes de la tradición judía le han dado el nombre de Bithiah, que significa "hija de Dios".[25] Bithiah creció en el palacio de su padre como hija de la grandeza egipcia. Sin embargo, no permitió que su privilegio la hiciera ignorar la injusticia, en particular las provocadas por su propio padre. Su compasión la llevó a engañar a su padre para dejar vivir al niño, Moisés. Cuando se le dio la oportunidad, eligió resistir, hacer lo correcto, asumiendo el papel de comadre de Moisés.

Como mujeres en una sociedad jerárquica, dirigida por hombres,[26] las mujeres de Éxodo entendieron lo que significaba su otredad; sin embargo, como mujeres que temían a Dios más que a los poderes existentes, tomaron decisiones intrépidas, valientes y audaces.

Lo fascinante de esta narrativa (y muchas otras en las Escrituras) es cómo bendice Dios su desobediencia civil y sus actos engañosos. Puede parecer impactante, ya que parece muy contrario a lo que el evangelicalismo moderno le enseña a hacer a alguien que es "temeroso de Dios". Su desobediencia al rey les otorga el favor divino; el texto dice: "Y, por haberse mostrado temerosas de Dios, les concedió tener muchos hijos" (Ex 1,21). Este es otro recordatorio más de cuán matizada es la fe, cómo se encuentra Dios con el pueblo suyo en la compleja realidad de lo que significa "hacer lo correcto" o "vivir con justicia". A través de su desafío, sus historias se convierten en historias de resistencia de abuelita y supervivencia de abuelita que aseguran el futuro de sus familias. Pero más que eso, sus historias son relatos de sabiduría encarnada, creatividad e incluso creación de arte que generan sanación y justicia.

Sus historias también son escandalosas, historias que no se cuentan o celebran tradicionalmente en una cultura que ha domesticado las Escrituras y lo que significa seguir a Jesús en un mundo en el que el patriarcado y la blancura gobiernan. Me pregunto cómo serían nuestras iglesias si celebramos y emulamos la fe y el conocimiento de las mujeres ignoradas a quienes Dios usó para liberar pueblos completos y desafiar imperios enteros.

A través de la obra subversiva —tras bastidores— de sus manos, las parteras nos enseñan que los más humildes de la sociedad pueden provocar el mayor cambio, que pueden ser agentes de curación y que la liberación es el latido del corazón de Dios.

Eso me recuerda a la mujer que encuentra a Jesús sentado junto al pozo de agua (Jn 4). En la narración, Jesús le pide un trago a la mujer samaritana mientras se acerca al pozo con su jarra de agua. Me encanta su respuesta, mientras desafía a Jesús: "¿Cómo tú, siendo judío, me pides de beber a mí, que soy mujer samaritana?" (v. 9 RVR60).

Jesús no solo habla con una mujer despreciada, lo que muchos teólogos han señalado como radical, sino que asume su agencia y la involucra en la reciprocidad. Jesús da la bienvenida al desafío de la mujer samaritana, participando con ella en teología en conjunto, el acto de teologizar juntos, en colaboración.[27] Y a través de su intercambio de ida y vuelta, la mujer en el pozo se encuentra con el Agua Viva, nuestra agua sagrada, la misma que sana, da vida y restaura. La mujer regresa inmediatamente a su comunidad para transmitir el mensaje.

Como muchas de las mujeres en Cuba, las mujeres negras en el sur de los Estados Unidos o las mujeres hebreas en Egipto, la mujer del pozo colabora con Dios para buscar la liberación de su pueblo. Y al igual que la historia del éxodo de Israel y mi familia, comenzó con un viaje por el agua.

5

Habla la verdad

Todos los sábados eran noche de dominó en la casa de abuela.

Y eso ciertamente no es un detalle pasajero. La noche de dominó en la casa de abuela era una reunión que se tomaba en serio, eso determinaba el clímax de nuestra semana. Aproximadamente veinte miembros de nuestra familia se reunían en su pequeño dúplex, los adultos se turnaban para jugar un torneo de dominó de dos contra dos que se había estado desarrollando durante varias décadas, desde Cuba. Cuando éramos niños, mis primos, mis hermanos y yo esperábamos con ansias la noche del sábado todas las semanas: sin hora de dormir y viendo episodios de *Sábado Gigante*, el programa de variedades de mayor duración en la historia de la televisión, un programa de tres horas, programa de entretenimiento integral que era una combinación de *Maury, The Price Is Right* y *American Idol*, hecho específicamente para latines.[1] Durante los comerciales, mi prima Yetzabel y yo nos poníamos los vestidos de abuela, poníamos almohadas debajo de ellos, maquillábamos nuestros párpados azul

67

resplandeciente y nuestros labios de rojo brillante, y hacíamos una obra de teatro para los adultos, gritando en *spanglish* como dos tías fuertes y apasionadas, nuestros gestos y frases recogidos de las conversaciones cotidianas de nuestra familia.

La mayoría de los sábados los niños dormían antes que los adultos. Desfallecíamos por toda la casa, sudorosos y exhaustos de jugar hasta que era demasiado tarde, y a menudo nos despertábamos con el grito de nuestros padres y abuelos gritándose después de una mala jugada o una partida perdida.

"¡Por qué tiraste esa ficha!".

"¡Te gané con la misma ficha tuya!".

No era raro que sus juegos duraran hasta que saliera el sol, las noches generalmente terminaban a lo más temprano alrededor de las tres de la mañana. Eso sucedió todos los fines de semana durante casi las dos primeras décadas de mi vida. Era divertido, pero serio. Nietzsche dijo que la madurez de una persona llega al recuperar la seriedad que había perdido cuando era niño jugando. Creo que los cubanos encarnan bien eso, sobre todo con sus fichas de dominó.

Hay una calle famosa en el corazón de la Pequeña Habana de Miami llamada Calle Ocho. Muchos turistas hacen de esa una parada en su recorrido por Miami para sumergirse en el olor de los puros cubanos, el sonido de la salsa en la calle y el famoso Parque del Dominó, donde decenas de cubanos se reúnen alrededor de las mesas todo el día, todos los días de la semana, para ver algunos juegos. Y nunca falla, cada vez que pasas, vislumbrarás un acalorado debate sobre por qué una persona decidió usar una ficha de dominó específica. Lo más probable es que esos mismos abuelos, abuelas, tíos y tías se hayan reunido alrededor de esas mismas mesas durante años. Los azulejos de marfil con lunares ofrecen tanto una distracción como un consuelo, un recordatorio de una época familiar. Al ver a esos camaradas reunidos alrededor de una mesa, sean familiares o no, asumirías que el dominó los unía, les daba una excusa para acercarse, tan cerca que intercambiar palabras acaloradas por una mala jugada no sería gran cosa. Pero la verdad es que el exilio los unió. El pequeño mosaico de lunares simplemente les dio una excusa para ser, existir juntos como una comunidad con una historia compartida, un trauma en común.

Esas mesas de dominó fueron lecciones de vida en mi familia: hablamos (o gritamos) la verdad pase lo que pase. Aprendí muy joven que cuando hay un problema, lo enfrentas. Así es como te las arreglas. Así es como te presentas semana tras semana y te sientas frente al mismo compañero que has tenido durante décadas y confías en que no te decepcionarán al poner la ficha incorrecta sobre la mesa. ¿Y si te decepcionan? Diles cómo te sientes. Para mí, la confrontación siempre se ha equiparado con la intimidad. Estas lecciones corren por mis venas con tanta fuerza como un cafecito a las tres de la tarde. No fue hasta que dejé mi contexto, mi cultura, que me di cuenta de lo raro que es valorar la confrontación y decir la verdad, y hasta dónde llegarán muchas personas para silenciar a los profetas entre nosotros.

Me imagino que la profetisa Hulda tenía valores similares.

Su historia se encuentra en 2 Reyes 22 y 2 Crónicas 34. No es de extrañar que no sepamos mucho sobre ella o que no oigamos hablar de ella a menudo. Me pregunto si su historia no se cuenta porque es difícil reconciliar a una mujer que dice la verdad, una profetisa que instruye a un hombre, el rey, en el camino de Dios, con las narrativas que gran parte de la iglesia imponen a las mujeres. Algunos en la iglesia les dicen a las mujeres que no pueden guiar a los hombres, que la Biblia lo dice, pero ¿qué pasa con Hulda? Dios la llamó a decir la verdad. Si hubiera conocido su historia años antes, tal vez no hubiera pasado tanto tiempo dudando de mí misma, de mi educación o incluso de mi cultura cuando me presentaron al evangelicalismo blanco.

Ojalá supiéramos más sobre el llamamiento de Hulda. Sabemos acerca de otros profetas y cómo fueron llamados por Dios para hacer el trabajo, aparentemente imposible, de decirle a la gente que se comportara bien. ¿Pero Hulda? ¿Cómo fue para una mujer ser llamada a una posición tan poderosa de liderazgo y autoridad espiritual? ¿Tuvo una visión que la fortaleció como Isaías, o estaba aterrorizada y tratando de salir de ella como Jonás? Me pregunto si era joven como Josías, que se convirtió en rey de niño y finalmente fue a Hulda en busca de consejo espiritual. ¿Hubo mujeres en su vida, abuelitas que la discipularon, le contaron sobre sus antepasados y todo lo que pasaron en Egipto, en el desierto? ¿Tenía modelos que seguir como Miriam, una mujer sin marido ni hijos, la primera en ser llamada profetisa? ¿Observó Hulda la forma en que Miriam guio a Israel en los cantos y las danzas y cómo estaban comprometidos con ella, negándose a marchar por el desierto hasta que ella fuera sanada de su enfermedad (Nm 12,15)?

Aun cuando no conocemos los antecedentes de Hulda, las Escrituras nos informan sobre su papel cuando el sumo sacerdote Hilcías descubrió el libro de la ley durante el reinado del rey Josías. Después de descubrir que Dios estaba enojado con la nación de Judá porque sus antepasados desobedecieron las palabras de la ley, Josías instruyó al sumo sacerdote junto con la corte real para que fueran a Hulda y pidieran al Señor recibir instrucciones de Dios a través de la profeta (2 R 22,13; 2 Cr 34,21).

Y Hulda hizo precisamente eso, con valentía. Ella advirtió acerca de la destrucción venidera, declarando que la palabra escrita que encontraron era —en efecto— la verdadera palabra de Dios. También dio buenas noticias, confirmando el arrepentimiento de Josías la primera vez que leyó el libro. Ella informó a los mensajeros que las acciones de Josías traerían paz. Después de que recibió la palabra de Hulda, Josías respondió continuando su reforma.

Las palabras proféticas de Hulda cambiaron la política nacional. Su determinación a decir la verdad de Dios —aun cuando fuese en particular dura— específicamente a los hombres que ostentaban el poder, cambió el curso de la historia.

Aproximadamente a los seis años de edad, llegué a casa de la escuela con el estómago hecho un nudo porque acababa de escuchar a un compañero de clases que dijo que Santa Claus (Papá Noel o San Nicolás) no existe. Tan pronto como entré por la puerta, senté a abuela y a mamá en el sofá junto a mí.

—Tenemos que hablar —dije, mientras mis piernas colgaban del costado del sofá.

—¿Qué te pasa? —preguntó abuela.

—¿Es cierto que Santa no existe? —pregunté directamente con la cara seria.

—¿Dónde escuchaste eso? —preguntó mamá.

—En la escuela.

—Es verdad. No hay Santa Claus —confesó abuela.

Estallé en un ataque de lágrimas. Abuela y mamá fueron a abrazarme, pero las aparté con tanta fuerza como mi pequeño cuerpo pudo hacerlo.

Ambas intentaron tranquilizarme con un "lo siento", pero no pude ser consolada. Aquello fue estremecedor.

—No lloro porque no exista Santa. ¡Estoy llorando porque me mintieron! —les dije.

Ellas se miraron entre sí bastante divertidas, tratando de contener la risa.

—Tienes razón —dijo mamá—. Prometemos que no te volveremos a mentir.

Todavía las mantengo en esa promesa porque, para mí, ser cubana es ser un contador de la verdad. Eso es parte de nuestra supervivencia. El compromiso de papi con su verdad lo llevó a abordar un pequeño bote en medio de una noche traicionera, sin saber qué acechaba debajo del agua.

Vengo de un legado y una comunidad de personas comprometidas con su verdad. Eso se aplica a las miles de personas que se encuentran en las fronteras, que podrían haber huido de sus hogares en un intento por forjar un futuro mejor para sus familias.

A menudo decimos la verdad con mucha más fuerza a través de nuestras acciones, con nuestros cuerpos, con nuestras experiencias vividas que llevan las cicatrices de la honestidad. Abuela todavía tiene esas cicatrices; su memoria que se desvanece es una caja del tesoro que contiene esas gemas. La memoria es algo interesante.

Cuando comencé a decir la verdad sobre mis experiencias con el racismo y el sexismo en la iglesia, rápidamente me etiquetaron como "divisionista". Sin embargo, siempre me pregunto por qué la gente se apresura a pensar que hablar en contra de cosas como el sexismo, el racismo, el abuso, la homofobia, el capacitismo y demás es más divisivo que ser sexista, racista, abusivo, homofóbico o capacitista. Hablar en contra de la injusticia no es lo que divide, sino actuar de manera divisoria.

Cada vez que escucho la palabra *divisoria* usada para evitar que otros se expresen en contra de la injusticia, recuerdo las palabras de Dios pronunciadas a través del profeta Jeremías: "Curan por encima la herida de mi pueblo, y les desean: '¡Paz, paz!', cuando en realidad no hay paz" (Jer 6,14).

La verdadera paz nace cuando la injusticia es desenterrada, excavada, descubierta, expuesta. Efesios 5,9-11 prueba esto cuando dice: "La luz trae bondad, justicia y verdad en abundancia. Traten de aprender qué es lo que agrada al Señor. No participen de los actos sin fruto que se hacen en la oscuridad, más bien desenmascárenlos" (PDT). Por lo tanto, decir la verdad no es un acto de división, sino una búsqueda valiente de lo que es bueno y justo.

Por eso, decir la verdad es un acto de resistencia y, para mí, ello nació en la mesa del dominó con una sala llena de cubanos juguetones y enojados gritando quién puso la ficha correcta o hizo la jugada equivocada. Lo que me encanta de los juegos de dominó de dos contra dos es que no puedes ganar si no prestas mucha atención a lo que hace tu pareja. Los expertos en el juego son capaces de contar qué números hay en la mesa y adivinar, basándose en los números que juega la gente, qué fichas quedan. Cuando era niña, siempre me fascinaba lo bien que lo hacían los adultos. Me sentaba en el regazo de mi padrino asombrada por cómo sabía exactamente qué fichas tenía su compañero sin siquiera mirarlas. Quizás por eso se enfadaban tanto cuando su compañero ponía una ficha inesperada sobre la mesa; era una traición al compromiso que se habían hecho cuando comenzó el juego. Estaban juntos en eso y sabían cada movimiento que harían. Estudiarían y memorizarían a sus parejas como bailarines profesionales que intentan establecer una nueva rutina. Memorizaban cada movimiento de la mano, las miradas desde la mesa, la confianza que desprenderían sus compañeros cuando tenían una buena mano.

A menudo me pregunto qué tipo de mundo sería este si nos comprometiéramos a conocernos, a pertenecernos unos a otros, como lo hacía mi familia con sus compañeros de dominó. Porque el hecho es que nuestra lucha por un futuro ecuánime está íntimamente relacionada con nuestra pertenencia mutua. Como dijo una vez una de nuestras conocidas madrinas, la Madre Teresa: "Si no tenemos paz, es porque nos hemos olvidado de que nos pertenecemos".[2]

Creo que eso es fundamental para una abuelita fe: reconocer la pertenencia sagrada que tenemos al Creador y a cada cosa creada. Pero no podemos pertenecernos unos a otros si no nos comprometemos a decir la verdad sobre nosotros mismos y los demás. La injusticia afecta tanto al opresor como al oprimido, por lo que debemos decir la verdad sobre el pasado, y las formas en que hemos alterado nuestra pertenencia sagrada, para que podamos sanar nuestro futuro.

Zora Neale Hurston dice: "Si guardas silencio sobre tu dolor, te matarán y dirán que lo disfrutaste",[3] una declaración poderosa que tiene peso teológico cuando se trata de la historia de Ana en 1 Samuel 1 y 2. Es posible que hayas escuchado sobre Ana, a menudo descrita como la pobre esposa indefensa cuyo esposo la amaba a pesar de su incapacidad para concebir.

En 1 Samuel 1, Ana está angustiada no solo porque no puede tener hijos, sino porque la otra esposa de su esposo, Penina, se burla de ella constantemente por su esterilidad. La historia destaca el hecho de que eso sucedía todos los años cuando iban al templo en Silo para hacer sus sacrificios. Cada año, Ana recordaba su dolor y pasaba la travesía llorando, sin poder comer. El relato bíblico destaca que Ana estaba tan angustiada que iba sola al templo para presentarse ante Dios (1 S 1,9). Ahí es donde se encuentra con el sumo sacerdote, Elí, que la acusa de estar borracha. Ella le dice a Elí que no está borracha, y le hace una promesa a Dios, que si le da un hijo, ella lo dedicará a Dios como nazareo.[4] Ana finalmente da a luz a Samuel, un profeta y sacerdote que termina cambiando el curso de la historia de Israel.

La mayoría de las lecturas tradicionales de Ana la retratan como indefensa, víctima de burla e incluso celosa, un retrato común de las mujeres en las Escrituras hebreas. Su esposo, Elcana, a menudo es elogiado como el marido amoroso que la ama de una manera única para los hombres de ese tiempo, por encima de su otra esposa, Penina, que le había dado varios hijos.

Pero hay más en su historia que el hecho de que ella sea una víctima o que su esposo sea el principal digno de elogio. Ana dice su verdad, y la dice con valentía, no solo a Elí, sino en un poema subversivo que se cree que sigue el modelo del Magníficat de María (Lc 1,46-55).

Hay poder en nombrar. Muchas comunidades a lo largo de la historia han considerado el nombrar como un proceso sagrado. Esto es cierto no solo para una miríada de culturas en diferentes épocas y lugares, sino también para el pueblo de Dios en las Escrituras. Debido a que las mujeres israelitas representan solo el ocho por ciento de los nombres personales israelitas atestiguados,[5] el nombre de Ana —mencionado catorce veces en dos capítulos— se destaca dentro de la historia. No solo es nombrada con más frecuencia que su esposo y el sacerdote Elí, sino que su nombre aparece casi tantas veces como las de las matriarcas Sara, Rebeca, Raquel y Lea.

Además, el narrador a menudo describe a Ana como el sujeto más que como el objeto de los verbos hebreos en la historia. Esto es algo que no es particularmente común cuando se trata de mujeres en la Biblia hebrea. De la misma manera, notamos que Ana habla más que otros se dirigen a ella en su narrativa. Estos detalles por sí solos deberían hacer que nos detengamos, para dirigir nuestra atención a la percepción que podríamos aprender de esta teóloga abuelita pasada por alto, aunque importante.

Como sabemos por otras narraciones de la Biblia, la esterilidad era, y sigue siendo, un gran problema para muchas familias, un punto potencial de dolor para las madres y los padres por igual. Aun cuando tener hijos era una carga para los hombres, que necesitaban mantener a todos los miembros de su hogar, las mujeres generalmente llevaban la carga más grande en el antiguo Israel. Lo más probable es que Ana creciera escuchando que para ser una buena esposa, debía poder tener hijos. En la costumbre judía, el hombre podía divorciarse de su esposa si ella no tenía hijos después de diez años, un detalle que probablemente se sumó a la ansiedad de Ana.[6]

La relación de Ana con Penina se ha comparado con la de Sara y Agar, otra historia que aborda temas similares de rivalidad y esterilidad. Pero algunos detalles notables distinguen a Ana. Por ejemplo, en la historia de Sara, es su esposo, Abraham, el que recibe la revelación de su futuro hijo y el que le da nombre. Ana, sin embargo, lidera su historia. Ella no solo ora y dedica su hijo a Dios, sino que también le da nombre, participando en la autoridad social de tomar decisiones sobre el futuro de su hijo.

Ella es cocreadora, comadre del futuro de Israel.

A medida que se desarrolla la narración, no puedo dejar de notar las formas en que Ana es diseñada como otra por las tres personas con las que interactúa. La primera es, por supuesto, la "esposa rival", Penina, pero lo mismo ocurre con dos personajes inesperados: su esposo y el sacerdote Elí. Sus conversaciones son clave para la historia.

La angustia de Ana es particularmente aguda durante el viaje anual de la familia a Silo, donde la distribución diferencial de las porciones de sacrificio de Elcana se muestra en su totalidad.[7] Ana recibe solo una porción porque ella es solo un individuo, lo que la

hace llorar y la deja sin derecho de participar en la fiesta de los sacrificios.[8] Reflejando la narrativa de Sara y Agar, Penina atormenta
a Ana, y Elcana responde preguntándole a Ana por qué llora. Elcana
a menudo es retratado de manera positiva, como alguien que se
preocupa por su esposa al fijarse en ella, pero al mirar más profundamente, me pregunto si hace más daño, si exacerba la falta de
armonía en su familia con sus palabras. "¿Por qué no quieres comer?
¿Por qué estás triste?" (PDT), pregunta en 1 Samuel 1,8.

¿Acaso Elcana no conoce a su esposa? ¿No ha visto su dolor o no
la ha escuchado luchar? ¿Cómo es posible que no sepa por qué está
triste ni por qué no quiere comer? En sus preguntas, parece que no deja
espacio para que Ana responda. Eso me hace preguntarme si fueron
preguntas retóricas que solo silenciaron aun más a su sufriente esposa.[9]

Como Ana no responde, él trata su dolor como si se tratara de
él: "¿Acaso no soy para ti mejor que diez hijos?" (1 S 1,8). Algunos
argumentan que Elcana decide por su esposa que su cercanía es
más importante para ella que sus propios hijos. ¿Quién es él para
llegar a esa conclusión, para hacer su dolor como si se tratara de él,
especialmente considerando la vulnerabilidad económica en la que
se encontraría una mujer sin hijos si su esposo muriera? También
es interesante que Elcana "consuele" a su esposa alegando su amor
por ella, pero no su amor por él. ¿Está disminuyendo el sufrimiento
de Ana al intentar mostrar que es injustificado?[10] "Por lo tanto, Elcana es culpable no solo de insensibilidad a los sentimientos de su
esposa", señala la erudita bíblica israelí Yairah Amit, "sino también
de desprecio por su futuro".[11] Me pregunto cuán diferente podría
haber resultado la historia si el esposo de Ana la hubiera escuchado
para comprender a su esposa, la hubiera honrado sin ser injusto con
sus palabras o sin causar aun más su marginación.

Quizás Elcana estaba haciendo lo mejor que sabía y, aunque podría
haber tenido buenas intenciones, eso no cambia el resultado. Es el impacto lo que importa. Esto es particularmente conmovedor considerando que el texto dice que Elcana amaba a Ana, presumiblemente más
que a Penina, razón por la cual él le daría porciones dobles (1 S 1,5).

Ana no parece sentirse mejor después de la conversación con su esposo. Luego lleva su angustia a Dios y comienza a orar en el templo donde está sentado Elí, el sumo sacerdote.

Aun cuando la conversación con su esposo fue problemática, la que sostuvo con el sumo sacerdote fue peor. Mientras Ana ora, Elí observa su boca, y antes incluso de tomarse un momento para hablar con ella, la juzga: "¿Hasta cuándo te va a durar la borrachera? ¡Deja ya el vino!" (1 S 1,14). Elí, el sumo sacerdote, saca conclusiones infundadas con pruebas insuficientes y la etiqueta como borracha. Esa crítica injusta margina aun más a Ana, particularmente debido a la posición de autoridad de Elí.[12]

Ese intercambio en las Escrituras ha sido una fuente de consuelo para mí, un recordatorio de que los hombres en el poder, aquellos con "autoridad espiritual" como Elí, pueden ser responsables de descartar, juzgar o asumir lo peor de nosotras. Esta historia me dice que no estoy sola, que este relato es tan antiguo como el tiempo.

Conocí a un grupo de mujeres jóvenes en una de las primeras iglesias a las que asistí durante mis primeros años en el seminario. Después de conectarme con ellas varias veces, sugerí que nos reuniéramos con regularidad para un estudio bíblico. Estaba intentando involucrarme con mujeres jóvenes para discutir sobre la vida, Dios y cosas por el estilo en comunidad, una oportunidad para tal vez desarrollar una relación de mentor o discipulado con ellas si lo deseaban. Parecían emocionadas, así que comenzamos a reunirnos una vez a la semana en la casa de otra para orar, charlar sobre las Escrituras, comer y pasar tiempo juntas.

Después de unas semanas, el pastor de esa iglesia se enteró de que pasábamos tiempo juntas en grupos pequeños, por lo que comenzó a hacer preguntas, cuestionándose acerca de mis motivos. Incluso le pidió a mi cónyuge (con quien tenía noviazgo en ese momento), Taylor, que se reuniera con él. En el tiempo que pasaron juntos, el pastor interrogó a Taylor sobre mí, mis antecedentes y mi crianza,

y le preguntó sin rodeos cuáles eran mis pecados. Taylor y yo no
teníamos el lenguaje ni la comprensión en ese entonces para reconocer ese aviso de alarma u otros signos de abuso espiritual (que luego
se hicieron evidentes), pero sentimos que había algo desagradable e
inapropiado en la situación y particularmente en sus preguntas. No
pasó mucho tiempo antes de que el pastor comenzara a decirle a la
gente de la congregación (que no sabía que eran mis amigos) que yo
era rebelde —difícil y problemática— porque *no le pedí permiso* para
entablar amistad con mujeres jóvenes de la iglesia. Como muchos que
abusan de su autoridad, ese pastor parecía preferir el control de su congregación antes que la salud o el crecimiento espiritual de la misma.

Antes de tener una conversación conmigo, el pastor me etiquetó
como "sospechosa". Cuestionó mis motivos y empezó a divulgar rumores de que yo no me sometía a su autoridad y, por tanto, a la de
Dios. Taylor y yo finalmente nos reunimos con él y luego dejamos la
iglesia, pero no antes de innumerables noches de insomnio. Lloré varias
semanas, cuestionando mi relación con Dios, preguntándome qué hice
mal para merecer que un pastor hablara mal de mí a mis espaldas, para
asumir lo peor de mí antes de tener una conversación conmigo o llegar
a conocerme. Ahora sé que las acciones y palabras de ese pastor tenían
sus raíces en el pecado, el patriarcado y el abuso espiritual, pero no lo
reconocí en ese entonces. Sufrí durante meses y me sentí como una
mala cristiana, persona, mujer. Cuando alguien con supuesta autoridad,
especialmente autoridad "espiritual", te hace sentir así, puedes sentirte
insoportable y hacerte cuestionar si todo en ti está mal, o es malo,
contra Dios. Afortunadamente, después de innumerables oraciones
y conversaciones con pastores de confianza y otros miembros de la
congregación, pude encontrar ese indicio de confianza en Dios y en
mí misma para salir de mi dolor y dejar esa iglesia. Eso es parte de lo
que provocó que dejara la denominación por completo.

No es raro que los hombres, en particular los de la cultura dominante que están acostumbrados a estar en el poder, usen su supuesta
autoridad y sus propias interpretaciones de las Escrituras para silenciarnos, para mantenernos en lo que creen que es "nuestro lugar".

Pensar en ese momento de mi vida todavía me duele, pero la audacia de Ana me da energía.

Después de su encuentro con su esposo, Ana busca a Dios en oración. Con confianza, le pide a Dios que la mire, que la vea, particularmente cuando otros, como su propio esposo, no ven quién es ella.[13] Al acercarse a Dios y pedirle a Dios que la recuerde, Ana cambia su identidad de una esposa o mujer estéril, y proclama su verdad. Ana se afirma a sí misma como hija amada de Dios, una poderosa y audaz proclamación de pertenencia, una que creo que muchas de nuestras abuelitas conocen y viven.

En 2016, una destacada voz pública de derecha tuvo un intercambio en Twitter con Rachel Held Evans sobre el aborto. La llamó hereje y blasfema, a lo que ella respondió: "Eso es mentira. Soy una amada hija de Dios,... y nada de lo que digas [me] lo quitará".[14] Esas poderosas palabras proféticas se han quedado conmigo. Una de las declaraciones más audaces que podemos hacer es que somos amadas mijas y mijos, hijos de Dios, no importa lo que digan. Creo que Ana entendió eso y creo que su historia tiene mucho peso por eso, especialmente en su encuentro con Elí.

Después que Elí la acusa de ser una borracha, Ana acoge la energía que le da ser una amada de Dios y habla, declara su verdad con valentía una vez más. "No," ella responde al sumo sacerdote. "Soy solo una mujer angustiada" (1 S 1,15). Lillian Klein explica que, la estructura de la respuesta de Ana, casi literalmente centra sus palabras en el aspecto más significativo de su visita al templo, a saber, que ha estado derramando su alma ante Dios.[15]

Es interesante notar que los dos hombres con los que Ana interactúa en la historia (su esposo y el sumo sacerdote) son "justos" y admirables, pero "ambos están tan involucrados con sus propias percepciones que no logran comprender a una mujer que sufre, una mujer que es esposa del primero y devota del templo de Dios para el segundo".[16] Ana es marginada por ambos hombres, pero al decir su verdad y declarar su valor tanto a Dios como al sumo sacerdote, Ana se convierte en un paradigma, una mujer modelo.[17]

La historia de Ana culmina en su segunda oración, su poema en 1 Samuel 2. De hecho, es el único pasaje poético en todo 1 Samuel, que no solo la distingue en la narrativa, sino que, creo, le otorga el título de teóloga. La primera oración de Ana se centra en su propia necesidad, en su angustia y en su posición ante Dios. ¿Pero su segunda oración? Es una declaración de justicia audaz, una oración centrada en los oprimidos:

> Levanta del polvo al desvalido
> y saca del basurero al pobre
> para sentarlos en medio de príncipes
> y darles un trono esplendoroso (v. 8)

Decir la verdad es un catalizador para la curación, no solo para nosotros, sino también para aquellos en nuestras comunidades —los marginados, los oprimidos— y aquellos que vienen después de nosotros, nuestros hijos y sus hijos. Algunos maestros indígenas han enseñado que cuando sanas, lo haces siete generaciones hacia adelante. Algunos también incluyen siete generaciones en el pasado.

Como han dicho otras madrinas en la fe: "La verdad trae justicia".[18] Decir la verdad nos cura y testifica de nuestra pertenencia sagrada, con su objetivo final en la justicia.

Recordar es un tema central en la historia de Israel. En las Escrituras, Dios constantemente está instando a su pueblo a recordar de dónde vienen, por lo que han pasado, de quién son y, en última instancia, quién es Dios. En Éxodo 23,9, Dios llama a su pueblo a recordar cómo fue oprimido para que no oprima. Los escritores y críticos poscoloniales enfatizan la tentación de las personas oprimidas de dar la vuelta y hacer a los demás lo que el imperio les hizo a ellos. "Independientemente de nuestra posición en la vida, todos podemos en cualquier momento encontrarnos en una posición para explotar u oprimir a otra persona", señala la erudita bíblica womanist

Mitzi Smith. "Todos tenemos víctimas potenciales. Y podemos ser participantes pasivos en nuestra propia explotación".[19]

Así como los israelitas eran propensos a olvidar, mi propio pueblo a menudo perpetúa la narrativa del opresor. Las personas oprimidas a menudo adoptan prejuicios culturales sobre sí mismos: los patrones raciales y las actitudes que se han heredado, especialmente los del miedo y los prejuicios. Como señala Gloria Anzaldúa, es más fácil repetir que resistir, transmitiendo a los hijos y amigos las ideologías del opresor.[20]

Muchos cubanos que fueron recibidos con los brazos abiertos en los Estados Unidos han decidido encontrar a otros que huyen de los disturbios políticos (como alguna vez lo hicieron ellos) con los brazos cruzados, sin recordar cómo necesitaban justicia (misericordia, amor y compasión) en un momento crucial de sus vidas.

Somos un pueblo que recuerda, pero también somos un pueblo que olvida.

Quizás este sea el atractivo del poder, con lo que los blancos convencen a muchas personas de color, para que crean que la asimilación es sinónimo de providencia, comodidad, facilidad. Con ese fin, el escritor mexicano-estadounidense Antonio De Loera-Brust explica que las comunidades latines no negras en los Estados Unidos adoptan con demasiada frecuencia las actitudes, estereotipos y visiones del mundo antinegro del país como parte de un proceso de asimilación. "Este es un camino bien trillado en la historia de los inmigrantes en los Estados Unidos", dice. "Muchos grupos de inmigrantes han sentido en la lucha contra la negritud una oportunidad para asimilarse a los blancos, o al menos acercarse más a ellos".[21] En todas las sociedades latines existe un culto a lo blanco que ha existido durante siglos, ya que los colonizadores consideraban la piel más oscura como "salvaje", "incivilizada", "peligrosa".

Ser narradora de la verdad significa que debo luchar contra la antinegritud en mi propia comunidad y que debo mirar hacia atrás y decir la verdad sobre nuestro pasado colectivo y nuestra pertenencia sagrada. Debo recordar y aspirar a guiar a mi pueblo en el recuerdo de la liberación y la curación de todos nosotros, generaciones pasadas y futuras.

6

Cosiendo y creando

Organizar la noche del dominó no era algo que abuela tenía que hacer, era algo que ella *quería* hacer todos los fines de semana, cosa que hizo por décadas. Su casa era el epicentro de la actividad. La puerta principal se abría constantemente con amigos y familiares reunidos para jugar, tomar un cafecito o ingerir una cena, a menudo las tres cosas. Pero no solo el dominó y las cenas llenaban de gente constantemente la casa de abuela.

Cuando llegó de Cuba, abuela trabajó en una fábrica de ropa. Ella estaba entre las decenas de miles de mujeres cubanas que encontraron trabajo en las factorías de telas cuando llegaron a Miami. Muchas de ellas, como abuela, tenían experiencia cosiendo (y haciendo patrones de costura). De hecho, la era dorada de la moda en Miami se puede atribuir a esa época de la historia en la que las mujeres cubanas trajeron su mano de obra barata y sus invaluables habilidades. La industria de la moda de Miami creció sobre las espaldas de las latinas, incluida la de mi abuela.

Años más tarde, Abuela pudo crear sus propios diseños como lo hizo en Cuba y comenzar su pequeño negocio propio, vendiendo ropa desde su casa. Para mí, abuela era como un mago o un hada madrina, que creaba mundos enteros de la nada, la belleza de las sobras. Pasaba horas dibujando diseños. Siempre me asombró cómo cobraban vida sin problemas.

Cada Halloween, abuela pasaba semanas creando los disfraces más mágicos para mí. Me paraba en un pequeño taburete frente al espejo, dando vueltas en círculos mientras ella unía cuidadosamente las piezas de tela, sujetándolas con agujas que de vez en cuando me pinchaban. "Cuidado, no te muevas tanto", me decía con los labios apretados, metiéndose una aguja en la boca para tener así las manos libres.

Mi propio universo se estaba creando con cada adaptación.

Durante varios años, participamos en concursos de disfraces en un centro comercial de la localidad. Un año, subí al escenario con mi disfraz de princesa de Disney y bailé la "Macarena", con todo el corazón, moviendo mis caderas como Shakira. Gané el primer lugar esa noche y me sentí como si hubiera ganado un millón de dólares, irradiaba orgullo mientras mostraba el atuendo que abuela me había hecho.

Visitamos periódicamente la tienda de telas en el centro comercial al final de la calle y pasábamos horas perdidas en aquel mar de colores. Abuela era amiga de las señoras que trabajaban allí y juntas nos imaginábamos diversos vestidos. Me colocaban en la gran mesa de corte y sostenían diferentes telas contra mi cuerpo, imaginando la forma en que podría cubrirme la tela como un vestido. La seda y el satén se sentían como crema líquida sobre mi piel. Me felicitaban mientras me envolvían en tela: "¡Ay, mira que linda!". Y mis mejillas ardían, se sonrojaban tornándose en un rojo brillante. Fue una experiencia encarnada; la mayoría de mis sentidos estaban ocupados.

El sonido de la máquina de coser verde oliva de abuela se convirtió en una canción de cuna. A menudo me dormía con el repetitivo *chukka chukka chukka* cuando la aguja atravesaba la tela.

Me encantaba aprender de abuela y pasaba horas observándola. Me sentí muy orgullosa cuando me enseñó a lamer un hilo y pasarlo por el agujero de una aguja. ¿Cómo podía tener tanta precisión? ¿Tanta paciencia? ¿Cómo ejercieron sus manos tanto conocimiento, creando tanta vida?

———

La poeta tejana Carolina Hinojosa-Cisneros escribe: "Creo que nuestras manos complican el tiempo. Si tenemos la suerte, nos ayudan a continuar con las historias de nuestros antepasados. Por eso escribimos, tejemos, componemos, cocinamos y mucho más. Todos somos un texto sagrado".[1]

Coser, zurcir y tejer textiles tradicionales es una artesanía antigua que ha sido transmitida por nuestros antepasados. Las mujeres indígenas a lo largo del tiempo han cosido y comerciado ropa y otros materiales en sus comunidades, haciendo de la industria textil una de las primeras conocidas por la humanidad.[2] A lo largo de la historia, los pueblos indígenas han utilizado los dones de la tierra del Creador para muchas cosas: desde la protección, a mantenerse calientes, a decorar sus cuerpos por motivos ceremoniales. Para los aymaras, pueblo indígena de Bolivia, los tejidos sagrados son expresiones de su filosofía y la base de su organización social.[3] En las comunidades africanas nativas, las prendas se usan para marcar un ritual especial o el paso del tiempo a medida que la gente se mueve de una etapa espiritual o de esta vida a otra.[4]

El arte de hacer o crear siempre ha sido más que un arte físico; también ha servido para propósitos espirituales.

En el arte de coser, tanto la mente como las manos piensan y diseñan. Es una experiencia incorporada que involucra las disciplinas espirituales de permanecer enfocada, presente y comprometida. Crear con nuestras manos también implica el arte de recordar. Es una forma en que contamos historias sobre nosotros mismos y nuestras comunidades. Este proceso invita al artista a emprender un viaje interior "moviendo el cuerpo al ritmo de la tierra".[5] Esta actividad sagrada es de cocreación, de conexión con lo divino a través de los dones de la tierra que nos son dados; es una forma intrínseca de conocimiento espiritual que se transmite de generación a generación.

Hasta el día de hoy, visito a mi abuela con una nueva prenda de vestir comprada en la tienda. Se quedará mirando la tela, pasará los dedos por los botones e inspeccionará los dobladillos como si estuviera examinando un objeto extraño. Aunque abuela ya no tiene la habilidad de coser, su mente no lo olvida. A menudo sostiene la prenda de vestir entre los dedos y la frota suavemente mientras me pregunta dónde la compré. Cuando menciono la tienda, ella responde: "Ay, no hacen cosas de la misma manera que antes". Asentiré con la cabeza; la moda rápida con la que llenamos nuestros armarios ha perdido la espiritualidad, la sabiduría y el amor sagrado y encarnado, que una vez se usó para crearlo.

En muchas maneras, el capitalismo ha destruido el arte sagrado de la cocreación a través de la creación artística al convertir la industria de la moda en un elemento de injusticia global, exacerbando las condiciones infernales de los trabajadores de la confección en todo el mundo. En 2013, más de mil trabajadores de una fábrica murieron en el edificio Rana Plaza, en Bangladesh, debido a las condiciones de trabajo mortales. Solo cinco meses antes, más de un centenar de trabajadores murieron en otro trágico accidente en las afueras de Dhaka.[6] Miles de personas en comunidades de todo el mundo mueren cada año por razones similares, incluidos niños. El trabajo infantil, a menudo considerado una forma moderna de esclavitud, es una injusticia común perpetuada por la industria de la moda rápida.[7]

Además, desechar ropa se ha convertido en una de las categorías de desechos de más rápido crecimiento en el mundo, con cientos de miles de toneladas de ropa enviadas a los vertederos cada año.[8] Creo que los gemidos de la tierra y nuestros antepasados denuncian las injusticias que nacen a medida que nos alejamos de la creación de arte como un esfuerzo espiritual, como un acto de curación, reparación y creación. Siento esto a través de los profundos suspiros de abuela cuando sus dedos curtidos rozan mi ropa. Lo que una vez adornó mi cuerpo con el amor y el cuidado de sus manos, ahora se ha convertido en el hedor de la injusticia y la muerte.

En la década de 1970, un violento golpe respaldado por los Estados Unidos y dirigido por el general Augusto Pinochet derrocó al primer presidente socialista democráticamente elegido de Chile, Salvador Allende. Cuatro años después, Pinochet y su régimen militar llegaron oficialmente al poder. La administración de Nixon preparó el escenario para la dictadura represiva de Pinochet, que estuvo involucrada en abusos sistémicos y generalizados de los derechos humanos.[9] Durante su cruel régimen, decenas de miles de chilenos fueron fusilados, encarcelados y torturados hasta la muerte.[10] Más de tres mil fueron secuestrados o desaparecieron sin dejar rastro. Aun cuando los militares deseaban que esos abusos se olvidaran, ignoraran o borraran, un grupo de madrinas, mamás y abuelitas decidieron asegurarse de que ese no fuera el caso, convirtiendo su habilidad artística en resistencia.

Las mujeres de ese grupo eran conocidas como arpilleristas, un nombre que se le dio a un grupo, generalmente de mujeres, que crea arpilleras, obras de arte que típicamente se bordan en la parte posterior de la tela de saco. Muchas de ellas eran madres y abuelas de los secuestrados, y se juntaron para coser imágenes políticas y protestar por la pérdida de sus seres queridos. Sus edredones estaban cosidos con rostros de jóvenes activistas y con carteles que decían: "¿Dónde están los desaparecidos?". También cosieron imágenes radicales de militares deteniendo y torturando a inocentes. Al fin, las arpilleristas comenzaron a usar la ropa e incluso el cabello de los difuntos.

La escritora chilena estadounidense Marjorie Agosín habla sobre el poder de la mano humana: "Vivimos en un mundo tan global donde todo se fabrica a través de maquinaria", dice, "pero con la mano humana, [ellas] construyeron [una] historia, cosiendo pieza por pieza, una vida, pero no una vida ordinaria, una vida que ha sido cortada".[11] Ella explica que su arte y sus vidas se volvieron inseparables, y su costura y sus puntadas se convirtieron en un acto de resistencia, una forma que ellas usaron para contar sus historias. En el miedo a este régimen, que provocó un silencio ensordecedor, censura, victimización y miedo en la vida de ciudadanos inocentes, estas arpilleristas encontraron y utilizaron su voz a través de su oficio.

Las arpilleristas fueron subversivas en muchos sentidos. El hecho de que hicieran de la costura un acto de subversión es sedicioso en sí mismo. Su uso de una actividad mundana que a menudo se realiza en el hogar, un espacio al que a menudo se relega a las mujeres, convirtió esa actividad en un acto altamente perturbador, un acto de disensión, particularmente porque rompieron con el formato de crear arte e imágenes tradicionales para representar imágenes con mensajes abiertamente políticos. Esta forma de resistencia promulgó justicia ya que generó conciencia. Esas mujeres usaron sus habilidades, su arte y su cocreación con los elementos de la tierra para lograr una sociedad más justa.

Inés Velásquez-McBryde, pastora nicaragüense y amiga mía, una vez me contó de las formas creativas en que las abuelitas de su familia usaban el trabajo de sus manos. Su abuela, Sara, vivía en el pueblo minero de Bonanza, Nicaragua. Para que el papá y las tías de Inés tuvieran la oportunidad de una mejor educación, la abuela Sara los envió en tren a vivir con su hermana en la ciudad capital de Managua. "Tanto mi tía Zela como mi papá me contaban historias sobre el costoso sacrificio emocional, espiritual y económico de estar a 530 kilómetros y un viaje en tren de diez horas a través de montañas traicioneras lejos de mi familia", explica Inés.[12]

Abuela Sara a menudo remitía paquetes de ayuda para enviar amor a sus hijos. Como costurera, incluía vestidos cosidos a mano para sus hijas en esos paquetes de ayuda. Con su innovación creativa, abuela Sara incluía en el paquete una carta con lenguaje codificado a la mayor de las tres: "Zela, revisa las costuras de este vestido que te hice para ver si el largo es bueno. Espero que les guste, pero avísame si les quedan bien".[13] En el dobladillo se escondían unos billetes de córdoba enrollados.

Abuela Sara no era rica económicamente, pero ese dinero era suficiente para que sus hijos se regalaran algo divertido en la pulpería. Tanto los obsequios hechos a mano como el dinero ganado con esfuerzo eran signos de una mujer que se sacrificaba y usaba el trabajo de sus manos para proveer y empoderar a la próxima generación.

Las mujeres han proporcionado y empoderado desde el principio, incluso dentro de la iglesia primitiva. ¿Con qué frecuencia hemos escuchado en los círculos evangélicos que los hombres deben ser los proveedores? Mientras reflexiono sobre las mujeres cercanas a mí que trabajaron y mantuvieron a sus familias, junto con las mujeres de la Biblia que hicieron lo mismo por las suyas, no puedo evitar desafiar con valentía esa noción.

Por ejemplo, los cuatro evangelios muestran que Jesús aceptó mujeres como discípulas viajeras. De hecho, podría decirse que es uno de los pocos líderes de su época que lo hizo. Lucas 8,1-3 describe a mujeres discípulas como María Magdalena, Juana, Susana y "muchas otras", que no solo viajaban con Jesús, sino que lo apoyaban económicamente con sus propios recursos.

Juana es uno de los personajes más interesantes de la Biblia porque hay mucha especulación sobre quién era. Se entiende que era la esposa del mayordomo de Herodes de Antipas, una mujer que aparentemente viajaba sola o con amigos (incluido Jesús) sin temor a represalias. Este es un detalle sorprendente, considerando que se suponía que las mujeres en la cultura judía primitiva no debían fraternizar con hombres con los que no estuvieran relacionadas, y mucho menos viajar con ellos por Galilea.[14] Además de seguir a Jesús, la Biblia dice que ella también lo apoyaba financieramente.

Lo que hace que esto sea particularmente sorprendente es el hecho de que su esposo trabajaba para el opresivo tetrarca que decapitó a Juan el Bautista. Me pregunto: ¿Cómo se sintió Herodes con la esposa de su administrador que apoyaba a Jesús? Es probable que el hecho de que Juana dejara su casa y arriesgara la carrera de su esposo para seguir a Jesús muestre cuán atractivo debe haber sido su ministerio para las mujeres. Jesús no solo empoderó a las mujeres, sino que trajo consigo una sociedad más justa al arrojar las normas sociales por la ventana, y muchos aspectos de la iglesia primitiva reflejan esta realidad.

Las mujeres cargan medicina en sus manos, sus corazones, sus mentes y sus cuerpos. A lo largo de los siglos, el tejido de las artes ha servido como metáfora de la sanidad, mostrándonos cómo hacerlo ayuda a componer y comprender mejor nuestro mundo. Abuela cosía para subsanar las heridas por la muerte de papi. Después de su muerte, ciertos hombres de la familia lucharon para sacar a abuela del negocio familiar con el fin de ganar más dinero para ellos. En un sentido subversivo, abuela usó la costura para proporcionar estabilidad económica cuando las punzadas del patriarcado y el sexismo intentaron reprimirla. Como muchas mujeres a lo largo de la historia, abuela usó su oficio para reparar, restaurar y proveer. "El arte sana nuestros espíritus heridos o simplemente cansados. El arte restaura nuestra psique, nuestro espíritu y nuestro cuerpo a un estado equilibrado del ser".[15]

Para muchas de nuestras abuelitas, parte de esa sanación creativa incluye coser sus historias y sus vidas en ofrendas de amor. Ya sea para las arpilleristas o para nuestras ancestras indígenas, coser siempre ha requerido atención a los detalles del mundo, incluso a nosotras mismas y a los demás. Esto también es cierto para abuela. Se comprometió con su habilidad como un acto de amor: hacer que los miembros de su comunidad se sintieran conocidos, vistos. Y, oh, cómo sentimos estas cosas. Abuela sabía cómo manipular la tela en cada curva de nuestros cuerpos. Ella conocía nuestras medidas, cómo hacer que algo encajara a la perfección.

En Génesis 3, después que Dios tuvo una charla con Eva y Adán acerca de comer del fruto prohibido, el narrador nos dice que Dios hizo ropa de cuero y los vistió (Gn 3,21). Me sorprende cómo ese detalle se incorporó a la historia y lo familiar que se siente. Adán y Eva ya habían intentado hacer ropa para cubrir su desnudez (3,7), e imagino que su esfuerzo fue similar al mío cuando era niña, cuando hice mi mejor intento por juntar piezas de ropa como abuela, ignorante de cómo lo hacía. Como mi cuidadora y proveedora, abuela siempre vino con el tejido, la precisión y la intencionalidad correcta. Incluso en los momentos en que pude haberla lastimado, enojado o decepcionado en mi juventud, ella siempre me cuidó, como Dios lo hizo con Adán y Eva en el jardín.

Dios es un Dios que crea mucho de lo muy poco; que es paciente y atento a los más mínimos detalles; que conoce cada hendidura de nuestro cuerpo y busca cuidar, vestir, proveer y empoderarnos; y cuyo enfoque es el florecimiento de los seres humanos.

Si las mujeres están hechas a la imagen de Dios, entonces nosotras también llevamos estas mismas cosas dentro de nuestros cuerpos: somos cocreadoras, sanadoras y proveedoras. El acto de dar amor a través del arte realizado con nuestras manos es un hecho de profundo poder sanador, y lo vemos a través de la miríada de mujeres en la Biblia y a lo largo de la historia que han cosido como una forma de hacer justicia.

Para abuela, también fue un medio para su propia liberación; fue para ella una forma de desafiar los roles de género al contribuir al bienestar del hogar mediante la venta de artículos.[16]

Tabita es otro personaje del Nuevo Testamento que portaba medicina en sus manos. Aun cuando su historia a menudo se pierde dentro de la de Pedro, mirar más de cerca nos permite encontrar varias perlas de sabiduría que hablan de una abuelita fe.

Tabita era una mujer judía que vivía en Jope, que estaba ubicada en la frontera entre un área predominantemente judía y una principalmente gentil. Localizar a una persona, ya sea un personaje en las Escrituras o alguien que interprete ese personaje, es de primordial importancia. Como dice la erudita womanist Febbie Dickerson: "Su situación [la de Tabita] impacta su historia, y ese contexto debe ser respetado".[17] Me encanta esta idea porque no solo es cierta para Tabita sino para todos y cada uno de nosotros.

El texto también ofrece un detalle interesante: a pesar de su identidad judía, la Escritura nos permite saber que Tabita también tiene un nombre griego, Dorcas, ya que vive en territorio romano. En Hechos 9,40, Pedro la llama por su nombre arameo, no por el griego. Esto puede entenderse como un dispositivo narrativo descolonizador, ya que está marcada por su nombre precolonial.[18]

Tabita se destaca para mí, no solo como una mujer que ayudó como Juana, sino como una que lo hizo cosiendo. Se presenta en Hechos 9,36 como una "discípula". Este no es solo un contraste interesante con la narrativa de curación anterior, donde Lucas llama a Eneas "cierto hombre", sino que es significativo porque Tabita es la única mujer en el Nuevo Testamento a la que se le otorgó específicamente esa designación. (Lucas por lo general hace referencia a los discípulos femeninos y masculinos a la misma vez; véanse Hch 9,1-2.36; 18,24-26.) Estos detalles implican que Tabita era una discípula muy conocida y respetada. Me encanta la narrativa de Tabita porque encarnó el corazón de Dios al cuidar a los más vulnerables de su sociedad. Lucas dice: "Esta se esmeraba en hacer buenas obras y en ayudar a los pobres" (Hch 9,36). En una sociedad de patrocinio, sus buenas obras le dieron el papel de benefactora, lo que garantizaría su estatus especial en la asamblea de discípulos.[19] También se menciona sin esposo o hijos, lo que podría implicar que Tabita era viuda. Eso la habría puesto en una posición de marginalidad y probablemente la habría sintonizado con el corazón de Dios en cuanto a los marginados de la sociedad.

En la narración, Tabita se enferma y muere. Algunos de los otros discípulos escuchan que Pedro está cerca, en Lida, por lo que lo llaman para que venga. Quizás esperan que él pueda, como Jesús, resucitar a la gente de entre los muertos. Cuando Pedro llega al lado de su cama, se encuentra con una habitación llena de viudas que están de luto por la pérdida de su querida amiga y lideresa.

Uno de mis detalles favoritos de la historia es el hecho de que las viudas de duelo han traído las túnicas y otras ropas que Tabita les hizo, mostrándoselas a Pedro mientras lloran (Hch 9,39). Leer esto a través de la lente de una abuelita resalta la importancia de la vida de Tabita como una mujer que se preocupa por los demás a través de su creación artística. Ella era proveedora y sanadora, una mujer que trabajaba con sus manos para crear y suplir.

Después que Pedro saca a todos fuera de la habitación, ora y le dice a Tabita, "Levántate" (Hch 9,40).

Me pregunto: ¿Cuán importante fue la vida de Tabita para la comunidad, no solo para las viudas sino también para los discípulos, para que llamen a Pedro y le pidan que la resucite de entre los muertos? Todas las vidas tienen valor, por supuesto. Me encanta que podamos ver esto tan bellamente en esta historia: una discípula, que a menudo se pasa por alto en nuestras conversaciones, fue de suma importancia en la historia de la iglesia primitiva; tanto, que su vida fue digna de que la resucitaran. Además de Tabita, y Jesús, solo hay otras cuatro resurrecciones en el Nuevo Testamento en las que se nombra a una persona.

Después que fue resucitada, Lucas nos dice que "la noticia se difundió por todo Jope" (Hch 9,42). Quizás su condición de alguien que ofrecía tanto dinero a la comunidad era sediciosa, al igual que el hecho de que era una mujer que se mantenía a sí misma a través de su oficio. Parece que Tabita dedicó su tiempo a las viudas que ahora estaban de luto por su muerte. El cuidado de las viudas tenía un peso particular en la iglesia primitiva. De hecho, solo unos pocos capítulos antes de la historia de Tabita, los discípulos de habla griega se quejaban de que los discípulos de habla aramea estaban pasando por alto a sus viudas en el servicio de comida diaria (Hch 6). El resultado fue que siete hombres "muy respetados" se aseguraron de que las viudas fueran atendidas. Me pregunto si Tabita se enteró de ese importante ministerio. Dado que su historia menciona su nombre griego, Dorcas, no está lejos de pensar que pudo haberse enterado de lo que estaba sucediendo entre los miembros de su comunidad. O quizás Tabita conocía bien la Torá y comprendía el corazón de Dios hacia las viudas.

Además, la expresión utilizada para describir a Tabita como alguien que se dedicaba a "buenas obras" sugiere algo más que trabajo voluntario. En griego, la frase implica que exhibe un carácter moral consistente en su limosna, o más específicamente, es una persona compasiva. Quizás eso se debió a su proximidad al dolor, a las necesidades de la comunidad. Me pregunto si Tabita no solo se preocupaba por las viudas, sino que también instruía a los miembros de su comunidad sobre cómo hacerlo correctamente. Dickerson sugiere que tal vez participaba en una versión temprana de la organización sindical en una especie de asociación de voluntarios. Esto explicaría su prominencia en la comunidad.[20]

Cuando hablamos de Tabita, usualmente es solo en relación con Pedro y su milagro. También mencionamos a menudo a las viudas que fueron pasadas por alto en Jerusalén; sin embargo, normalmente no nos fijamos en las viudas de las que se hizo cargo Tabita en Jope. Como muchas abuelitas teólogas, Tabita a menudo es ignorada en nuestras conversaciones sobre el Nuevo Testamento y los discípulos fieles; sin embargo, hay suficiente evidencia en el texto para decirnos que ella jugó un papel importante en la iglesia primitiva. Pero Tabita no es la única. De hecho, muchas otras madrinas de la iglesia primitiva usaron sus manos y la innovación no solo para crear mundos enteros de la nada, sino para proveer para ellas mismas y para los demás. Eso a menudo culminaba en el don de la hospitalidad, una virtud que dio forma a la iglesia primitiva y más allá.

Un ejemplo de ello es Lidia, que se convirtió en la primera persona en Macedonia en abrazar el mensaje de Jesús (Hch 16,15). También fue la primera no judía en convertirse después del Concilio de Jerusalén, que validó el mensaje del cristianismo que se dirigía a los gentiles (15,28-29).[21] Una cosa que me llama la atención sobre Lidia es lo que inicialmente condujo a Pablo a ella.

Mientras estaba en Troas, antes de llegar a Filipos, Pablo tuvo una visión de un hombre que le rogaba que fuera a Macedonia. "Pasa a Macedonia y ayúdanos" (Hch 16,9), suplicó el hombre en el sueño de Pablo. Lucas narra en Hechos 16,10: "Después de que Pablo tuvo la visión, en seguida nos preparamos para partir hacia Macedonia, convencidos de que Dios nos había llamado a anunciar el evangelio a los macedonios". Pablo, Lucas, Timoteo y quizás otros navegaron de Troas a Macedonia, deteniéndose en Filipos, "un colonia romana y la ciudad principal de ese distrito de Macedonia" (v. 12). Fue allí en Filipos, el sábado, que Pablo, en busca de un lugar para orar, tal vez con la esperanza de ser llevado al hombre de su visión, encontró un grupo de mujeres (entre ellas Lidia, una vendedora de "telas de púrpura", v. 14), que al final escucharía el mensaje de Dios y apoyaría el ministerio de Pablo.

¿No es eso cosa de Dios: usar la visión de un hombre para llevar a Pablo a Filipos y luego sorprenderlo con una mujer? Una mujer que estaba haciendo lo que hace, reuniéndose con las mujeres del barrio para orar un domingo por la tarde.

Quizás Dios quiere que el pueblo de Dios sea sensible a las sorpresas, para permitir que la Espíritu Santa guíe a la iglesia en la búsqueda de la actividad de Dios, a través de personas inesperadas y lugares insospechados, a través de las abuelas fieles que se han estado reuniendo para orar tras escenarios durante décadas. Como muchas de nuestras abuelitas, Lidia finalmente llevó a su familia a aceptar el mensaje de Pablo y a bautizarse. También invitó a Pablo a quedarse en su casa, participando en las virtudes de la hospitalidad, lista y dispuesta a invitar a otros a una comida caliente, y tal vez incluso a un cafecito.

Como se mencionó anteriormente, Lidia era una hacedora y comerciante de tela de púrpura (v. 14). Como cabeza de familia y mujer de negocios, ella se mantenía económicamente a sí misma y a las personas a su cargo. Su liderazgo incluso la llevó a conseguir que un grupo de otras "temerosas de Dios", madrinas en la fe, se reunieran para orar. En esencia, Lidia era una líder comunitaria, una mujer que trabajaba con sus manos, que poseía conocimientos ancestrales. Ella brindó, le mostró hospitalidad a Pablo y a los que viajaban con él, y dirigió la primera iglesia en Filipos. Lidia impulsó el crecimiento del cristianismo en el imperio romano.[22]

Las narrativas de estas mujeres en las Escrituras son únicas y complejas, similares a la experiencia humana. Nuestras historias y nuestras respectivas culturas son ricas y diversas. Dije que no hay una teología abuelita sino varias teologías abuelita, ya que cada una de nosotras guarda nuestra memoria cultural, con todos sus matices, en espacios sagrados. Así como la Biblia es un libro de voces colectivas que dan testimonio del amor liberador de Dios, nuestras voces colectivas pintan el retrato de nuestras antepasadas, desde las madres cananeas anónimas, triplemente marginadas, hasta las empresarias independientes que dirigen iglesias y sus propias empresas. Nuestras madrinas guían nuestra imaginación mientras nos embarcamos en nuestro viaje de integridad espiritual, moldeado por el conocimiento encarnado de aquellas que vinieron antes que nosotros.

Siempre me fascinó la capacidad de abuela para crear mundos enteros con sus manos y, al hacerlo, me empoderó a mí y a docenas de otras mujeres de su comunidad. Los recuerdos de mi infancia consisten en que la puerta de entrada se abría constantemente mientras abuela usaba su habilidad para servir a los demás y proveer para nosotras. No tomo el conocimiento de sus manos a la ligera.

En eso, me hago eco de Esther Díaz Martín: "Honro las tecnologías transmitidas por mi madre y mis abuelas y encuentro en su conocimiento una guía que no se basa en la violencia y la competencia, sino en el amor creativo y la humildad".[23] Creo que esto es parte de lo que hace de su trabajo un acto de resistencia contra la agonía de la colonización: tiene sus raíces en un amor profundo y radical.

Se mantiene unido por nuestros sagrados recuerdos.

Mujeres como Lidia, Tabita y las arpilleristas nos ofrecen, a través del trabajo de sus manos, conocimientos encarnados enraizados en la compasión por los demás, los de sus comunidades y los necesitados de justicia. Y lo más importante, a través del trabajo de sus manos, nuestras abuelas se convierten en las narradoras de sus propias historias.

7

Sobreviviendo

La demencia de mi abuela empeoró inmediatamente después de la muerte de su segundo esposo, Mario. La tragedia puede tener ese efecto en ti. Consume la psique de la persona en la misma forma en que la niebla devora el paisaje épico de la Pacific Coast Highway al amanecer. La belleza, los recuerdos, sabes que todo está ahí. Simplemente no se hace visible porque está enmascarado por la niebla espesa y gris. En las primeras etapas de la demencia, el trauma emocional no solo nubla la mente; también hace que la enfermedad avance tan rápido que los seres queridos se tambalean.

La noche en que Mario murió, yo había estado en la iglesia durante horas, acurrucada en una habitación con otras tres personas planificando, elaborando estrategias y envolviendo Biblias con ropa usada como bebés recién nacidos. Me estaba preparando para mi primer viaje a Cuba, e iba como misionera. Pasar Biblias de contrabando en mi maleta y practicar cómo mentiría a los funcionarios me hizo sentir como una "verdadera" misionera, ya sabes, la clase de persona que está dispuesta a ponerse en peligro, a mentir al gobierno por el bien del "perdido".

No le había dicho a mi abuela que iba a Cuba. Todos sabíamos cómo se sentía al respecto. Nadie debe visitar a Cuba. Eso solo soporta el gobierno.

Sin embargo, no iba a visitar playas de renombre mundial, sino a ayudar a capacitar a pastores y buscar el escenario para futuros esfuerzos misioneros. Aun así, no pude decírselo a abuela. Estaba convencida de que no lo entendería. Estaba haciendo eso por Jesús. *Es diferente*, me dije. *Llevo el evangelio a mi propia gente*. Pero antes de que terminara nuestra reunión, recibí una llamada de mamá con la noticia: Mario había muerto.

Inmediatamente corrí a casa y encontré un hogar lleno de familiares cercanos, en silencio, todavía en estado de *shock*. Lo que había comenzado como una infección de oído, aparentemente insignificante, lo mató en cuestión de meses.

"Aún debes ir a Cuba", me aseguró mi mamá. "Estaremos bien". Mi familia había estado trabajando muy duro para apoyarme en mi reciente transición al evangelicalismo, que comenzó cuando asistí a la ONE Conference en Miami.

Varios meses antes de asistir a esa conferencia, me encontré con una nueva estación de radio cristiana. Intrigada, comencé a escuchar, atraída por los sermones y las canciones de adoración cuando viajaba en las mañanas. Después de meses de involucrarme con las enseñanzas, sentí curiosidad por asistir a la conferencia que se promovía. Yo tenía poco más de veinte años, acababa de graduarme de la universidad y estaba comenzando mi carrera como asistente de terapeuta a tiempo completo, ganando casi el salario mínimo. En ese momento en particular, había pasado por una mala ruptura que me dejó insegura de mi futuro. Los días de semana estaban marcados por el trabajo de tiempo completo y los proyectos de servicio semanales con una iglesia católica local para interactuar con las personas que se encontraban sin hogar. Los fines de semana, iba de bar en bar en Miami con amigos y ocasionalmente asistía a misa los domingos. La vida era buena, pero como cualquier adulto joven ansioso, deseaba aventuras y un sentido más profundo de propósito y pertenencia, sin duda impulsada por libros y memorias escritas que leía en mi tiempo libre que detallaban jornadas y marchas espirituales.

Quizás eso es lo que me cautivó en ese cálido y húmedo fin de semana de febrero. Me presenté a la ONE Conference sola, sin estar segura de cómo era un servicio de adoración o conferencia evangélica después de haber asistido a la misa católica durante la mayor parte de mi crianza.

Mientras esperaba en la larga fila en el BankUnited Center en el campus de la Universidad de Miami, me sorprendió la emoción de tantos jóvenes. Esa sorpresa inicial se convirtió en *shock* cuando me senté en mi asiento y miles de ellos comenzaron a vitorear mientras los láseres y las luces iluminaban el centro de convenciones con la palabra Jesús destellando en una pantalla gigante. No sabía quién era Hillsong en ese momento, pero cuando subieron al escenario, cientos de personas acudieron al frente de la sala, con las manos en alto, los ojos cerrados y las lágrimas corriendo por muchos de sus rostros. Recuerdo que miré a mi alrededor y pensé: *¿Dónde estoy? ¿Qué es esto?*

La escena fue lo suficientemente intrigante como para atraerme de regreso para el segundo y tercer día de la conferencia. Predicadores como Francis Chan y Christine Caine compartieron sobre cómo aprovechar al máximo la vida a través de esfuerzos misioneros u organizaciones como A21, fundación sin fines de lucro que tiene como objetivo luchar contra la trata de personas.

No necesité mucho más convincente después de escuchar las historias en el escenario de personas que renunciaban a todo para encontrar satisfacción y propósito en su servicio a Dios y a los demás. El último día de la conferencia, me encontré por casualidad con familiares perdidos hace mucho tiempo con los que no había hablado en años, y me invitaron a ver la megaiglesia a la que asistían. Esa misma semana, visité tanto su servicio dominical como su reunión de jóvenes adultos, y nunca miré hacia atrás. Me cautivó la comunidad, la pertenencia y el hecho de que la mayoría de los adultos jóvenes soñaban con hacer cosas aparentemente importantes para Dios. Unos meses después asistí a mi primer viaje misionero a corto plazo a El Salvador y comencé a dirigir mi primer grupo pequeño. Poco tiempo después dejé mi trabajo en terapia y comencé a trabajar como maestra, usando mis veranos para servir como líder de proyecto para una organización misionera y liderar equipos misioneros a corto plazo por todo el mundo. Durante el año escolar trabajaba a tiempo completo en la semana y dirigía varios grupos de discipulado con adolescentes y adultos jóvenes después de la escuela. Los fines de semana, dirigía un ministerio de jóvenes que comencé en una iglesia de escasos recursos en mi área. La vida estaba abundantemente plena y aparentemente llena de propósito. Estaba realizada, aunque agotada.

Antes de eso, me consideraba cristiana. Creía todas las mismas cosas acerca de Jesús, pero la pasión, la emoción y el entusiasmo de esa comunidad y las oportunidades que me brindaba eran fascinantes. Como aprendiz, también quería sumergirme en todos esos nuevos conocimientos. Rápidamente me di cuenta de que había mucho que aprender acerca de la Biblia y, a los pocos meses, comencé a dedicarme a leer libros y comentarios para comprender sus misterios, historias y lecciones. La oportunidad de viajar mientras "servía a los demás" (¡y poder recaudar dinero para hacerlo!) también me atrajo. Durante los primeros meses como nueva evangélica, había recaudado suficiente dinero para viajar a varios países. De repente tuve un nuevo propósito y una devoción a Dios. Sin embargo, con esos sentimientos surgió la idea de que todo lo que sabía o creía de antemano era incorrecto. Todos mis recuerdos con mi abuela en la Iglesia de St. Dominic, los retiros espirituales a los que asistí en la escuela secundaria y mi comunión, confirmación, mi relación y mi comprensión de lo divino antes de este momento eran mentiras. Nada de eso era legítimo; aparentemente, el diablo me había engañado.

Con el paso del tiempo, me aislé cada vez más de mi familia y mis amigos. No solo pasaba todo mi tiempo en la iglesia o en eventos eclesiales; me comprometí con familiares y amigos solo para evangelizarlos. Cuando intentaban explicarme que creían en Jesús, les decía que estaban equivocados, engañados como yo lo estuve antes. Sus expresiones católicas de fe no contaban. Comencé a ver a las personas que amaba solo como objetos para convertir, por lo que nuestras conversaciones se centraban principalmente en sus pecados y su necesidad de arrepentirse.

En muchos sentidos, mamá no entendió mi transición, pero la respetó. Antes de la conferencia, había alquilado mi primer automóvil al comenzar mi primer trabajo a tiempo completo, un Kia Optima usado. Rápidamente comencé a sentirme culpable por esta decisión. Los libros que estaba leyendo me instaban a ser "radical", a vivir "contraculturalmente". Nada de eso eran cosas particularmente malas; las ideas simplemente no eran muy profundas. Gran parte de ello se desarrolló en la superficie.

Muchos de los mensajes que recibía se centraban en la necesidad de "sufrir" por Cristo para demostrar una devoción genuina. Por lo tanto, pensé que lo único que tenía a mi nombre era demasiado agradable, demasiado egoísta. Le rogué a mi mamá que se hiciera cargo de mi contrato de arrendamiento para poder comprar un Toyota viejo que tenía una gran cantidad de problemas. Mamá pudo hacerse cargo de mi arrendamiento y pagué el Toyota en efectivo con los dos mil dólares que había ahorrado trabajando. Cada dos meses tenía que reunir dinero para arreglar una pieza que se había roto o necesitaba atención.

Mamá no entendía todas las decisiones de mi vida reciente, pero sabía lo importante que era para mí, por eso me animó a ir a Cuba la noche en que murió Mario, en vez de quedarme con la familia. Ella me aseguró que ellos, es decir nosotros, estaríamos bien. Sabía que nosotros, como familia, lo haríamos, pero ¿lo haría yo? Esa noche me senté en el baño de abuela con la cabeza entre las manos y oré desesperadamente: *¿Qué debo hacer, Dios?*

No recuerdo qué me convenció de quedarme. Todo lo que sé es que no pude montar ese avión. Necesitaba estar ahí para mi familia. Cuando se acercaba el amanecer a la mañana siguiente, sentí una extraña sensación de alivio. Me parecía extraño, considerando la culpa a la que me estaba sometiendo, recordando Lucas 14,26 sobre la necesidad de dejar a mi familia y a mí misma, lo que en este caso significaba dejarlos atrás incluso después de una muerte reciente, para ser discípula de Jesús.

Sin embargo, a la mañana siguiente nada se sintió más a la par con la vida de Jesús que el despertarme junto a abuela en vez de abordar ese avión. La mayoría de las veces, "ser discípula" requiere que nos concentremos en la parte del ser, no en el hacer. Pero durante años, no pude entender por qué me sentí aliviada por no ir a Cuba. No lo entendería hasta años después.

Además de estar presente con mi familia, me di cuenta de la triste verdad de que Cuba no me necesitaba para salvarla. Tampoco necesitaba una megaiglesia suburbana adinerada de Miami para hacerlo. Años más tarde supe que la iglesia evangélica en Cuba ha estado creciendo exponencialmente durante décadas, una de las más rápidas y grandes del mundo. ¿La razón? Además de la Espíritu Santa, una de las razones puede ser que los cubanos en la isla no necesitan quitarse capas de privilegio para ver la liberación en la narrativa cristiana. "¡Libertad!" es un mantra que corre por las venas de mi gente.

Ahora sé que necesitaba comprender esta historia y el contexto antes de poner un pie en la tierra de mis antepasados. Necesitaba aprender a honrarlos y respetarlos como personas complejas con dignidad, no como sujetos unidimensionales para convertir. Necesitaba leer un poco más y orar mucho más por los humildes y por mi lugar como quien nace de ellos, pero está muy lejos de sus vivencias.

La noche en que murió Mario, la misma que interrumpió mis planes de visitar a Cuba, sería significativa por muchas razones. Sería el comienzo del fin del viaje de fe del que pensé que me había enamorado. La salud de abuela comenzaría a deteriorarse rápidamente y yo me vería obligada a darle sentido a todo: la vida, la muerte y Jesús. Esa espesa niebla gris pronto comenzaría a nublar lo que creía saber acerca de Dios. Pronto sentiría esa niebla de pérdida con la que abuela estaba familiarizada, que se había pasado toda la vida esforzándose por ver a través de ella.

La muerte de Mario no fue la primera vez que la abrumó la pérdida. Abuela no era ni es ajena a las despedidas; siempre se han quedado como invitados no deseados en la mesa de dominó del sábado por la noche. Después de despedirse de las arenas blancas y las aguas cristalinas de su país de origen, se despidió inesperadamente de papi. Pocos años después, abuela se despidió de nuevo, de su madre, mi bisabuela.

Lo más doloroso de las despedidas es que casi nunca estamos listos para ellas y, francamente, tampoco creo que les importe mucho. A menudo cierran la puerta con tanta fuerza al salir que te dejan recogiendo recuerdos del suelo como los pedazos rotos de un marco de imagen que se caen de la pared por el impacto.

Una historia moldeada por la viudez y la pérdida que siempre me cautiva es la de Rut y Noemí. Sé que cuando se trata de la tradición bíblica, estas mujeres no son ignoradas ni ocultas en el sentido general. Sin embargo, es importante resaltar su narrativa ya que es una de las pocas en la Biblia hebrea en la que las mujeres fungen como protagonistas de sus propias historias. Esto es interesante, considerando que en el recuento de sus historias no solo Booz está de alguna manera al frente y al centro, con el punto a menudo de que las mujeres deben "esperar a su Booz" (lo que sea que eso signifique), sino que he notado que muchos de los detalles que apuntan a la sabiduría de Rut y Noemí y su albedrío frecuentemente se dejan de relatar.

Hace poco recibí un mensaje de un colega que todavía estudia en el primer seminario al que asistí. Me dijo que en un sermón de la capilla, el orador afirmó desde el púlpito que Noemí "quería lo que toda mujer había querido alguna vez: una familia". No entraré en detalles sobre todas las formas en que esa afirmación general sobre todas las mujeres es confusa. Pero no me molesta particularmente que el orador diga que Noemí quería una familia si, y solo si, también hubiera señalado la realidad de que las mujeres mayores y viudas durante ese tiempo literalmente *necesitaban* una familia (más particularmente hombres, hijos o esposos, los cuales Noemí perdió) para *sobrevivir*. Por eso Noemí animó a Rut a que *sedujera* a Booz para tener la oportunidad de casarse: el caso se trataba de seguridad. Noemí quería una familia porque no quería morir y estaba dispuesta a usar el sexo y la manipulación para ese fin. Esa diferencia sutil es importante, ya que destaca la gestión de Rut y Noemí. Como señala Karen González en su libro *The God Who Sees*, "Rut y Noemí son pobres y vulnerables. Pero no son indefensas".[1]

Como la mayoría de las otras historias de la Biblia, esta es complicada y contiene muchos puntos discordantes. Sin embargo, esta es la realidad de muchas mujeres marginadas: viven en múltiples mundos y tienen múltiples identidades y verdades. Así lo sentí profundamente aquella noche en que me preparaba para mi primer viaje a Cuba. Nací de ellos, pero mi realidad es muy diferente a la de ellos. ¿Me sentiría como en casa cuando aterrizara o incluso más desconectada de mi gente? ¿Pareceré más estadounidense, más cristiana occidental, de lo que me siento en un día cualquiera, cuando estoy a noventa millas al otro lado del océano? ¿Olería a privilegio y al opresivo sentimiento antinegro que arrastraba conmigo presionada por los cubanos blancos en Miami que me rodeaban, que ahora se ven tan diferentes de la mayoría de los afrocubanos en la madre patria y se sienten superiores por ello?

La historia de Rut y Noemí comienza en Belén, que en hebreo significa "casa de pan". Noemí y su esposo, Elimelec, y sus hijos, Mahlón y Quelión, se ven obligados a huir de Belén, o de la Casa del Pan, debido a —entre todas las cosas— una hambruna. Como resultado, la familia cruza fronteras y se traslada a Moab, donde los dos hijos se encuentran y se casan con dos mujeres moabitas: Rut y Orfa. Ese traslado a Moab habría sido controvertido, ya que Moab era el hogar de los enemigos históricos de los israelitas, particularmente durante ese tiempo, el período de los jueces, cuando, dice la Escritura que "cada uno hacía lo que le parecía mejor" (Jue 21,25). Se pensaba que los moabitas, específicamente, carecían de virtudes. Por ejemplo, cuando los israelitas dejaron Egipto para dirigirse a la tierra prometida y vagaron por el desierto durante cuarenta años, fueron los moabitas quienes les negaron el agua. Y cuando los israelitas acamparon en Bet Peor, algunas mujeres moabitas trataron de seducir a los hombres israelitas para que tuvieran relaciones ilícitas y adoraran ídolos.[2] Por eso, Deuteronomio 23,3 es inflexible en cuanto a que los israelitas se casaran con los moabitas. Dice: "Ningún... moabita podrá hacerse ciudadano del pueblo del SEÑOR y sus descendientes, ni siquiera después de la décima generación, tampoco podrán hacerse ciudadanos del pueblo de SEÑOR" (PDT). Algunos dicen que Elimelec y su familia estaban abandonando su comunidad en un momento de necesidad al mudarse a Moab. No solo iban a vivir en el único lugar al que probablemente no deberían haber ido, sino que hicieron lo único que no deberían haber hecho: casarse con mujeres moabitas.

Ahora, una perspectiva descolonizada nos pediría que pensáramos críticamente sobre esto, es decir, la caracterización de Moab, particularmente de las mujeres moabitas, Rut y Orfa. Con ese fin, la erudita womanist Yolanda Norton señala que Moab en las Escrituras hebreas se considera como duraderamente carnal, sexual y desviada. Para ella, esto refleja la forma en que se ven los cuerpos de las mujeres negras hasta el día de hoy.[3] Esto también es cierto para muchas mujeres indígenas y otras mujeres de color. Nuestros cuerpos han sido utilizados y abusados por la cultura dominante y, a menudo, se ven como un medio de transacción, no diferente de la forma en que el propio cuerpo de Rut termina siendo utilizado en la historia. Esto es importante para tener en cuenta; si bien esta novela, como muchas otras historias de las Escrituras, puede leerse como una narrativa liberadora con respecto a las mujeres, también destaca y perpetúa su opresión.

Por un lado, el poder, la gestión y la autoridad que toma Rut a pesar de que los poderes en juego son importantes. Por otro lado, una mirada franca al texto critica las formas en que Rut se involucra en su propia opresión con el propósito de sobrevivir, como muchas mujeres marginadas se ven obligadas a hacerlo. Esta historia es complicada y desquiciada, un verdadero testimonio del espacio intersticial en que muchas de nosotras y nuestras abuelas vivimos.

Otra tensión se agrega a la historia cuando Elimelec y sus hijos mueren repentina e inesperadamente. Eso deja a Noemí en una posición desesperada, ya que no había forma de que una mujer mayor se mantuviera a sí misma sin un esposo o sin hijos. Sus nueras, Orfa y Rut, también perdieron a sus maridos, Mahlón y Quelión, lo que significó que también perdieron apoyo económico. Pero son jóvenes y podrían volver a casarse, por lo que tienen más posibilidades de sobrevivir. Debido a eso, Noemí sugiere lo que tendría más sentido para sus nueras: deberían quedarse con sus familias moabitas, y ella volvería a Belén de donde vino. Sin embargo, sus nueras quieren ir con ella. Rut le dice a Noemí que planea quedarse con ella. A donde vaya Noemí, irá Rut; donde se quede Noemí, se quedará Rut. Aun cuando la declaración de Rut a menudo se idealiza en muchos sermones, reconozco que, en un sentido básico, es un compromiso simple arraigado en la supervivencia.

Me gustaría hacer un punto sobre Orfa, una persona ignorada y descartada en la narrativa que a menudo es retratada como egoísta, o tal vez menos devota que Rut, por escuchar el consejo de su suegra de volver a Moab. Una lectura descolonizada —o tal vez incluso una lectura de abuelita— reconocería también su historia. Para muchos pueblos indígenas cuyas historias están plagadas de genocidio, Orfa representa a las mujeres que se resisten a la asimilación y colonización al regresar a casa con su gente. Además, los eruditos han señalado que Noemí le dice a Orfa que regrese a su *bet 'immah* (su casa materna), un detalle poco común en las Escrituras, ya que indica un entorno familiar identificado con la madre en lugar del padre. Cuando esta frase se usa en las Escrituras, ofrece una perspectiva femenina sobre temas que en otros lugares se ven a través de una lente masculina.[4]

Con este fin, la erudita cherokee Laura Donaldson sostiene que para las mujeres cherokee, Orfa denota esperanza porque no rechaza sus tradiciones ni sus ancestros sagrados. Y elige la casa no solo de su clan sino de su madre.[5] Donaldson señala la naturaleza antipatriarcal de los hogares cherokee, que se hacen eco de la narrativa del Génesis antes de la caída. En Génesis 2, después que Dios crea a la mujer y el hombre la llama así, el texto dice: "Por eso el hombre deja a su padre y a su madre, y se une a su mujer, y los dos se funden en un solo ser" (Gn 2,24). Lo interesante de este pasaje es que se opone a las normas patriarcales tradicionales del mundo antiguo, es decir, que las mujeres dejan a sus familias para unirse a sus maridos. No es hasta después de la caída que se introduce el orden patriarcal del hogar.

De manera similar, en los hogares cherokee, los maridos habitualmente se van a vivir con sus esposas. Y la familia de la mujer, en vez de la del marido, se convierte en la principal cuidadora de cualquier hijo.[6] Leer la Biblia a través de una lente descolonizada arroja luz sobre Orfa como algo más que un personaje para estudiarlo de pasada.

A pesar de la posición de Rut como mujer extranjera, el texto nos dice que ella muestra una consideración familiar por Noemí que no era infrecuente. En el Israel bíblico, los miembros individuales de la familia estaban típicamente integrados en el grupo doméstico tanto económica como psicológicamente. En las sociedades premodernas, el concepto de individuo tal como lo conocemos hoy en día aún no existía.[7] Quizás eso fue lo que llevó a Rut a sentir lo que sentía por Noemí. O tal vez vio a una mujer profundamente afligida, una viuda mayor que quedaría desamparada, sin posibilidad de volver a casarse. Me pregunto si eso la llevó a experimentar un sentido de compasión profundamente arraigado.

A menudo pienso en cómo la palabra hebrea para *compasión* proviene de la misma raíz que *útero*. Eso me recuerda que la compasión es una experiencia incorporada formada en una de las partes más íntimas del cuerpo humano, y debe nacer y nutrirse desde dentro de nosotros hacia el mundo. En su libro *Just Mercy*, Bryan Stevenson habla de cómo la proximidad produce —nace— compasión. El amor requiere que estemos en persona y cerca del dolor.[8] Quizás Rut siente compasión por Noemí porque está cercana a su dolor, permitiendo que se formase y tomara forma dentro de ella. Nuestra lucha por la justicia requiere que hagamos lo mismo.

No puedo imaginar que la decisión de Rut de quedarse con Noemí fuera fácil. Ella es una moabita que está pensando en mudarse a Belén, un lugar en el que no sería particularmente bien recibida. Para Israel y el mundo bíblico, la etnicidad era una cuestión de organización social en torno a normas particulares.[9] Quizás por eso, cuando Rut establece su compromiso con Noemí, esta no responde. El texto dice que "dejó de discutir" (Rt 1,18 PDT). ¿Le preocupa lo que podría suceder si trae a una mujer extranjera de regreso a su pueblo?[10]

Sin embargo, después de llegar a Belén, Rut y Noemí comienzan a idear planes para asegurar su supervivencia. El primero involucra a Rut espigando por los campos detrás de alguien a cuyos ojos ella podría encontrar favor (Rt 2,2). Finalmente conoce a Booz, lo que impulsa a Noemí a idear un segundo plan, más astuto e inteligente que el primero. Noemí anima a Rut a vestirse, a ponerse perfume, a esperar a que Booz se emborrache, luego a colarse en su dormitorio y seducirlo.

El plan de Rut finalmente funciona y su futuro está asegurado. Sin embargo, podríamos hacer una pausa para pensar en *cómo* se logra eso, cómo dos mujeres ejercen su gestión dentro de un mundo patriarcal. Si esta historia es tan común, ¿por qué no se destaca, celebra, cuenta y vuelve a contar la inteligencia de Rut y Noemí una y otra vez? ¿Por qué se silencian en su mayoría sus acciones y por qué se concentran más a menudo en las de Booz?

Como tantas historias de mujeres en la Biblia, Dios no solo bendice los actos aparentemente cuestionables de Rut y Noemí, sino que esta historia está registrada en las Escrituras, al igual que muchos otros actos astutos e inteligentes entre los impotentes. Como dice la erudita índia estadounidense Michelle Reyes: "Para los que no tienen poder en el mundo, en lugares donde no existe la igualdad y los derechos para todos, cuando cosas como el acceso a la educación y los benefactores y la movilidad social son imposibles, cuando los poderosos son crueles, ¿qué tienen los impotentes a su disposición para protegerse? A menudo, nada más que el poder de su propia voz y su elección de representación".[11]

Convertirse en un "embaucador", como se le suele llamar en el folclore y la mitología, no es una anomalía en las Escrituras. De hecho, muchas mujeres en la Biblia y en nuestra sociedad que experimentan marginación se ven obligadas a encontrar una nueva "sabiduría" para asegurar su supervivencia.[12] Como Rut, un embaucador tiene "un estatus social bajo o relativamente más bajo, lo que prohíbe la ganancia o el avance por medios disponible para otros". Esto significa que "un tramposo tiene que emplear el ingenio y la astucia para lograr el fin deseado".[13] La erudita bíblica feminista Phyllis Trible sostiene que Noemí es un puente entre la tradición y la innovación, y tanto Rut como Noemí actúan como agentes humanos que manifiestan la divina providencia por sus propios actos, muy parecido a Sifrá, Fuvá y Jocabed en Éxodo.[14]

En muchos casos, las personas desesperadas tienen que participar en lo que Miguel De La Torre llama una "praxis ética del jodiendo".[15] Es cierto que en español la palabra *joder* es un vocablo vulgar que se usa en conversaciones informales, una palabra que la mayoría de nuestras abuelitas probablemente no quisieran que pronunciemos. Esencialmente, significa "apretar" o "llevar al límite" a la persona o al sistema. Lo que De La Torre describe es una ética que atornilla con las estructuras del poder predominantes para crear inestabilidad dentro de las estructuras de opresión.

Leer las Escrituras de manera crítica nos permite ver al joderon divino en nuestros amados personajes, muchos de los cuales son mujeres, y todas son bendecidas por Dios debido a su capacidad para sobrevivir. Como dice De La Torre, "los joderones se convierten en embaucadores que mienten para revelar la verdad. Mienten, estafan, bromean y engañan para desenmascarar verdades más profundas oscurecidas por los moralistas de la cultura dominante. Tal praxis liberadora puede ser descartada como inmoral por la cultura dominante; aun así, los estafadores siguen siendo éticos, operando en un ámbito más allá del bien y del mal, más allá de lo que la sociedad define como correcto o incorrecto. Los joderones son supervivientes consumados, que sirven como ejemplos para los marginados que necesitan sobrevivir a la realidad de la privación de derechos".[16]

Quiero agregar a la ética de De La Torre el rol de las *mujeres*, lo que involucra su sexualidad. Muchas mujeres en las Escrituras tienen que usar su sexualidad porque es a través de ella que son marginadas y sometidas a abuso. Utilizan su sexualidad como medio para mantener una relación ambigua con el patriarcado, ya que preservan y socavan las estructuras de poder establecidas.[17]

Hay pocas mujeres que encarnan esto más claramente que Tamar en Génesis 38. Tamar es una mujer cananea y la nuera de Judá. Es elegida por su suegro para casarse con su hijo mayor, Er, pero las Escrituras dicen: "Al Señor no le agradó la conducta del primogénito de Judá, y le quitó la vida" (Gn 38,7). En esa cultura, era costumbre que la mujer se casara con el hermano de su esposo fallecido para poder mantenerse y seguir siendo parte de la familia. Esa ley del levirato se implementó para proteger a la viuda sin hijos de la indigencia al garantizar que un hombre que muriera sin hijos aún obtendría una descendencia que la comunidad consideraba heredera del difunto.[18] Por eso Tamar se casa con el segundo hijo de Judá, Onán. Sin embargo, cuando Onán se acuesta con Tamar, derrama su semen en el suelo, negándose a cumplir con la costumbre del levirato de producir la descendencia de su hermano muerto. Ese acto lleva a la muerte de Onán, dejando a Tamar viuda por segunda vez.

Ahora se supone que Tamar se casará con el tercer hijo de Judá, Sela. Pero al ver lo que sucedió con sus dos primeros hijos, Judá le

miente a Tamar, la envía de regreso a casa y le dice que espere allí
hasta que Sela tenga la edad suficiente para casarse con ella, pero
no tiene la intención de llevar a cabo el matrimonio. Al contrario,
deja a Tamar abandonada sin marido ni hijos. Su situación es particularmente grave porque no es legalmente libre para casarse con
nadie más mientras el hermano de su esposo esté vivo. Así Tamar
queda como una viuda desterrada, sin hijos, sin propiedades. Carece
de seguridad y tal vez se sienta desesperada, temerosa o incluso
enojada. Tamar ha sido privada de sus derechos y medios de supervivencia por los que están en el poder. Todo lo que le queda es su
cuerpo, su trabajo y su ingenio, y esencialmente utiliza los recursos
que le quedan.[19]

Pasan los años y Tamar se da cuenta de que Sela ha crecido y no
se le ha entregado en matrimonio. Consciente de que ha sido enga-
ñada, dejada como una viuda sin marido ni hijos que la protejan, se
quita la ropa de viuda, se cubre con un velo y se sienta en el camino
a Timnat, un lugar por donde Judá pasa por el camino para esquilar
sus ovejas. Judá la ve, piensa que es una prostituta y le pide dormir
con ella. Tamar le pregunta cuál será su pago por sexo y él le dice que
le dará un cabrito de su rebaño. Tamar solicita un compromiso hasta
que consiga su cabra, por lo que le da su sello, el cordón y el bastón
que sostiene. Después de tener relaciones sexuales y Judá enviar a
alguien para que le traiga una cabra para cobrar su promesa, Tamar
no se encuentra por ningún lado. Meses después, Tamar descubre
que está embarazada y, una vez que se descubre su embarazo, la
llevan a Judá. Él intenta ejercer su prerrogativa de quemarla hasta
morir, pero ella le muestra el sello, el cordón y el bastón, diciendo
que está embarazada del hombre que es dueño de ellos. Judá reconoce sus artículos y declara: "Su conducta es más justa que la mía,
pues yo no la di por esposa a mi hijo Sela" (Gn 38,26).

En esta historia, el engaño de Tamar le otorga el título de "justa".
Ella se asegura un futuro para sí misma. ¿Y la mejor parte? Su hijo,
Fares, es el antepasado del rey David y Jesús, lo que le ganó un lugar
en la genealogía de Jesús como se describe en el primer capítulo de

Mateo. Tamar también ejemplifica la sabiduría que implica hacer un seguimiento a Judá. No solo sabía dónde estaría él, sino que parece que podría haber tenido un espía o alguien con información privilegiada para mantenerla informada. Así, el conocimiento de Tamar sobre Judá y la estrategia de hacerse ramera la convirtieron de víctima pasiva a ser árbitro activo de su propio destino.[20] Qué imagen: *Jesucristo nació de las artimañas y engaños de una teóloga abuelita jodiendo al sistema para asegurar su supervivencia.*

Mario murió solo seis años después que él y mi abuela se casaran. Recuerdo el día de su boda como si fuera ayer. Nuestra familia inmediata se reunió en la sala principal del dúplex de abuela en las afueras de la Pequeña Habana. Estábamos mareados y con los ojos llorosos mientras esperábamos a que ella saliera de su habitación y bajara la docena de escalones a través de la sala al encuentro de su novio. Él vestía su guayabera blanca y fresca (una camisa de vestir tradicional cubana), y ella vestía un traje de pantalón rosado y blanco.

Mario estaba visiblemente nervioso, temblando; nunca olvidaré la expresión que tenía en su rostro arrugado y desgastado. ¿Alguna vez has visto alegría pura? Parece un hombre de noventa y tres años que finalmente se casa con la mujer de la que ha pasado treinta años perdidamente enamorado. Ese era el momento que había esperado casi toda una vida, y todos sabíamos lo que significaba, especialmente para él.

Aun cuando esa escena fue tan entrañable como se puede imaginar, quedó impresa en mi memoria para siempre; la narrativa más grandiosa es, como era de esperar, más complicada. Mario le había propuesto matrimonio a abuela casi una docena de veces desde la primera noche que se conocieron en el ensayo del coro de su iglesia a fines de la década de 1970. Sabía que quería casarse con ella por décadas, pero su respuesta siempre fue un rotundo no. Abuela tenía claro que no necesitaba un hombre que le proveyera o la protegiera. Ella había sobrevivido la lucha sola. Hasta el día de hoy, admiro su voluntad de apegarse a su verdad: "Roberto [papi] siempre será mi único amor".

Durante más de veinte años, abuela se aferró a esa verdad, sin vacilar hasta el final, cuando se convirtió en una cuestión de supervivencia.

Abuela y Mario se conocieron solo unos años después de que ambos llegaron a este país y coincidentemente perdieron a sus cónyuges casi al mismo tiempo. Me imagino que encontraron consuelo en las vidrieras de la iglesia de St. Dominic. El sacramento de la Sagrada Eucaristía, los rezos de Ave Marías y la petición de intercesión de San Lázaro (el santo patrón de los leprosos y el santo favorito de Cuba), eran recordatorios íntimos de un hogar y una vida que alguna vez se vivió. Su amistad nació de las despedidas, tanto de sus cónyuges como de su país de origen, y se mantuvo en la compañía del otro. A lo largo de los años, la esperanza encontró su hogar dentro de los pedazos rotos de dos corazones destrozados que se unieron para formar la apariencia de uno completo.

Imagino que Mario se enamoró de abuela por su resistencia. ¿Quién no lo haría? A menudo, se toma prestada la fuerza. Cuando no podemos reunir nuestras propias fuerzas, montar en la ola de otra persona se convierte en nuestra gracia salvadora. Quizás eso es lo que abuela era para Mario. Ahora me doy cuenta de que ella era para mí, mi potencia matriarcal. Aun cuando esta realidad es hermosa, también duele. Las abuelitas nuestras, aquellas cuya fe y fuerza nos moldearon, a menudo llevan cargas increíblemente pesadas, y la mayoría de las veces se espera que lo hagan, sin dudarlo.

Durante casi treinta años, Mario nunca se dio por vencido en ganarse a abuela. Claro, estaba en la perpetua "zona de amigos", similar a los adolescentes románticos y desesperados de la televisión. Pero por alguna razón, ser el mejor amigo a veces es mejor que no ser nada en absoluto.

Las cosas siguieron así hasta una noche inesperada de 2008. Mario fue enviado al hospital con —entre todas las cosas— un caso crónico de hipo. Él tenía poco más de noventa años y, hasta ese momento, había sido fuerte: conducía, trotaba, iba a la casa de abuela a jugar dominó la mayoría de las noches y la llevaba a bailar salsa las otras noches. Él la visitaba rutinariamente todos los días después del trabajo, y abuela le preparaba una comida enorme, y eso era lo único que comía todas las tardes. Quizás una de esas tomas diarias masivas fue la forma en que inicialmente contrajo hipo.

Mario no tenía una relación cercana con su familia; durante los veinte años que lo conocí, nunca supe nada de ningún miembro de su familia. No sé exactamente por qué. Al crecer, asumí que se debía a su devoción por mi abuela. De cualquier manera, el compromiso de Mario con ella le valió un lugar íntimo en nuestra familia. Se convirtió en el abuelo que no tuve la oportunidad de conocer. A veces me enseñó a hacer cosas, como afilar mis lápices con una navaja de bolsillo, como lo hacían en el campo. Años más tarde le enseñaría a hacer cosas, como agregar contactos a su nuevo teléfono plegable.

La noche en que enviaron a Mario al hospital fue cuando abuela decidió que se casaría con él. Vi la desesperación en el rostro de ella mientras se sentaba junto a él en la cama, con su garganta entubada. Nunca había visto a una persona tan fuerte lucir tan lamentable. Las arrugas de su rostro eran profundas por la preocupación.

Pensé que ver a su amigo más cercano y admirador más profundo en una cama de hospital con cables colgando de sus brazos y su boca había provocado algo en ella que había estado inactivo durante demasiado tiempo. Pensé que darse cuenta de que su tiempo en la tierra era corto la llevó a reconocer su amor por él. Quizás eso fue parte de aquello, pero con el tiempo aprendí que su ansiedad también se debía a la falta de apoyo de Mario. Ella lo era. ¿Dónde estaban sus hijos, sus nietos? ¿Por qué no les importaba? ¿Cómo podían dejar que su anciano padre se marchitara solo?

¿Quién tomaría decisiones legales por él después de que ya no pudiera tomarlas por sí mismo?

Cuando ella me dijo que finalmente decidió casarse con él, me alegré mucho. "¡Mis abuelos mayores *se van a casar!*", les dije a todos los que estaban dispuestos a compartir la alegría por mi noticia.

113

Cuando era estudiante universitaria joven y desesperadamente romántica, pensé por primera vez que el verdadero amor podría existir.

Pero años después descubrí la verdadera razón por la que abuela decidió casarse con Mario. Aun cuando quería decepcionarme por el hecho de que aquello no tenía que ver con sentimientos románticos u oportunidades perdidas, simplemente no pude. ¿Por qué? Porque al escuchar su razonamiento, supe algunas cosas. Primero, me di cuenta de la clase de mujer que es abuela, de cómo encarnaba el amor genuino. En segundo lugar, me di cuenta de que la vida y el desarrollo del amor son más complicados de lo que había imaginado mientras me criaban con las películas de Disney. Muchas veces, tiene mucho que ver con sobrevivir.

La realidad es que abuela se casó con Mario porque quería poder firmar legalmente por él la próxima vez que terminara en el hospital. Durante la mayor parte de su vida, abuela se resistió a la noción tradicional del matrimonio, solo para darle la vuelta al final.

En esa habitación del hospital, de hecho, le habían recordado que la vida es corta y frágil, y que era su turno de amar a Mario como él la había amado a ella durante tanto tiempo. Así que el día después de que Mario salió del hospital, escuchó las palabras que había esperado casi toda una vida escuchar: "Vamos a casarnos". Sabiendo que Mario iba a morir más temprano que tarde, abuela estaba dispuesta a enviudar doblemente, una posición que viene con su propia marginación. ¿Por qué elegiría hacer eso?

Para abuela, y muchas mujeres como ella, el amor toma decisiones basadas en circunstancias desesperadas. Interviene cuando otros no lo hacen y se queda. Proporciona comodidad y un sentido de pertenencia cuando más se necesita. Abuela se casó con Mario antes de su muerte, pero no porque necesitara un hombre que la mantuviera o porque quisiera disfrutar del placer o la compañía. Abuela avergonzó las nociones tradicionales del matrimonio, así como lo que se esperaba de ella, es decir, comprometerse y someterse a un hombre que la protegería y la mantendría.

Más específicamente, abuela avergonzó a todo el sistema al casarse con fines legales. Como muchas otras personas que intentaron sobrevivir a lo largo de la historia, abuela usó el matrimonio como una herramienta para poder intervenir y hacer lo correcto, para luchar por Mario cuando nadie más lo haría. A lo largo de los años, Mario se había convertido en familia, y la familia se sacrifica por ti. La familia pasará por medidas inimaginables para avergonzar a los poderes o sistemas que se interpongan en su camino. Y el aspecto más abrumador de eso es que Dios responde a las medidas que toman las mujeres marginadas cuando se trata de sacrificio y supervivencia. Abuela usó el matrimonio no en su forma tradicional, no para desempeñar el papel de esposa y madre tradicional, sino para ser la única que proveyera.

Ella jugó el juego del sistema para traer justicia.

La historia de Ester es tremendamente subversiva, implicó engaño y sabiduría, tanto en las acciones de Ester como en la narrativa en su conjunto. Además del libro de Rut, el de Ester es la única otra narración de la Biblia hebrea que gira en torno a un personaje femenino para el libro entero.[21] Como Rut, Ester busca asegurar la supervivencia y la continuidad pero, en su caso, esta es promulgada a gran escala, redimiendo no solo a su familia sino a toda una rama de la nación judía. En su historia, Ester es celebrada por salvar a los judíos de Persia del genocidio.[22] Pero al mismo tiempo, como señalan muchas comentaristas feministas, participa en el patriarcado haciendo cosas como enfatizar la autoridad del rey y esperar paciente y obedientemente hasta el permiso que le concede para poder hablar. Entiendo la necesidad de luchar con eso mientras reflexionamos y nos involucramos con su historia, es decir, que Ester libera una nación, pero tiene que inclinarse ante los poderes opresores, ante el patriarcado, para hacerlo.

A lo largo de la historia, esa ha sido una realidad para muchas mujeres, especialmente para las de color. En el pasado, su necesidad de sobrevivir en un mundo que no era para ellas las había obligado a ser subversivas, a jugar el juego del imperio. Creo que eso ha sido parte de la sabiduría de nuestras abuelitas y nuestras antepasadas colonizadas: a veces se inclinan ante la autoridad para trastocarla. Algunas de las narrativas más grandiosas de las Escrituras existen en esos espacios complicados e intersticiales. Por supuesto, eso no es cierto en todos los ámbitos. Como nos recuerda la Señora Sabiduría en Proverbios, no respondas a un tonto de acuerdo con su locura o serás como ellos (26,4), y a veces lo haces o les harás pensar que son más sabios de lo que son (26,5).

Las Escrituras y las abuelitas teólogas que se encuentran en ella nos recuerdan que la sabiduría es contextual, situacional. Y lo cotidiano, la experiencia diaria de las personas marginadas, es complejo y matizado, sin el blanco y negro claro que la religión fundamentalista quiere que creamos que existe.

A pesar de los complicados espacios que han habitado las abuelas a lo largo de la historia, estas narrativas nos enseñan una verdad abrumadora sobre Dios: que Dios está del lado de los oprimidos y que está por la liberación de los marginados.

Ni Ester, ni Rut ni Tamar son lideresas militares ni políticas como Débora o Jael. Tampoco son profetisas ni pensadoras en la forma en que tradicionalmente entendemos esos términos. Lo que distingue a Rut y Ester, particularmente desde una perspectiva narrativa, es que aparentemente carecen de conciencia de Dios; sus historias omiten la referencia a lo divino. En el libro de Ester, aunque no se menciona a Dios, es obvio que la presencia de Dios corre por las venas de la historia.

Cuanto más escucho historias de abuelitas teólogas entre nosotros, más reconozco que Dios no necesita ser nombrado explícitamente para actuar. Es más, se puede encontrar a Dios en los aspectos complicados de esas historias. En nuestra imaginación teológica, entendemos que Dios está allí, presente, incluso —y quizás especialmente— en el engaño de ellas. Muchos cristianos se sienten incómodos al admitir esto, porque hemos construido una imagen de cómo creemos que es Dios. Pero cuando miramos las acciones de personas desesperadas, particularmente mujeres, eso rompe nuestras nociones preconcebidas de lo divino. De esa manera, Dios está en los detalles.

Como joderones divinas, mujeres como Rut, Tamar y Ester trabajan en la sociedad para descubrir sus inconsistencias, desigualdades e injusticias. La paradoja se encuentra en que aun cuando engañan, también dicen la verdad. Lo hacen exponiendo las deficiencias de lo que *es* y ofreciendo una oportunidad para ver lo que *podría ser*, buscando justicia no solo para ellas mismas, sino a menudo para un grupo o la sociedad en su conjunto. Incluso en la adversidad y la opresión, las mujeres son capaces de joder hacia posiciones más deseables. Pero lo más importante es que esas estrellas del truco (como se las ha llamado) pueden mejorar la vida de los hombres y de las mujeres mediante el uso de astucias con el fin de sacar ventajas para sus comunidades y ser bendecidas por Dios gracias a ello.[23]

8

Protesta y persistencia

El 25 de mayo de 2020, se publicaron imágenes que detallaban el asesinato de George Floyd a manos de la policía de Minneapolis. El vídeo fue lanzado después de los asesinatos consecutivos de otros afroamericanos, incluidos Ahmaud Arbery y Breonna Taylor. La publicación del vídeo ocurrió justo en medio de la pandemia mundial del COVID-19, cuando millones de empresas cerraron y personas de todo el mundo se vieron obligadas a quedarse en casa en un esfuerzo por detener la propagación del virus.

El asesinato en curso de personas negras inocentes junto con las órdenes obligatorias de quedarse en casa proporcionaron la receta perfecta para escenas de disturbios y agitación. Durante siglos, los negros en todos los Estados Unidos han dicho que ya es suficiente. Esta no fue la primera vez que, junto con sus aliados, salieron a las calles, pero gracias en parte a las redes sociales y a los muchos vídeos que han documentado el asesinato de personas negras que han aparecido en los últimos años, algo se sintió diferente. Las protestas estallaron en todo el país durante semanas y llegaron a lugares sin precedentes, incluida Harrison, Arkansas, una de las ciudades históricamente más racistas del país. Harrison, centro del Ku Klux Klan, celebró su primera protesta de Black Lives Matter, donde la mayoría de personas blancas de toda la pequeña ciudad se unieron para oponerse al racismo sistémico.

Mientras reflexionaba sobre el ciclo de noticias, asistía a las protestas y luchaba con la forma en que una abuelita fe podía hablar en ese momento, no pude evitar pensar en las madres y abuelas negras que han tenido que enterrar desproporcionadamente a sus hijos e hijas, las que han estado protestando desde antes de que yo existiera y otras que se están organizando y protestando hoy. Por ejemplo, uno de esos grupos es el de las Mothers of the Movement (Madres del Movimiento), que está formado por las madres de hombres y mujeres negros, incluidos Trayvon Martin, Michael Brown, Eric Garner y Sandra Bland, que han muerto a manos de la policía, bajo custodia policial o por violencia con armas de fuego.[1] Las Mothers of the Movement comenzaron como resultado de la absolución de George Zimmerman en 2013 después de que disparó y mató a Trayvon Martin.[2]

Reflexionando sobre esas madres, recordé inmediatamente la protesta de una madre que también cambió el curso de la historia: Rizpa.

Rizpa me vino a la mente después de ver un póster de Rachel Costa que se volvió viral. Dice: "Todas las madres fueron convocadas cuando George Floyd llamó a su mamá",[3] haciendo referencia al vídeo de las últimas respiraciones de Floyd en el que se le oye llamar a su madre. El letrero, provocado por las últimas palabras de Floyd, provocó una respuesta visceral de las madres de todo el mundo por muchas razones. Para mí, también tenía una esencia teológica profunda.

No me sorprendería que no hayas oído hablar de Rizpa. Me tomó muchos años leer la Biblia antes de descubrirla. Y al intentar obtener más información sobre ella, me desanimó la poca información que hay. Con un libro (la Biblia) tan antiguo y tan leído, por lo general varias veces por la misma persona, uno pensaría que se le prestaría más atención a un personaje como Rizpa, cuyo relato, aunque breve, dio forma a la historia de Israel. El hecho de que el relato de Rizpa sea generalmente desconocido puede ser desalentador, pero no es sorprendente. Es común que la cultura dominante pase por alto las vidas de los marginados.

Para que podamos reconocer a las abuelitas teólogas en las Escrituras, debemos continuar centrándonos en aquellas que han sido ignoradas o apartadas, porque Dios a menudo reside con más poder entre los más impotentes.

A pesar de ser un personaje secundario, Rizpa jugó un papel importante.

Aun cuando su historia ocupa solo unos pocos pasajes cortos, su presencia es innegable, saltando de las páginas de las Escrituras. He descubierto que esto es cierto con muchas mujeres ignoradas en la Biblia.

Rizpa aparece dos veces en el libro de 2 Samuel. En su primera aparición en 3,6-11, aprendemos sobre la circunstancia en la que se encuentra, una situación en la que está siendo utilizada como un peón en el gran juego de los reyes.[4] Su cuerpo es un lugar de contención para la monarquía después de la muerte de Saúl.[5] Cuando nos enteramos de ella por primera vez, es una víctima atrapada en una red de dominación, poder y sexo masculino. Esto no es exclusivo de Rizpa o de las mujeres de ese tiempo. Muchos cuerpos marginados todavía son ignorados, maltratados y mal utilizados en la actualidad. La violencia sexual en los Estados Unidos afecta de manera desproporcionada a las mujeres de color, las mujeres inmigrantes, las mujeres LGBTQIA+ y las mujeres discapacitadas. En la frontera sur de los Estados Unidos, las mujeres y niñas migrantes son víctimas de agresiones sexuales. Existen en las sombras del movimiento #MeToo, ya que el abuso de las mujeres migrantes en la frontera a menudo no se denuncia, no se investiga ni se enjuicia.[6]

Los cuerpos de mujeres negras, indígenas y otras de color han sido erotizados durante siglos, su sexualidad se ha utilizado como arma; muchas han sufrido violaciones como parte de la colonización europea. Hasta el día de hoy, las mujeres indígenas en los Estados Unidos tienen 2.5 veces más probabilidades de ser agredidas sexualmente que otras mujeres.[7] Después de la guerra entre las Filipinas y los Estados Unidos, la Segunda Guerra Mundial y las guerras de Corea y Vietnam, la ocupación de los Estados Unidos en los países asiáticos impulsó las redes locales de tráfico sexual al servicio de los soldados. Las mujeres negras fueron asaltadas sexualmente de forma rutinaria durante la esclavitud en los Estados Unidos, como un "arma de dominación" con el objetivo de disminuir la voluntad de las mujeres esclavizadas de resistir y desmoralizar a sus hombres. La violación institucionalizada de las mujeres negras perduró después de la esclavitud, con el Ku Klux Klan y otros grupos opresores que empleaban la violación para reforzar la opresión de la comunidad negra.

La historia de abuso y mal uso de Rizpa es una entre muchas. Ella era la concubina del rey Saúl y la madre de dos de sus hijos. Una concubina era similar a una amante y merecía un estatus más bajo que el de otras mujeres. Las concubinas se incluían en el botín de guerra, a menudo otorgadas como trofeo a los vencedores.[8]

El primer cameo de Rizpa es breve. No sabemos mucho sobre ella, aparte del hecho de que uno de los hijos de Saúl, Isboset, está acusando al general del ejército de Saúl, Abner, de acostarse con ella. Durante ese tiempo, dormir con la concubina de un rey era similar a intentar usurpar su trono, convirtiendo a Rizpa en una víctima del sangriento negocio de hacer reyes.[9]

La erudita womanist Wilda Gafney señala dos detalles importantes sobre la acusación: (1) la mujer desprotegida no habría tenido opción de consentimiento y (2) cuando se le acusó de violar a Rizpa, Abner no lo niega. En cambio, su respuesta a la acusación (2 S 3,8-10) es enfurecerse, mencionar su servicio anterior a la casa de Saúl y prometer ayudar a Dios a mantener un juramento divino de elevar a David.[10]

Debido a que el autor no nos informa sobre los pensamientos o sentimientos de Rizpa con respecto a ese encuentro, me pregunto: ¿Cómo se sintió ella? ¿Alguien la defendió? ¿Condonó Dios tal acto de aquellos en el poder, aquellos que fueron puestos en el lugar para dirigir al pueblo de Dios? Hacer este tipo de preguntas no solo sintoniza nuestros oídos para escuchar con más atención, sino que agudiza nuestra mirada y suaviza nuestro corazón hacia los vulnerables. En su libro *Inspired*, Rachel Held Evans insta a que nos entrenemos para hacer preguntas difíciles sobre la Biblia. Si nos distanciamos emocionalmente de cualquier conflicto o duda potencial, entonces no encontraremos el valor para desafiar las interpretaciones que justifican la injusticia.[11] Reflejando este sentimiento, Eugene Peterson dice: "No nos volvemos más espirituales al volvernos menos humanos".[12] Ser más como Jesús no es ser menos emocional y más desconectado del desorden del mundo (o de las Escrituras). Es lo contrario.

Hacer preguntas difíciles sobre la Biblia también refleja la disciplina de nuestros hermanos judíos. Para ellos, no tener preguntas no es un signo de fe, sino de falta de profundidad.[13] Si el judaísmo es una religión de preguntas, entonces nosotros, como cristianos, también deberíamos buscar hacerlas mientras leemos las Escrituras hebreas.

La historia de Rizpa y su situación es complicada. Se presenta como una mujer sin apoyo. Pero a medida que seguimos leyendo, su historia da un giro inesperado y reaparece en 2 Samuel 21,1-14. Cuando se presenta a Rizpa por segunda vez, no solo aprendemos un poco más sobre su personaje, sino que sucede algo importante: ella se convierte en la protagonista de su propia historia.

Para cuando llegamos al capítulo 21, han pasado años y ya es tarde durante el reinado de David como rey. La nación de Israel padece una sequía y una hambruna de tres años. David, curioso por las circunstancias, decide preguntarle a Dios por qué los israelitas están sufriendo sin comida ni agua. Para sorpresa de David,

Dios le informa que su predecesor, el rey Saúl, tuvo la culpa porque rompió un tratado hecho con los gabaonitas durante su reinado. Ese tratado había sido importante, ya que aseguraba que los gabaonitas estuvieran protegidos y seguros en su tierra.

Sin embargo, en vez de mantener su parte del trato, Saúl intentó exterminar a los gabaonitas de Israel. Lo que complicaba aún más esa situación era que en el antiguo Israel, cuando se derramaba sangre inocente, siempre había que vengarla.

Después de conocer esta importante parte de la historia, David decide ir a los gabaonitas ofendidos y preguntarles qué necesitarían para vindicar el injusto asesinato de su pueblo para que Dios terminara con el hambre. Los gabaonitas deciden que quieren siete hijos de la casa de Saúl. David, eligiendo perdonar al hijo de su amado Jonatán, entrega a los dos hijos de Rizpa, Mefiboset y Armoni, junto con los cinco hijos de la hija mayor de Saúl, Merab.

Los gabaonitas toman a los jóvenes y esencialmente los linchan, dejando que los cuerpos de los hijos y nietos de Saúl se pudran, expuestos y humillados en la presencia de Dios en un santuario local.[14] Este es un castigo particularmente vil e insultante, ya que también viola las prácticas funerarias israelitas. El entierro decente no solo era muy importante en el antiguo Israel, sino que la ley mantenía que el entierro siempre debía tener lugar antes de la puesta del sol.[15]

Quiero volver a Rizpa mientras mi imaginación teológica comienza a agitarse, suponiendo qué circunstancia atroz fue esta para ella. No solo sus hijos fueron asesinados; fueron dejados degradados y expuestos a la putrefacción al calor del sol y a ser devorados por animales salvajes.

No puedo comprender la agonía y la desesperación que sintió Rizpa.

Además de perder a sus hijos, perdió su seguridad financiera, ya que las mujeres dependían de los hombres de su familia para su manutención. Rizpa se enfrentó a la indigencia total y absoluta. Debido a que también estaba íntimamente alineada con la casa de Saúl, a quien se consideraba rival de David, algunos argumentan que probablemente fue excluida socialmente y tratada como una paria política.[16]

Pero en medio de ese dolor, Rizpa hace algo radical y extraordinario.

Actúa reafirmándose a sí misma, decidiendo actuar no solo con valentía sino también con justicia. La Escritura nos dice que Rizpa tomó la ropa apropiada para el funeral, la extendió sobre una roca y permaneció en el lugar de la ejecución "desde el comienzo de la siega hasta que llegaron la lluvias" —unos seis meses— en un acto de protesta. Las Escrituras dicen: "No permitía que las aves en el día ni las fieras en la noche tocaran los cadáveres" (2 S 21,10).

Rizpa arriesga su vida, su cuerpo marginado maltratado y abusado, con el fin de buscar justicia para los cuerpos violados de sus propios hijos. Quería justicia y se atrevía a creer que Dios también quería eso.

Me pregunto si alguien la ayudó, le trajo comida o se quedó con ella para hacerle compañía. No puedo imaginar el olor de los cuerpos de sus hijos mientras se ponían rígidos, hinchados y se disolvían en la descomposición, o la mirada de muerte que poseían los cuerpos en descomposición después de meses de pudrirse al sol. Me imagino a Rizpa agotada, gritando con voz ronca y lágrimas secas, agitando los brazos frenéticamente para evitar que los buitres rasgaran la carne de los cadáveres de sus hijos. Me la imagino temblando mientras los ojos amarillos de los depredadores hambrientos la atormentaban. Me imagino su piel seca y curtida, reseca, suplicando un respiro bajo el calor abrasador del desierto durante el día y el frío helado de la noche.

Rizpa es considerada una activista, una que no solo tomó medidas para buscar justicia por los cuerpos, sino que avergonzó audazmente al rey por no enterrar adecuadamente a Saúl y sus hijos.

Pero la historia no termina ahí. El rey David se enteró de la vigilia de Rizpa y, conmovido por sus acciones, decidió ordenar que los cuerpos de los jóvenes, junto con los del rey Saúl y Jonatán, recibieran un entierro adecuado y digno.

Solo después de eso terminó la hambruna.

Linchar a los hombres no sanó la tierra ni salvó al pueblo; hacer lo correcto por una mujer agraviada sí lo hizo.[17] Como dice Robin Branch: "La mera venganza no fue suficiente para apaciguar a Dios. Tenía que haber misericordia y justicia también".[18]

A menudo, las historias que más se ignoran y que no se cuentan son las que nos enseñan las mejores lecciones y ofrecen los ejemplos más verdaderos de fe arraigada en la supervivencia, la fuerza y la resistencia. Más que eso, son historias en las que los aparentemente impotentes se enfrentan al poder en un intento por corregir los errores.

Rizpa entendió y encarnó esos valores de abuelitas y la abuelita fe que Dios quiere que todas vivamos: "¡Ya se te ha declarado lo que es bueno! Ya se te ha dicho lo que de ti espera el Señor: Practicar la justicia, amar la misericordia, y humillarte ante tu Dios" (Mi 6,8).

Rizpa no solo impactó a los poderes políticos existentes, sino que hizo llover las aguas del cielo, salvando miles de vidas hambrientas y sedientas.

———

Rizpa no es única. En muchos sentidos, ella, junto a Sifrá, Fuvá y Jocabed, actúa como antecesora de la desobediencia civil y la protesta pacífica. Desde la época del antiguo Israel, las madres y las abuelas han realizado actos similares.

Las Madres de la Plaza de Mayo fue un grupo de mamás y abuelas que se formó en la Plaza de Mayo, en Argentina, para protestar por el secuestro de sus hijos por el régimen militar antidemocrático que gobernó esa nación entre 1976 y 1983. Las trágicas historias de las madres comenzaron en 1976, cuando los militares argentinos derrocaron la presidencia de Isabel Perón. La junta militar que tomó el poder fue parte de una serie más amplia de golpes políticos denominada Operación Cóndor, una campaña que fue patrocinada y apoyada por los Estados Unidos.[19]

La nueva dictadura militar desembocó en la Guerra Sucia, que en última instancia fue un ataque contra el pueblo argentino. La tortura y el terrorismo patrocinados por el estado tenían como objetivo a los que el régimen llamaba "subversivos", que en su mayoría eran jóvenes estudiantes universitarios involucrados en activismo y proyectos sociales que incluían programas de derechos humanos que abarcaban a los pobres. El gobierno había etiquetado a esos "disidentes ideológicos" (como muchos los llamaban) como marxistas. Muchas de las Madres explicaron que sus hijos no eran guerrilleros ni terroristas, sino historiadores, antropólogos y sociólogos. Un joven médico había sido etiquetado como "subversivo" por ofrecer ayuda médica a los pobres de Tucumán.

Durante ese tiempo, más de treinta mil hombres, mujeres y niños fueron secuestrados en sus casas o en la calle por policías militares, tanto de uniforme como de civil. Los secuestrados fueron enviados a campos de concentración clandestinos o centros de tortura, para no ser vistos nunca más. Muchos fueron drogados y arrojados desde aviones al océano; otros fueron quemados en hornos. Muchas mujeres quedaron embarazadas por violación y, después de dar a luz, sus hijos fueron víctimas de trata, principalmente a familias de militares.

Las Madres comenzaron a organizarse en 1977, cuando el resto del público permaneció en silencio y aterrorizado por las cosas infernales que estaban sucediendo. En representación de diferentes razas y clases y una variedad de puntos de vista culturales, religiosos y políticos, las Madres comenzaron a reunirse en la Plaza de Mayo, donde se encontraba el palacio presidencial. Habían hecho todo lo posible para buscar justicia para sus hijos, visitando la comisaría de policía con regularidad para presentar denuncias y exigiendo que alguien les dijera lo que estaba pasando. Como nada parecía funcionar, se comprometieron a reunirse todos los jueves en la plaza, desafiando la ley que prohibía las reuniones públicas. El grupo comenzó con solo catorce personas y continuó creciendo.

Renée Epelbaum recuerda el miedo que sintió al principio, mientras buscaba incansablemente a su hijo desaparecido. Después de que secuestraron a su segundo hijo, decidió que ya era suficiente: "Ya, basta de miedo", dijo. "No debo tener miedo, y salí a la calle".[20]

Las Madres entonces empezaron a tomar las calles. Una de las Madres admite que cuando comenzaron a reunirse, ni siquiera sabían lo que querían hacer en la plaza. Comenzó como un movimiento de solidaridad entre madres, sabiendo que cada una estaba en la lucha unida; no estaban solas. Quizás en ese tiempo esperaban poder hablar con el presidente o alguien que las escuchara y les hablara de sus hijos. Muchas admitieron que tenían miedo, iban a la plaza en un esfuerzo por buscar justicia. "Era nuestra obligación y desesperación".[21] Para las Madres, ir a la plaza significaba vencer el miedo, el miedo que había silenciado al resto de la población.

Finalmente, las Madres crecieron a cientos y luego a miles de mujeres que continuaron reuniéndose y protestando todos los jueves, marchando, cantando y sosteniendo carteles de sus seres queridos perdidos. Sin embargo, eran recibidas regularmente por soldados militares con equipos de combate y rifles, y comenzaron a arrestar a esas madres. Pusieron anuncios incendiarios en el periódico, pintaron la ciudad con información sobre ellas, cortaron y pincharon sus líneas telefónicas. A fines de 1977 el nutrido grupo de madres se reunió en una iglesia para rezar, y allí también fueron secuestradas decenas de mujeres, entre ellas una monja francesa que había estado ayudando a su causa, así como la líder del grupo en ese momento, Azucena de Vincenti. La dictadura pensó que quizás eso silenciaría a las madres, pero solo las envalentonó. "No podían medir el amor de la madre", dijo Epelbaum, "ni nuestra desesperación".[22] Ya no había una Azucena, sino cientos y luego miles.

Un segundo grupo, las Abuelas de Plaza de Mayo, comenzó a organizarse junto a las Madres. Las Abuelas comenzaron a exigir justicia para sus nietos desaparecidos, los nacidos bajo la custodia del gobierno. Las Madres y Abuelas comenzaron a pedirles a las iglesias que usaran su influencia para averiguar sobre sus hijos desaparecidos, pero la gran mayoría de las iglesias permanecieron en silencio. Otra líder del grupo, Hebe de Bonafini, explicó: "El papel de la jerarquía eclesiástica ha sido lamentable, porque con su silencio ha provocado la desaparición de más jóvenes. Les pedimos que alzaran la voz, pero no lo hicieron".[23] De ochenta y tres obispos, solo tres apoyaron a las Madres.

Las Madres comenzaron a acercarse a los líderes mundiales y las madres de todo el mundo comenzaron a darse cuenta. Mujeres de Holanda, Canadá, Francia, Italia, España y otros países comenzaron a movilizarse y visitar a las madres en Argentina, sumando números y protestando frente a las embajadas de sus países todos los jueves en solidaridad con las Madres. Madres de todo el mundo también enviaron dinero. Las Madres abrieron un centro oficial para organizar sus protestas semanales y brindar asistencia a las abuelas que quedaron criando a los nietos de sus hijos desaparecidos. Finalmente, Chile, Guatemala, Honduras, Perú, Líbano y otros países se unieron.

Las madres argentinas consiguieron hacer noticia mundial con las historias de sus hijos secuestrados, ya no escondidas sino a la luz pública. A lo largo de ese tiempo, sin embargo, muchas democracias occidentales continuaron vendiendo armas a Argentina, incluido los Estados Unidos, que era un proveedor líder hasta la campaña de derechos humanos del presidente Jimmy Carter. Más de tres mil oficiales argentinos fueron entrenados en la Escuela de las Américas en Panamá, una reconocida escuela de servicio del ejército estadounidense que capacitó a estudiantes latinoamericanos con la doctrina y tácticas estadounidenses.

En 1983 el régimen fue derrotado por un nuevo presidente que finalmente prestó atención a las Madres por primera vez, su campaña ahora conquistada por los jóvenes. Sin embargo, cuando las jóvenes Madres quisieron juzgar a los militares por sus crímenes, el gobierno fue más lento en actuar y les dijo que eso desestabilizaría al nuevo gobierno.

En una entrevista en 1999, Nora Morales de Cortiñas explicó que, antes de comprometerse con el movimiento, era una "esposa tradicional, ama de casa". Su marido era "un hombre patriarcal" que no estaba de acuerdo con su nueva pasión en la esfera política. "Tuvimos que acostumbrarnos a la vida pública, las nuevas relaciones, la pérdida de privacidad, viajar mucho, usar diferentes formas de expresión, prepararnos para encontrarnos con personas en el poder, hablar con los medios y ser reconocidos en la calle" dice Cortiñas.[24] Explicó que la resistencia de mujeres y amas de casa solas, sin hombres, incomodaba a la dictadura. El poder que encontró en este grupo de mujeres motivó y empoderó a Cortiñas para obtener una licenciatura en psicología social, y finalmente se desempeñó como jefa del Departamento Abierto de Poder Económico y Derechos Humanos de la Facultad de Economía de la Universidad de Buenos Aires.

Esas madres y abuelas, un grupo de mujeres desconocidas a quienes el gobierno intentó silenciar por sus constantes demandas de ver vivos a sus hijos, generaron una forma diferente de conciencia política a través de la acción colectiva. Al dar esos pasos audaces, las Madres también transformaron los valores clásicos asociados con la política y la maternidad. Las protestas las llevaron a la vida pública, abriendo el camino a nuevas formas de participación ciudadana. Las Madres llevaron la maternidad, un rol que antes estaba reservado para el hogar, a la arena pública de la política, la movilización política y la confrontación. De esta manera, las Madres desafiaron y politizaron los roles tradicionales, otorgándoles nuevos valores. "Dada la responsabilidad de conservar la vida, exigieron los derechos inherentes a sus obligaciones, politizando así sus relaciones personales y su conciencia como mujeres". También adoptaron el lema "Nuestros hijos nos dieron a luz", y muchas de ellas explicaron que la vida de sus hijos las cambió, haciéndolas conscientes de las violaciones de derechos humanos y del valor y la importancia del activismo social.[25]

Las Abuelas de Plaza de Mayo, gracias a su perseverancia, lograron presionar al gobierno para que estableciera un banco nacional de datos genéticos para almacenar los perfiles genéticos de las familias que buscaban niños desaparecidos. Menos de una década después de que comenzaran a reunirse, se estableció el Banco Nacional de Datos Genéticos. A partir de 2019, han localizado 130 nietos desaparecidos.

Un grupo similar de mujeres comenzó a reunirse en Cuba en 2003 después de que el gobierno cubano arrestó, juzgó y condenó a setenta y cinco defensores de los derechos humanos, periodistas independientes y bibliotecarios.[26] Las esposas, madres y familiares de los disidentes encarcelados comenzaron a reunirse todos los domingos después de asistir a misa y orar por sus familiares en la iglesia de Santa Rita, en La Habana. Su grupo se conoció como las Damas de Blanco porque estaban marcadas por sus atuendos blancos, que fueron elegidos para simbolizar la paz. Marchaban por las calles de La Habana en protesta pacífica por el injusto encarcelamiento de sus seres queridos.

Cientos de las Damas fueron arrestadas, hostigadas y amenazadas por protestar pacíficamente. Por ejemplo, Ivonne Malleza Galano y su esposo fueron arrestados en 2010 por sostener una pancarta que decía: "Detengan el hambre, la miseria y la pobreza en Cuba". En 2012, setenta de las Damas fueron arrestadas sin acusaciones en su camino hacia o desde misa. Más tarde, ese mismo año, entre 100 y 150 de ellas fueron puestas bajo arresto domiciliario.

Aun cuando las detenciones continuaron durante 2015 y 2016, las Damas de Blanco persistieron en su lucha por la justicia. Como las Madres y las Abuelas de la Plaza de Mayo, se negaron a rendirse.

***

En el apogeo de las protestas de George Floyd, muchas personas se dieron cuenta de las injusticias sistémicas por primera vez. Otros que habían hecho sonar la alarma durante décadas finalmente se encontraron entendidos. Pero como han señalado estos últimos, la búsqueda de la justicia es un compromiso de por vida que requiere un esfuerzo continuo. Para aquellos de nosotros que no somos negros, eso significa que debemos evaluar consistentemente nuestras propias vidas y comunidades, especialmente los prejuicios y obsesiones que informan nuestras cosmovisiones.

Como cristianos, todos debemos buscar vivir una vida holística. Esto significa que debemos evaluar constantemente cómo podríamos estar participando, tanto personal como sistémicamente, en prácticas que afectan a otros. Sé que siempre tengo que mirar internamente mi forma de ser y de comprender al mundo que podría perpetuar la injusticia, desde la evaluación de mis prejuicios hasta mis hábitos de gasto y de quién aprendo hasta cómo me preocupo por la creación. Es un esfuerzo continuo con el que debo comprometerme hasta que conozca a mis antepasados en el cielo.

Al día de hoy, las Madres y Abuelas siguen exigiendo justicia. Casi cincuenta años después, todavía se reúnen todos los jueves en la plaza; muchas de ellas tienen entre 80 y 90 años. Su compromiso, como el de Rizpa, es el tipo de persistencia y perseverancia a la que Jesús nos llama.

En Lucas 18, Jesús cuenta la parábola de la viuda persistente. Como tantas otras parábolas, esta es impactante y ofrece una visión de las viudas que desafía los estereotipos. Aunque en la Biblia a menudo se habla de las viudas como indefensas o débiles, Jesús pinta un cuadro de una viuda que es tenaz, que exige que el juez injusto le otorgue justicia contra su adversario. Algunos eruditos incluso señalan el versículo 5 como prueba de eso. El versículo implica que al juez le preocupa que la viuda "le deje un ojo morado", como dice la interpretación literal.[27]

Jesús señala a esa viuda tenaz y persistente para enseñar a sus seguidores una lección sobre cómo participar en la oración y la búsqueda de la justicia. "¿Acaso Dios no hará justicia a sus escogidos, que claman a él día y noche?", pregunta Jesús. "Les digo que sí les hará justicia, y sin demora" (18,7-8).

Las Madres, Rizpa, las Mothers of the Movement y muchas de nuestras abuelitas portan el espíritu de la viuda persistente, un espíritu que nosotros también debemos llevar en nuestra búsqueda de la justicia.

9

Desesperación

La primera vez que recuerdo que mamá experimentó un episodio de hipoglicemia fue en el viaje de seis horas de Miami a Gainesville. Mi mamá y mi padrastro, Rick, me dejaron en la universidad por primera vez. Era una mezcla desordenada de emoción y nervios. Por otro lado, mis padres estaban ansiosos y tristes. Estoy segura de que yo también me sentí triste, pero no por las mismas razones. Me senté en silencio durante la mayor parte de ese viaje en automóvil. La mayoría de las veces miraba con nostalgia por la ventana mientras el paisaje cambiaba de la Ciudad Mágica a campos abiertos desconocidos.

Cuando nos acercábamos a la nueva ciudad que llamaría hogar, noté que Rick miraba por encima del hombro derecho, viendo a mamá con curiosidad. Había estado sentada en silencio durante demasiado tiempo, con una mirada distante y vidriosa. Tan pronto como noté la inquietud de Rick, me quité el cinturón de seguridad y asomé la cabeza entre los asientos del conductor y del pasajero para mirar más de cerca. Se habían formado gotas de sudor en la frente de mamá; su mirada estaba fija. Le pregunté si estaba bien.

No obtuve ninguna respuesta.

La expresión de Rick se volvió tensa y preocupada. Le preguntó de nuevo si estaba bien y le dijo que sacara sus tabletas de glucosa de la guantera.

En ese momento, nos dimos cuenta de que había pasado demasiado tiempo desde nuestra última comida. Mamá siempre había estado al tanto de sus inyecciones de insulina, pero recientemente había cambiado de varias inyecciones al día a una bomba de insulina. Y su cuerpo todavía se estaba adaptando. No tenía idea de qué estaba hablando Rick cuando le dijo que agarrara sus tabletas de glucosa de la guantera.

Abrí la consola central y encontré un paquete de azúcar blanca. Después de abrirlo y ponerlo en su mano, intenté guiarlo hacia su boca. Ella apartó mi mano y el contenido del paquete se derramó por todo el lado del pasajero del coche. Traté de explicarle que entraría en coma si no ingería el azúcar, pero la información no se registraba.

Había llegado a la fase de desorientación severa; incluso me miró y me preguntó quién era yo.

Ese fue uno de los primeros momentos en que me encontré cara a cara con la discapacidad de mamá. También fue el momento en que me di cuenta de lo ignorante que había sido y de cómo afectaba eso a su cuerpo. Incluso como su hija, no era consciente de la carga invisible que había llevado toda su vida y de los extremos a los que había llegado para protegerme de los efectos, que solo puedo imaginar es un peso adicional sobre sus hombros.

Sabía que mamá al fin recordaría quién era yo, pero no podía evitar la inquietante sensación de escuchar a la persona que más me conocía preguntarse quién era yo.

Cuando a abuela le diagnosticaron demencia por primera vez, el temor de que algún día no supiera quién era yo se apoderó de mí, creando esa sensación de hundimiento en la boca de mi estómago.

Mamá terminó bien después de ese episodio en el auto. Pudo comer un poco de azúcar, afortunadamente antes de que fuera demasiado tarde.

A mamá le diagnosticaron diabetes tipo 1 pocos años después de llegar a los Estados Unidos. Ella describe los años previos a su diagnóstico como traumatizantes porque no podía controlar su necesidad excesiva de usar el baño, un síntoma común en las personas con diabetes debido a los niveles excesivos de azúcar en los riñones. En la escuela, la mayoría de los maestros de mamá, ninguno de los cuales era latine, le negaron sus constantes solicitudes para ir al baño, confundiendo eso con un problema de conducta.

Hasta el día de hoy, mamá todavía lucha con esa situación. Aunque han pasado casi sesenta años pinchándose la piel y controlando de cerca su cuerpo, cómo responde a todas y cada una de las cosas que consume, cómo aumentan y disminuyen sus niveles de azúcar en diferentes momentos del día, los médicos todavía la cuestionan. Se preguntan si está siendo sincera en cuanto a sus síntomas o si su historial médico es tan preciso como dice.

Este no es un problema aislado. Los informes muestran que los prejuicios étnicos y de género son un fenómeno común entre los profesionales de la salud.[1] Estos prejuicios aumentan dos e incluso tres veces entre las personas negras, especialmente las mujeres.[2]

Para mamá, que no le creyeran en la escuela cuando era niña la marginaba aun más, lo que a menudo resultaba en que se orinara en clase cuando sus maestros no le permitían usar el baño. Después de varios de esos casos dolorosamente vergonzosos, una de las maestras de mamá finalmente escribió una nota a casa para informarle a abuela que algo estaba pasando y que debía llevar a mamá al médico.

Abuela no había notado los hábitos de mamá en el baño, probablemente porque su esposo había sufrido recientemente un ataque cardíaco y su salud estaba empeorando. Papi se quedaba en la cama la mayoría de los días mientras abuela cuidaba de mamá, sus dos hermanos y la tienda de abarrotes en la Pequeña Habana.

En ese momento, los cubanos habían comenzado a apoderarse de Miami. Los que tenían recursos (médicos, abogados y demás) pudieron establecer pequeñas empresas en la Pequeña Habana y partes del área de Coral Gables. Debido a eso, abuela pudo encontrar una clínica cubana y visitar a un médico sin necesidad de que sus hijos le tradujeran, aunque no siempre fue así. Años más tarde, cuando la salud de papi empeoró aun más, mi tía y mi tío, todavía jóvenes y nuevos en el país, recibieron la tarea de servir como intérpretes y defender a su padre.

Aun así, solo puedo imaginar cómo fue para abuela recibir el diagnóstico de la enfermedad de mamá en esos primeros años, ese sentimiento de mareo y desorientación que debió haber sentido al escucharlo: su hija tiene diabetes.

"¿Pero solamente tiene seis años?".

Antes de tener la oportunidad de ordenar sus pensamientos, le pusieron en las manos jeringas, frascos de insulina y recetas escritas.

Me pregunto si en ese momento se dio cuenta de que esa sería su nueva normalidad, que mantener viva a su hija requeriría pinchar e inyectar constantemente su piel. Me pregunto si a mamá también se le ocurrió en ese momento que esa sería su norma de ese momento en adelante.

¿Qué de mi marido enfermo? ¿Y el dinero?

¿Y la comida? ¿Qué puede comer ella? ¿Qué le doy de comer?

Cuando imagino la desesperación de abuela en ese momento, me acuerdo de la madre cananea que se cita en Mateo 15.

Las Escrituras incluyen muchos ejemplos de madres desesperadas, mujeres que tuvieron que tomar decisiones desesperadas basadas en circunstancias desesperadas.

La narrativa de la mamá cananea (Mt 15,21-28) no suele dejarse de contar. Sin embargo, la mayoría de las veces, cuando la gente habla de ello o lo critica, a menudo es en un intento de averiguar qué quiso decir Jesús cuando llamó a la mujer "perra". De hecho, Jesús le hace un comentario alarmante, aparentemente fuera de lugar, a esa mujer después de que ella le pide ayuda: "No está bien quitarles el pan a los hijos y echárselo a los perros" (Mt 15,26). Innumerables libros y comentarios han tratado de adivinar por qué Jesús dijo eso, y muchas veces se involucran en una defensa apologética. Pero una cosa sigue siendo cierta al contar y volver a contar ese pasaje: la mayoría de las veces, esa madre desesperada y anónima es empujada al fondo de su propia historia. Su significado es ignorado, lo que amplifica las tendencias marginales no solo del texto bíblico sino también de la erudición crítica y la interpretación teológica.[3]

Y aunque yo también tengo curiosidad por entender el comentario de Jesús, también tengo curiosidad por saber, y celebrar, qué tiene esa mamá anónima que hace que Jesús la alabe más tarde como alguien que poseía una gran fe. Jesús no solo se relaciona con ella (y con otras mujeres marginadas, como la samaritana), sino que su conversación es tal que él es desafiado tanto como él la desafía a ella. "Este tipo de diálogo mantiene la agencia de ambos en una tensión mutua y recíproca, lo que permite que ambos se transformen y se transformen no solo el uno al otro sino también al mundo en el que son cocreadores".[4] En ese discurso teológico, la diligencia de la madre cananea la convierte en alguien de gran fe, una teóloga abuelita, una cocreadora de intuición teológica junto a Jesús, una mujer y comadre de sabiduría y conocimiento encarnado.

Curiosa por la experiencia de abuela, le pregunté recientemente cómo se desarrolló la escena en el consultorio del médico durante aquella visita. Supuse que no lo recordaría, pero valía la pena intentarlo. Con la demencia, nunca sabes qué recuerdo aleatorio saldrá a la superficie para saludarte.

También quería saber cómo fue para ella criar a una hija con diabetes en un nuevo país y con recursos limitados. No esperaba una respuesta completa, tal vez una mención sobre las agujas, las visitas al médico o el estrés de juntar los restos de cambio para pagarlo todo.

Sin embargo, escuché algo inesperado, pero extrañamente familiar. "No podía comer nada".

La mayoría de las veces, los recuerdos de abuela se mezclan como un guiso de ajiaco. Su demencia le dificulta recordar cosas simples como si desayunó. Otras veces es más frustrante para ella, como si su madre todavía está viva. "¿Y por qué no me dijeron nada?", nos preguntará cuando le digamos que su madre ya no está con nosotros. Abuela se molesta cuando no puede recordar las cosas importantes. A todas nos pasa.

De vez en cuando, abuela se fijará en un recuerdo que parece salir a la superficie desde las profundas cavernas de su mente. A veces esos recuerdos nos hacen reír; otras veces nos hacen llorar. De cualquier manera, nos gusta pensar que estas son emociones crudas y sin templar que han permanecido latentes durante décadas. Esos recuerdos inalterados brindan un atisbo de una vida que alguna vez se vivió. Cuando todo lo demás está perdido, son recordatorios de momentos que la hicieron *ella*.

Su recuerdo regularmente está fijo en su primer marido, su isla y yo en la escuela primaria. Con frecuencia se pregunta si he comido mi merienda después de la escuela.

En el caso de la diabetes de mamá, lo único que recuerda abuela es la agonía de no poder permitir que su hija comiera como todos los demás. Y si estás familiarizado con la cultura latine, sabrás que eso tiene mucho sentido.

Para muchos inmigrantes, la comida es más que algo que satisface el hambre física. El alimento y la comunión que vienen con una comida compartida tienen un espacio íntimo. Es la puerta de entrada a quienes somos, da forma a nuestra identidad y nos permite conectarnos con nuestra cultura.[5] Para los cubanos en Miami, cada bocado de ropa vieja (un plato de carne desmenuzada) es un sabor patrio. La comida es existencia y el alimento sustento. Y cuando se ha escapado de su hogar debido a su escasez, aprende a reconocer cuán valioso y necesario, tanto física como espiritualmente, es para sobrevivir. "¿Ya comiste?", es más que una pregunta superficial sobre si has comido algo.

"¿Ya comiste?" es una pregunta del alma. ¿Estás satisfecho? ¿Estás lleno?

Cuando era niña, solía poner los ojos en blanco con un exasperado "síííí" cada vez que una abuelita cubana me hacía esa pregunta. Pero como adulta, lo entiendo. Hay momentos ahora que, aunque acabo de almorzar, respondo desde lo más profundo de mi espíritu cuando digo: "No, no comí". Antes de que me dé cuenta, un plato lleno de cálida familiaridad se colocará frente a mí con la seguridad de que soy conocida, vista, comprendida y amada. Para muchas mujeres latinoamericanas, preparar la comida es algo espiritual, una labor de amor, una forma de conocimiento encarnado. Nunca vi a abuela abrir un libro de cocina. En muchos sentidos, el espíritu de sus antepasados guio sus manos en la cocina.

En la casa de abuela, la preparación de la cena solía comenzar justo después del desayuno. El aroma perduraría durante horas mientras abuela picaba y sazonaba, siempre sin receta. Me invitaba a unirme a ella, guiando mi mano para cortar la cebolla y llenar la olla de agua hasta el volumen perfecto. Juntas mirábamos por la ventana de la cocina sus árboles de mango y aguacate mientras el arroz hervía a fuego lento en la olla durante lo que parecían días. Esas horas en la cocina con abuela son parte de lo que me moldeó; son la esencia de la teología abuelita.

"Es el trabajo lento de hacer frijoles negros mientras yo me siento junto a mi abuela", explica la pastora latina Jennifer Guerra Aldana. "Esta teología es el aroma, el olor, la textura, las horas de trabajo en la cocina… Es el proceso mediante el cual somos formados y en el que podemos describir lo que Dios está haciendo entre nosotros".[6]

Abuela siempre estaba arreglando la mesa, su propia mesa en eso. Una jarra de acero inoxidable con agua servía como pieza central; los utensilios de metal con mangos de plástico negro se sentían demasiado endebles en mis pequeñas manos. El mantel color vino cubría la mesa de cristal. El dúplex de abuela es pequeño, pero la mesa siempre se sentía muy grande, cálida y acogedora. Es el punto focal de su casa justo cuando entras, invitando a los visitantes a tomar asiento. Después que abuela pasaba horas en la cocina, la familia venía de todas partes y se reunía ahí casi todas las noches. Todos sabían que había un lugar en su mesa.

Me encanta que abuela ponía sus propias mesas. La mesa era de ella y todos éramos invitados. Las personas marginadas, especialmente las negras, indígenas y otras mujeres de color, han estado preparando sus propias mesas, físicas y espirituales, desde el principio. Nuestras abuelas y madrinas han estado teologizando, guiándonos espiritualmente y enseñándonos cómo hacer lo mismo. Es por eso que no estoy particularmente de acuerdo con el dicho "Necesitamos hacer espacio en la mesa para las personas marginadas". La gente marginal tiene sus propias mesas.

Sin embargo, durante siglos la cultura dominante ha insistido en construir su propia mesa junto a los marginados, hasta el punto de meterse en sus casas y colocar una junto a la suya, exigiendo que los marginados se levanten de sus propias mesas y se sienten en la de los dominantes en el nombre de Jesús, tal vez incluso pretendiendo hacerlo en nombre del amor. Pero, ¿es realmente amor si obligas a alguien a dejar su propia mesa, la que ha preparado, para que pueda sentarse en la tuya?

Cuando reflexiono sobre el ministerio de Jesús, no puedo evitar notar que él les dio la vuelta a las prácticas de la mesa. Lo hizo al involucrar y dignificar a mujeres de dudosa pureza (por ejemplo, una "pecadora", Lc 7,37) en entornos de convivencia en la mesa, que eran espacios elitistas dominados por hombres. Si lo hizo, quizás nosotros también deberíamos hacerlo.

Una abuelita fe exige que la cultura dominante deje sus propias mesas y se una a los marginados en las suyas. Esta es, en efecto, una hospitalidad descolonizada. La noción tradicional de hospitalidad requiere que seamos anfitriones, pero la teología abuelita requiere que seamos invitados, invitados habituales en mesas desconocidas con motivados solo por escuchar y aprender.

La teología de la mesa en el contexto de una abuelita fe es una praxis liberadora, una forma práctica de honrar las mesas que han construido nuestras abuelitas.

Tenemos mucho que extraer de la madre cananea. El primer detalle importante sobre ella es que esa mamá no tiene nombre, algo que es común para las mujeres en las Escrituras. Loida Martell-Otero señala que las Escrituras dan fe del poder del nombre, y no es una coincidencia que tantas mujeres oprimidas en la Biblia no tengan nombre. De la misma manera, muchas de las abuelitas, mamás y tías que nos han enseñado, guiado e inspirado también permanecen sin nombre en el resto del mundo, a menudo objetivizadas o invisibilizadas.[7]

Sin embargo, aunque muchas de esas mujeres en las Escrituras no tienen nombre, están lejos de ser insignificantes. Unos capítulos antes, nos encontramos con otra mujer sin nombre "que hacía doce años que padecía de hemorragias" (Mt 9,20). Mostrando una fe audaz como la de la madre cananea, toca el borde del manto de Jesús para tener la oportunidad de ser sanada. Jesús se fija en ella y, como señala Noemi Vega Quiñones en *Hermanas*, la llama *mija* (mi hija). "Ella es una mujer que dice toda su verdad y es una hija perteneciente a la familia de Dios". Esa mujer sangrante sin nombre, a través de su coraje y su fe, recibe sanación, liberación y un nuevo nombre: mija.[8]

Me gusta pensar que lo mismo ocurre con esta mamá cananea. Su valor para responderle a Jesús, para reclamar su albedrío y su verdad, nos recuerda que ella no es simplemente una insignificante mujer en la historia de Jesús. Ella también es una mija y una mamá que nos regala una mirada increíble a la abuelita fe.

Mateo 15 comienza cuando Jesús tiene una discusión con expertos legales sobre la pureza. Le están preguntando por qué él y sus discípulos no participan en el ritual de lavarse las manos antes de comer. Jesús y los expertos legales discutieron entre ellos. Jesús los llama hipócritas y les dice que su fe elevada, robusta y en apariencia teológicamente sólida es vacía, que honran a Dios con los labios pero que sus corazones están lejos de él. Al final de la escena, Jesús utiliza este altercado como un momento de enseñanza para sus discípulos, alegando que no importa si se lavan las manos, porque no es lo que entra en el cuerpo lo que contamina sino lo que sale. Como explica Jesús, lo que sale de la boca es del corazón.

A medida que avanza la narración, Jesús entra en Tiro y Sidón, una zona de la costa mediterránea situada dentro de la región fronteriza rural entre Israel y Tiro. Es un área no israelita despreciada por los judeos, pero habitada por varios israelitas. La tierra y las personas siempre están estrechamente interconectadas, y las tierras han llegado a simbolizar a las personas y las narrativas culturales que se les atribuyen. Por lo tanto, como explica la erudita feminista poscolonial de Motswana,[9] Musa Dube, la geografía no es solo un cuerpo físico, sino "una página de narrativas intrínsecamente entrelazadas de poder y desempoderamiento".[10] Es importante notar esto ya que el narrador nos dice que "una mujer cananea de las inmediaciones salió" al encuentro de Jésus (Mt 15,22). La mujer cananea, como muchas negras, indígenas y otras mujeres de color entre nosotros, se caracteriza no por su nombre sino por su identidad cultural, religiosa y étnica, como una forastera que entra en un espacio al que no debería haber entrado.[11]

El narrador elige usar un término cargado, *cananea*, para describir a esa mujer. Ese es un término que no solo se usaba para describir a los gentiles, sino que también se empleaba en asociación con aquellos que eran conquistados, colonizados. Canaán es un marcador geográfico cargado de ideología; el nombre habría hecho que los lectores recordaran la posesión de una tierra extranjera. Era la tierra "que fluía leche y miel" que los israelitas debían invadir y tomar como propia. Con este fin, Dube argumenta que caracterizar a esa mujer extranjera como cananea la marca como alguien que debe "sobrevivir solo como una mente colonizada, un sujeto domesticado y subyugado".[12] Este punto se refuerza en la forma en que los discípulos instan a Jesús al decirle: "despídela" (Mt 15,23) después de que ella le clama por misericordia.

Cananea/o también podría haber sido entendido como un término despectivo, similar a un gentil al que se llame "perro" o "cerdo", ambos animales impuros.[13] Esto es notable, considerando la controversia previa entre Jesús y los expertos legales sobre las leyes de pureza. Los cananeos, como los samaritanos, eran considerados inmundos de nacimiento. Al usar *cananeo* y nombrar la región "Tiro y

Sidón", Mateo está resaltando la connotación negativa de la etnia de esta mujer.[14] Como dice un erudito, "Una comunidad étnica, urbana, acomodada predominantemente israelita podría ser muy amenazada por personas de una región tan socialmente mixta".[15]

Por lo tanto, la opresión sistémica que enfrenta esa mamá es fuerte; se basa en su género, etnia y estatus socioeconómico. Además de ser una gentil inmunda, está en un espacio público como mujer. Ella es "la más pobre de los pobres y la más despreciada de los marginados: una mujer gentil sola ante Dios y la humanidad".[16] Además de eso, su hija sufre de posesión demoníaca, lo que la hace doblemente inmunda, agregando una dosis extra de contaminación.

Si bien la escena se explica por sí misma, está sucediendo algo más profundo. El Evangelio de Mateo comienza con una genealogía que no creo que deba pasarse por alto.

Veamos a continuación un resumen (Mt 1,1-16; cursivas mías):

"Tabla genealógica de Jesucristo, hijo de David, hijo de Abraham".

Mateo comienza con Abraham, continúa a través de Judá y sus hermanos, y luego declara que Judá era el padre de Fares y Zara, "cuya madre fue *Tamar*".

Luego continúa con Esrom hasta Salmón, el padre de Booz, "cuya madre fue *Rajab*".

Luego Booz, el padre de Obed, "cuya madre fue *Rut*".

Luego continúa con Obed a través del rey David, quien es el padre de Salomón, "cuya madre había sido la esposa de Urías [también conocida como *Betsabé*]".

Matán fue el padre de Jacob y Jacob de José, "que fue el esposo de *María*, de la cual nació Jesús, llamado el Cristo".

Las genealogías eran comunes en el mundo antiguo. La Biblia incluye estas listas de familias para mostrar de dónde procedían ciertas familias y por qué eran importantes. Pero dos cosas sobresalen de esta genealogía: (1) incluye a los no israelitas, y (2) esos no israelitas eran mujeres.

Las genealogías no suelen incluir mujeres. ¡Pero Mateo incluye a cuatro mujeres no israelitas! Es más, en vez de las esperadas madres ancestrales de la fe judía —Sara, Rebeca, Raquel y Lea—, Mateo menciona a (1) Tamar, la estrella del truco de Génesis 38; (2) Rajab, presuntamente la prostituta de Jericó (Jos 2; 6); (3) Rut, la moabita que seduce a Booz (Rt 3); y (4) "la esposa de Urías", mejor conocida como Betsabé, la mujer que el rey David ataca sexualmente (2 S 11).[17]

La mención de estas (aparentemente cuestionables) mujeres —ancestras— en la genealogía de Jesús habría llevado a los lectores del primer siglo a prestar atención. Tamar y Rahab se destacan porque se cree que son mujeres cananeas que no tienen la mejor reputación ya que se las considera impuras y se las acusa de promiscuidad. Sin embargo, estar incluidas en la genealogía significa que se les considera antepasadas del rey David y, lo que es más importante, antepasadas de Jesús. Se les da un nombre eterno como madres del linaje mesiánico de reyes.

Por lo tanto, Mateo comienza su evangelio con una declaración audaz. Estas mujeres representan sorpresa y escándalo, o "santas irregularidades" en el plan ordenado de Dios. Revelan interrupciones y discontinuidades sagradas dentro de la continuidad de la historia. Y es la inclusión de esas mujeres en la genealogía lo que anticipa la "sorpresa y el escándalo" de la historia de la mujer cananea.[18]

Mateo no solo está comunicando el significado del encuentro de esta mujer cananea a través de su narrativa; las palabras de ella comunican verdades sorprendentes y escandalosas. Mientras corre detrás de Jesús, le grita, destacando su desesperación, su necesidad y su fe en el poder de él para ayudarla. Ella llora hasta el punto de que los discípulos quieren ser relevados de esa mamá vergonzosa y persistente. Como mencioné, no le piden a Jesús que la ayude, como es la práctica habitual de Jesús, sino que la despida (Mt 15,23).[19]

"¡Hijo de David, ten compasión de mí!" (Mt 15,22), ella grita. Estas tres palabras ofrecen un explosivo teológico. Esta mujer anónima reconoce a Jesús de una manera que muchos de los suyos aún no lo habían hecho. "Notablemente, la filiación davídica de Jesús es reconocida por individuos marginales más que por toda la nación, como uno esperaría con respecto al Mesías tan esperado para un pueblo políticamente dominado".[20]

La mamá cananea, como las mujeres de la genealogía, es una mujer sabia, que habla con valentía y se comporta como capaz y digna, una mujer cuya fuerza se manifiesta en su perseverancia con Jesús.

Nadie hubiera considerado a esa mamá una teóloga robusta. Sin embargo, después del comentario aparentemente cruel de Jesús hacia ella ("No está bien quitarles el pan a los hijos y echárselo a los perros"), ella responde con un entendimiento teológico tan profundo que Jesús no pudo negarse a mostrar misericordia: "Sí, Señor; pero hasta los perros comen las migajas que caen de la mesa de sus amos" (Mt 15,26-27).

Es probable que los lectores originales hubieran conectado el pan con la sabiduría encarnada divina (en griego: *sophia*). El libro Sirácida, que se incluyó en la literatura de la sabiduría judía primitiva, describe la sabiduría como una mujer enviada particularmente a Israel para ofrecer el "pan" del entendimiento (Sr 15,3). La conversación de Jesús y la mamá sobre el pan también recuerda el pan de la alimentación milagrosa que se encuentra un capítulo antes en Mateo 14. Quizás el *pan* se usa como una metáfora de lo que Jesús ofrece al pueblo de Israel: *Sophia*-Jesús los alimenta con el pan de vida y entendimiento, y satisface abundantemente su hambre.[21]

Esta mamá comprende lo que muchos no han podido, lo que mi abuelita y tantos otros teólogos no reconocidos entienden tan profundamente: *la comida es supervivencia y la comida es sustento*. Y cuando se trata de Jesús, el Pan de Vida, hay suficiente comida para todos los que se reúnen alrededor de su mesa.

Una lectura descolonizada también destaca la forma en que esta mujer cananea redime su tierra natal, conocida como una tierra que fluye leche y miel, con su presencia, afirmando que es rica tanto material como espiritualmente.[22] Después de todo, la otra cananea colonizada en esta historia presenta una sabiduría y una comprensión teológica sin igual. ¿Y la mejor parte? Jesús responde a su comentario: "¡Mujer, qué grande es tu fe!" (Mt 15,28).

La suya es una fe de supervivencia y perseverancia, una abuelita fe.

Aun cuando el mundo menosprecia lo que esta mujer anónima entiende acerca de quién es Dios, aunque el mundo pasa por alto su sabiduría y su fe debido a su estatus y su marginación, Jesús no hace lo mismo. En lugar de eso, le dice: "Mujer, qué grande es tu fe". Cuando incluso los seguidores de Jesús quieren despedirla porque creen que es impura y una molestia (Mt 15,23), Jesús reconoce su perseverancia y su desesperación: "Mujer, qué grande es tu fe". Hasta este momento, los discípulos aún tienen que reconocer tales verdades acerca de Jesús. De hecho, no lo reconocen hasta el siguiente capítulo del libro de Mateo, donde Jesús le pregunta a Pedro: "¿Quién dices que soy yo?" y Pedro responde por primera vez que él es el Cristo, pero solo después de caminar sobre el agua y presenciar dos alimentaciones milagrosas. Sin embargo, esta mujer —esta mujer anónima, marginada e impura— articula quién es Jesús sin toda la formación previa que recibieron los discípulos.

Esta mamá, caracterizada étnica y culturalmente como una forastera religiosa, ingresa al argumento teológico (seguramente algo que no era "su lugar"), lo vuelve contra sí mismo, y logra el bienestar de su mijita, su hija. Su entrada brusca en el argumento teológico está impulsada por su desesperación por tratar de mantener con vida no solo a sí misma, sino también a su hija.[23] En última instancia, traspasa las fronteras étnicas y religiosas en su movimiento hacia la liberación.[24] En eso, vive una abuelita fe, y es esa abuelita fe la que Jesús elogia.

Mamá me dijo recientemente que cuando era niña escondía una gran bolsa de basura en su armario en la que guardaba cada aguja que usaba de sus inyecciones diarias. En meses, tenía cientos de ellas. Mamá no está segura de por qué las guardó, almacenó y escondió.

Me pregunto si para ella esas agujas le sirvieron como recordatorio visible de su realidad invisible que la mayoría de la gente a su alrededor no entendía.

En su poema "Wonder Woman", Ada Limón escribe sobre la invisibilidad de su dolor: los extraños le dicen que se ve feliz mientras sonríe, cambiando a su "lado bueno".[25] Ella explica cómo otras personas no entienden o no se dan cuenta de lo que está sucediendo dentro de su cuerpo. Entonces ella sonríe, mientras se mueve incómoda, manteniendo la farsa. "El dolor, aunque se siente con mucha fuerza, puede pasar inadvertido no solo para los extraños, sino también para los amigos y compañeros de trabajo que pueden encontrar la incomodidad de los demás como un forraje incómodo para una interacción que de otro modo sería placentera".[26]

Hace poco le conté a mamá sobre la respuesta de abuela a mi pregunta en cuanto a su diagnóstico. Ella tenía una mirada curiosa al principio, escaneando su mente en busca de recuerdos. Pero una sonrisa comenzó a formarse al evocar un recuerdo especial. "No asistí a muchas fiestas de cumpleaños cuando era niña porque no podía comer los dulces que solían ser servidos", dijo. Su discapacidad le impidió hacer las cosas habituales que hacían otros niños. "Pero creo que la carga de abuela de impedirme disfrutar de la comida de la fiesta debe haberse vuelto demasiado pesada para soportar". Una semana antes de la fiesta de cumpleaños de una amiga, abuela llevó a mamá al médico solo para preguntarle si podría disfrutar de un pedazo de pastel. "Por favor", suplicaron al médico. "Prometemos que será pequeño".

Mamá recuerda la alegría que ambas experimentaron cuando el médico les dio permiso.

El momento fue dulce no solo para mamá sino también para abuela, la noticia de que su hija podría disfrutar de un regalo como el resto de sus compañeras. Me pregunto si es uno de esos recuerdos alojados en una hendidura de su mente, esperando salir a la superficie en el momento justo.

10

Un baile divino

En febrero de 2020, alrededor de cien millones de personas vieron el Super Bowl LIV, que tuvo lugar en el Hard Rock Stadium de Miami. El espectáculo de medio tiempo fue encabezado por Shakira y Jennifer Lopez, dos mujeres latinas cuyas carreras me han influido significativamente. Un par de días después de mi décimo cumpleaños, Jennifer Lopez (J.Lo) y Marc Anthony lanzaron su exitoso sencillo, "No me ames". Recuerdo la emoción que sentí ese año cuando ahorré el dinero de mi cumpleaños para comprar mi primer CD (o disco compacto) con mi propio dinero, un CD que solo contenía esa canción y su remix. Había conocido a J.Lo dos años antes cuando protagonizó la película biográfica *Selena*, como una de las artistas latinas más célebres a principios de los noventa.

Todavía recuerdo el día en que le dispararon y mataron a Selena. Era joven, pero recuerdo lo confuso y traumatizante que fue para muchos en mi comunidad. Su música me había formado desde muy joven, y estaba tratando de entender qué significaba que ella hubiera muerto. La noche en que vimos a J.Lo interpretar la vida de Selena con tanta fuerza fue única en muchos sentidos. Mamá y yo estábamos esperando, emocionadas que la película llegara al Blockbuster de nuestra localidad para poder acurrucarnos en la cama y verla juntas. Lloramos desconsoladamente mientras veíamos la escena en la que Selena fue asesinada; en la vida real Yolanda Saldívar le disparó en un motel en Texas. Momentos después, nos alarmamos cuando escuchamos disparos a distancia fuera de nuestra ventana.

Hubo un tiroteo en la calle, en La Vaquita, una pequeña tienda de abarrotes popular en Miami por sus ventas de autoservicio. Uno puede detenerse en cualquiera de esas tiendas de conveniencia y decirle al empleado lo que necesita. Se les pagaba, la mayoría de las veces en efectivo, y el asistente les entregaba el producto, generalmente leche o una lata de frijoles negros. Alguien decidió robar La Vaquita la misma noche que vimos la recreación del asesinato de Selena, uno de los primeros momentos en que comencé a darme cuenta de que el mundo es muy pequeño y muy grande al mismo tiempo. Esa noche, me sentí extrañamente conectada con la historia de Selena simplemente porque el estallido de los disparos sonó más cerca de lo que deberían.

J.Lo llegó a representar mucho para mí como compañera latina caribeña en los Estados Unidos. Su presencia en la televisión me empoderó y su música, en inglés y en español, me hizo sentir vista en los múltiples mundos que habito. Quizás por eso me emocioné ya adulta al escuchar que ella encabezaría el programa más visto en la televisión, representando las culturas y la música que me moldearon en la ciudad que me formó.

Mientras veía su actuación con un grupo de estudiantes del seminario y pastores en su mayoría, en ese frío día de febrero en Los Ángeles, vitoreamos la energía en ese escenario y bailamos al ritmo de los compases afrocaribeños, los ritmos que han vivido en mi cuerpo, pasaron sobre mí por aquellos cuyo ADN me formó.

Además de J.Lo y Selena, los sonidos de la reina de la salsa, Celia Cruz, sirvieron como banda sonora de mi vida mientras crecía. Su estribillo cacareante de "¡Azúcar!" y su gran sonrisa transmitían familiaridad; sus mensajes de alegría y esperanza fueron favorecidos entre mi pueblo. "La vida es un carnaval", cantaría notoriamente.

Cruz fue importante por muchas razones. Ella era una afrocubana nacida en Santos Suárez, un barrio de clase trabajadora en las afueras de La Habana. Cruz no solo negó el deseo de su padre de que ella abandonara el canto por enseñar, sino que saltó a la fama internacional como una latina negra en las décadas de 1950 y 1960, a pesar del racismo y el sexismo generalizados y sistémicos. La voz rica y poderosa de Cruz penetró el machismo y la bravuconería hipermasculinidad de la industria de la salsa.

En su música, Cruz entrelazó brillantemente elementos de ritmos clásicos de son montuno afrocubanos junto con elementos de guaguancó, incorporando matices de rumba, mambo, chachachá, guaracha y bolero. El etnomusicólogo Michael Veal nombra a Cruz como una de las figuras centrales de la diáspora de África Occidental en el Caribe que infundió no solo su música sino una sensibilidad folclórica en sus canciones. Más de un millón de africanos esclavizados fueron traídos a Cuba como parte de la trata de esclavos en el Atlántico que existió entre los siglos dieciséis y diecinueve. Debido a que superaban en número a los colonos blancos en los siglos diecisiete y dieciocho, los africanos en el Caribe pudieron preservar sus creencias religiosas y prácticas musicales.[1]

A Cruz se le negó el permiso para regresar a Cuba a enterrar a su madre porque era una artista popular que se oponía abiertamente a la revolución cubana. Usó sus letras para contar su dolor y sus propias experiencias, desde el peso de su exilio y su anhelo por Cuba en "Cuando salí de Cuba" hasta sus experiencias como inmigrante en los Estados Unidos en "Son con guaguancó". Cruz fue, y sigue siendo, un motivo de orgullo para la comunidad cubanoamericana. Sus autoafirmaciones y el reclamo de su poder como latina negra en canciones como "Bemba Colorá" servirán para siempre como declaraciones de empoderamiento para millones como ella. Cruz hizo estas declaraciones no solo con sus palabras y con sonidos, sino con los movimientos de su cuerpo negro: libre y girando en ese escenario, e invitando a otros a unirse, en la forma en que su cuerpo fue diseñado por lo divino.

Hasta bien entrada la vejez, abuela y Mario formaban parte de un club de salsa al que asistían casi todas las semanas, y pasaban incontables horas bailando, a menudo hasta la madrugada. Abuela nunca bebió mucho, pero durante esas noches volvía a casa como una adolescente, riendo tontamente, embriagada de alegría, mientras se agarraba del brazo de Mario.

En muchos sentidos, el baile era la manera de conocimiento encarnado de abuela, la forma en que su cuerpo sabía cómo moverse al ritmo de la batería, cómo se balancearían sus caderas, y cómo ella y su pareja sabían los pasos exactos a seguir, sus cuerpos fluían en sinergia, se torcían y giraban al unísono como bandadas de pájaros que conocen el momento perfecto para sumergirse y lanzarse en picada. Aprendí que las aves no solo se siguen unas a otras cuando se juntan; se conocen tan bien que se *anticipan* a los movimientos del par. Quizás el Creador también nos hizo así. La sabiduría que tienen nuestros cuerpos es sagrada; tienen un conocimiento y un idioma propios.

Al reflexionar sobre la danza azteca, María Figueroa pregunta: "¿Cómo se explica que cada paso es una palabra, una sílaba que compone un lenguaje espiritual?".[2] Nuestros cuerpos pueden comunicarse entre sí, a través de la salsa, de maneras que nuestras mentes ni siquiera pueden entender. Para muchas personas a lo largo de la historia, la danza se ha relacionado con lo sagrado, un medio para encarnar la propia esencia.[3] Para muchas comunidades indígenas, la danza era una forma de conectarse entre sí y con lo divino.

De hecho, los pueblos indígenas de Mesoamérica creían que la forma correcta de hablar de lo divino no era a través de afirmaciones metafísicas o filosóficas, sino más bien a través de flor y canto. Hoy en día, los coritos son una forma común de que las mujeres latinas participen en la adoración. Coritos se puede traducir como algo parecido a "pequeños coros" de lamentación o expresiones de alegría. "Son testimonios expresados a través de la música", explica Maldonado Pérez.[4]

A abuela le diagnosticaron cáncer de colon cuando tenía más de ochenta años. Fue un momento difícil para nuestra familia, ya que no estábamos seguros de que lograría superarlo. Sobrevivir al cáncer a una edad tan vulnerable no es una garantía. Después de una de las primeras sesiones de quimioterapia de abuela, ella cruzó la puerta de brazo en brazo con mamá. "Llegamos", dijo mamá. Abuela me miró a los ojos y empezó a cantar: "¡Aleluya, gloria a Dios!". Siempre recordaré ese momento. Me dijo mucho. En su proclamación a Dios, creo que abuela expresó tanto la profundidad de la dificultad de comenzar la quimioterapia como también la gratitud y la alegría de estar viva otro día. Me pregunto si aprendió a usar su voz de esta manera durante las décadas que pasó cantando en el coro de la iglesia en presencia de mujeres y hombres de su comunidad, declarando al unísono la bondad y la grandeza de lo divino.

A lo largo de la historia, el canto y la danza han sido a menudo un medio más eficaz para que nuestras abuelitas y nuestros antepasados comuniquen la profundidad de sus encuentros con Dios.[5]

———

Una de las mayores devastaciones de la colonización es que resultó en la desencarnación. Los cuerpos fueron esclavizados, separados del alma, considerados "salvajes", "incivilizados", "malvados", "lujuriosos". Nuestros cuerpos y las canciones de los mismos, que alguna vez fueron sagrados, poseedores de sabiduría y obras maestras del Creador, de repente se convirtieron en *cosas, objetos* que deben poseer y controlar hasta la sumisión. A lo largo de la historia, los cuerpos oprimidos han sido golpeados, violados y encadenados, realidades físicas que se manifiestan espiritualmente. Nuestras canciones han sido silenciadas. Cuando un cuerpo es subyugado físicamente, el alma se debilita inevitablemente, incluso se destruye.

Es por eso que los efectos de la esclavitud acarrean un trauma generacional, y por qué el corazón de Dios para el pueblo suyo incluía una libertad *física* de la esclavitud.

En Éxodo 14, leemos una de las historias de la escuela dominical más queridas: la apertura del Mar Rojo. Los israelitas esclavizados habían huido de Egipto, y el ejército egipcio estaba tras ellos, así que Moisés extendió su mano sobre el mar y Dios lo dividió para que los israelitas pudieran pasar por tierra seca. Cuando los egipcios intentaron seguirlos, sus carros se atascaron y las aguas fluyeron de nuevo, matando a todo el ejército que los perseguía. En respuesta, los israelitas estallaron en cantos y danzas, agradeciendo a Dios por salvarles la vida de aquellos que los habían esclavizado previamente y estaban dispuestos a matarlos. Éxodo 15 destaca este coro de celebración, terminando con el detalle de que "Miriam la profetisa... tomó una pandereta, y mientras todas las mujeres la seguían danzando y tocando panderetas" (Ex 15,20).

El midrash (antiguo comentario judío) afirma la rectitud de Miriam al haber preparado instrumentos musicales antes de salir de Egipto, lo que implica que había planeado usar panderos en la danza casi de manera intuitiva, "teniendo fe en que un milagro podría suceder".[6] Liderar a las mujeres en el canto y la danza también fue entendido por el midrash como un evento importante en la vida de Miriam, y este es el primer canto de una mujer en las Escrituras. Jueces y 1 Samuel también hablan de mujeres saliendo con música y danzas para saludar al héroe victorioso que regresa, lo que implica que este era un papel común para las mujeres en el antiguo Israel.[7] En otras partes de las Escrituras, el "gozo del Señor" se describe a menudo en expresiones de canto y danza, flor y canto (Sal 30,11-12; 149,3-4; 150; Ec 3,4; Jer 31,4.12-13; Lm 5,15). A lo largo de la historia, incluidas las narraciones detalladas en las Escrituras, el movimiento de nuestros cuerpos ha sido descrito como una forma de celebración, una oración de gozo y gratitud a Dios. Creo que esta es parte de la razón por la cual el cuerpo fue tan crucial para que los colonizadores lo reprimieran: para limitar la expresión de libertad y alegría.

De esta manera, veo a Miriam liderando a la comunidad israelita en flor y canto como una forma de resistencia a los poderes opresores, como una respuesta a la libertad que ahora tienen como cuerpos antes subyugados. Creo que esto es particularmente conmovedor para Miriam, una mujer. Como aprendemos en Éxodo, las mujeres no solo fueron sometidas a trabajos forzados, sino que también fueron violadas, embarazadas y se esperaba que dieran a luz y amamantaran a sus hijos para que se recuperaran. Como mujeres, nuestros cuerpos llevan vida, curación y poder; quizás por eso a menudo se las ve como objetos que necesitan ser domesticados y sometidos.

———

Momentos después del espectáculo de medio tiempo del Super Bowl, una de mis amigas cercanas, Esther, una compañera cubana americana de Miami, publicó en Facebook lo orgullosa que estaba de ser latina y lo representada que se sentía. Aun cuando el espectáculo no fue perfecto (por ejemplo, en cuanto a la falta de representación de artistas afrolatines), muchos aspectos del mismo también me enorgullecieron: la energía en ese escenario, el hecho de que mi ciudad, mi cultura y mis canciones se celebraran y, lo más importante, la audacia de J.Lo y Shakira de comprometer sus mensajes subversivos de resistencia y liberación. Por un lado, su programa fue exclusivamente latine, celebrando no solo a nosotros, sino también a la diversidad que conlleva ser una persona latine, dejando su huella en el evento deportivo televisado más abiertamente en los Estados Unidos. En una época en la que los vídeos de personas latines a los que se les dice que se "vayan a casa" por hablar español, se están volviendo virales, tener a dos mujeres latinas cantando y hablando nuestro idioma en el escenario más grande del año fue en sí mismo un acto de subversión. Sin mencionar que J.Lo nos sorprendió con una bandera puertorriqueña en su capa de tul y plumas durante un popurrí de "Born in the USA", un mensaje que decía mucho sobre el descuido y desprecio con el que se había tratado a Puerto Rico, particularmente después del huracán María, que mató a miles de personas y exasperó una situación financiera ya tensa. Por último, se entendió que las jaulas brillantes que emergían del campo, con niños dentro de ellas, al comienzo de "Let's Get Loud", eran una forma de llevar al centro del escenario la crisis de derechos humanos en la frontera entre los Estados Unidos y México.

Esther fue atacada en Facebook después de publicar sobre su orgullo. Muchos se sintieron diferente a ella sobre el programa, alegando que era obsceno y explícito. No hubo bailes específicamente sexuales con hombres; sin embargo, los comentaristas —incluidos los numerosos artículos de opinión y editoriales escritos— se obsesionaron con la depravación moral de los atuendos y los sugerentes movimientos corporales.

Esta no fue la primera vez que una mujer de color fue avergonzada en un escenario del Super Bowl. En 2004, Janet Jackson fue la artista principal e invitó a Justin Timberlake a ser su invitado sorpresa. Timberlake acababa de comenzar su carrera en solitario aparte de NSYNC, y este espectáculo resultó tener mucha importancia para él como solista, ya que Jackson era una intérprete experimentada y la carrera de Timberlake todavía estaba en aumento. El infame incidente de "Nipplegate" ocurrió durante la actuación.[8]

Timberlake debía quitar una parte del guardarropa de Janet Jackson al final de su rutina; sin embargo, en vez de quitarle la parte superior del atuendo de Janet, que estaba destinado a dejarla con un top de encaje rojo, Timberlake accidentalmente arrancó toda la prenda, dejando al descubierto su pecho desnudo. Este incidente se convirtió en un gran problema y en los titulares de las noticias. En consecuencia, la FCC recibió más de quinientas mil quejas, la CBS recibió una multa de 550,000 dólares y la NFL solicitó el reembolso de los diez millones de dólares que les había dado el patrocinador del espectáculo de medio tiempo.

Después del incidente, Viacom incluyó a Jackson en la lista negra, manteniendo sus videos musicales fuera de sus propiedades, incluyendo MTV, VH1 y estaciones de radio bajo su cobertura. CBS (vocera tanto del Super Bowl como de los Grammys) también anuló la invitación de Jackson para presentar el tributo a Luther Vandross en los Grammys de 2004. Mientras tanto, Timberlake siguió siendo el patrocinador de celebridades de McDonald's a pesar de que encontraron el programa de medio tiempo "inapropiado". No solo le impidieron asistir a los Grammys a Jackson, sino que Timberlake asisitó y también ganó un par de premios. Si bien su popularidad y su carrera continuaron creciendo después del incidente, Jackson se derrumbó.[9]

El estereotipo predominante del cuerpo negro, moreno o asiático sobresexualizado no es nada nuevo. "Van tan desnudos como cuando sus madres los parieron… Están muy bien formados, con cuerpos hermosos y buenos rostros", escribió Cristóbal Colón en su diario después de su primer viaje.[10] "No mostraron más vergüenza que los animales".[11]

Lo que alguna vez fue una forma de ser, de existir en el mundo libre y sin vergüenza, rápidamente se volvió inapropiado tan pronto como los invasores europeos entraron en escena. Según los colonizadores blancos, el cuerpo nativo e indígena —el cuerpo moreno o negro— era vergonzoso, algo que necesitaba ser cubierto, "civilizado" y "domesticado". Esto estableció nuevos estándares para lo que era aceptable: imponer modos occidentales de domesticidad que borraron lo que se percibía como degeneración moral. Esta forma de pensar se ha mantenido durante siglos. Como dice la historiadora Amy Fallas, "Las afirmaciones de los escritores y comentaristas evangélicos sobre la actuación de Shakira y Jennifer Lopez son una reencarnación contemporánea de una narrativa imperial muy antigua".[12]

Los cuerpos de muchas latinas y otras mujeres de color han sido exotizados y erotizados, robándonos voz y poder y justificando la violencia ejercida contra nosotras. Y los espacios cristianos solo han perpetuado estos mitos, objetivando nuestros cuerpos y etiquetándolos como una tentación, como fue el caso de los atroces tiroteos de Atlanta de 2021 en los que se atacaron mujeres asiáticas.

Por lo tanto, nos vemos obligadas a aceptar proyecciones de deseos lujuriosos que resultan en vergüenza y culpa.[13]

Otra figura de siglos de antigüedad es que la carga de la lujuria siempre recae sobre las mujeres. Esta es una carga que nos destruye no solo física sino también moralmente. Me pregunto, ¿qué pasaría si los hombres y mujeres cristianos reentrenaran sus mentes para apreciar la fuerza y la belleza del cuerpo de una mujer sin verlo simplemente como una causa para tropezar, o peor aún, como un objeto unidimensional adecuado simplemente para el placer o la procreación? Lo interesante es que, según Jesús en Mateo 5,28-29, la carga del tropiezo debe recaer sobre los hombres, no sobre las mujeres. Jesús les dijo a los hombres que, si miraban a una mujer con lujuria, debían arrancarse un ojo y tirarlo.

Quizás el problema no radica en mujeres que bailan, mueven sus cuerpos, involucrándose en sus tradiciones; tal vez el problema esté en el sistema que los hipersexualizó y los consideró inapropiados simplemente por existir y moverse de la manera en que lo hacen.

Me pregunto si también Jesús pensó que era el sistema el que necesitaba ser arreglado. Quizás es por eso que cuando fue interrogado por la élite religiosa sobre si apedrear a la mujer acusada de adulterio, Jesús instó a los que no tenían pecado a arrojar la primera piedra. Cuando todos se alejaron, miró a la mujer y le preguntó: "¿Ya nadie te condena?". "Nadie", dijo ella. "Tampoco yo te condeno", respondió (Jn 8,10-11). "Jesús coloca su autoridad para perdonar y ofrecer libertad frente a la determinación de las categorías de vida y muerte por parte del establecimiento religioso", argumenta Gail O'Day.[14] Jesús ataca lo que necesita ser cambiado, el sistema, para que los hombres y las mujeres puedan vivir una nueva vida en una nueva era.[15]

No se me escapa que muchas de las mismas personas que compartieron este nivel de indignación pública, decepción o disgusto hacia J.Lo y Shakira son también las mismas que guardaron silencio ante la noticia de setecientos casos de abuso sexual reportados en el SBC. Esta realidad me duele. Me pregunto cómo sería nuestro mundo si el abuso sexual en la iglesia fuera más exasperante para los cristianos, especialmente para las mujeres cristianas, que las latinas bailando en el escenario.

Como ocurre con la mayoría de las injusticias en nuestra sociedad, es más fácil culpar al individuo que al sistema porque culpar al sistema significa que todos jugamos un papel en su defensa y, por lo tanto, somos responsables. Efesios 6,12 dice que estamos luchando "contra poderes, contra autoridades, contra potestades que dominan este mundo de tinieblas, contra fuerzas espirituales malignas en las regiones celestiales". Parte de estas fuerzas invisibles son los sistemas que deshumanizan, subyugan y oprimen, sistemas que mantienen a los hombres abusivos en el poder mientras silencian a sus víctimas.

La erudita argentina Marcella Althaus-Reid pregunta conmovedoramente: "¿Dónde estaría Dios en un bar de salsa?".[16] Para ella, los cuerpos agregan conocimientos teológicos a la búsqueda del amor y la verdad, pero muchos teólogos no buscan a Dios en esos espacios.[17] Pero cuanto más leo sobre el Jesús de los Evangelios, el Dios plenamente encarnado que a menudo se encuentra en lugares poco convencionales, más creo que no solo estaría en un bar de salsa, sumergiéndonos y arremolinándonos mientras participamos en un baile divino con él, sino que la Espíritu Santa misma *es* la un-dos-tres-bachata,[18] la que creó nuestros cuerpos en movimiento, que nos impulsa a adorar con canciones y danzas como Miriam, que quiere que llevemos nuestro yo pleno y las expresiones de los mismos a la mesa, o a la pista de baile.

Los recuerdos de mi tiempo en el primer seminario al que asistí están marcados tanto por las dificultades como por el crecimiento, la belleza y el dolor. Pero algunos de mis recuerdos favoritos, y más útiles, están con mi amiga y compañera de cuarto en ese momento, Quaneisha. Quaneisha es una mujer negra del sur a la que le encanta bailar salsa, y cuando se enteró de que yo era cubana, rápidamente hizo planes para que yo visitara diferentes clubes y bares de salsa con ella. Quaneisha y yo estábamos entre las pocas mujeres de color en el campus. De vez en cuando, después de largas semanas de navegar por la vida y la teología en el mundo del hombre blanco, nos poníamos los zapatos de baile, nos dirigíamos a un bar de salsa y liberábamos nuestros cuerpos, dando vueltas, dando giros y riendo toda la noche. Esas noches fueron abundantemente curativas para mí. No tenía el lenguaje para expresar por qué en ese entonces, pero mi cuerpo lo sabía.

Nuestros cuerpos portan sabiduría sagrada. Sin embargo, tradicionalmente, en vez de que se nos enseñe a escuchar, cuidar y amar nuestros cuerpos como templos de la divinidad y la vida, se nos enseña a desconectarnos de ellos. Como escribe el autor y terapeuta K. J. Ramsey: "Somos un pueblo formado en torno a la adoración del Dios que tanto nos amó como personas encarnadas que se convirtió en uno de nosotros, pero tratamos nuestros cuerpos con sospecha y desprecio en lugar de con un temor sagrado".[19] No es de extrañar que los especialistas en trauma y los terapeutas sugieran hacer amistad con nuestros cuerpos no solo como una forma de curarnos, sino también de reclamar nuestra representación.[20] Creo que las noches que pasaba en la pista de baile con Mario sirvieron a esos propósitos para abuela, ya que se hizo amiga y aprendió a amar los movimientos de su propio cuerpo.

Nuestros cuerpos cuentan historias. Historias sobre nosotros mismos e incluso historias sobre lo divino. Ojalá aprendamos a escuchar.

―――

Una historia que mi cuerpo cuenta a menudo es la de estar entre dos mundos.

El teólogo mexicoamericano Virgilio Elizondo escribe sobre vivir entre dos mundos, ya que toda su vida se sintió atraído en dos direcciones: el estilo de vida estadounidense y el estilo de vida mexicano. "A veces sentía que la atracción sería tan grande que me destrozaría. Pero no podía huir ni a los Estados Unidos ni a México, porque ambos eran una parte de mí tanto como yo era parte de ellos".[21] Creo que muchos de nosotros sentimos que debemos encajar en cualquier extremo de esa soga, pero ¿y si, como preguntan Elizondo y muchos otros, este espacio "intermedio" es una zona fronteriza? ¿Una pista de baile que reúne dos mundos, dos idiomas, dos formas de vida, un espacio intersticial donde se aprenden las lecciones más importantes de la vida, donde Dios está más presente?

En las conversaciones descolonizadas, el espacio intersticial también se denomina espacio liminar, un lugar de formación de identidad para muchas comunidades marginadas. Es un espacio de "deformación, reforma y transformación", explica la erudita bíblica afroamericana Lynn St. Clair Darden. "El espacio intermedio no es un espacio de separación que produce privilegios, sino un espacio de interacción mutua, persistente y activa entre culturas".[22] Creo que lo que hace que este espacio sea tan pesado es que, para muchos, es el espacio entre el colonizador y el colonizado. "[Es] el espacio intersticial en el que se producen tanto el conflicto como la asimilación mutua cuando dos culturas se encuentran".[23]

Creo que muchas voces se pierden a menudo en este espacio intermedio. El binario colonial, ya sea liberal o progresista, de izquierda o de derecha, pasa por alto este espacio intermedio entre colonizado y colonizador, donde la religión occidental, la espiritualidad africana y la tradición indígena a menudo coinciden. Este es un espacio donde creo que existe la teología abuelita.

Ahora, sé que este espacio fue creado por una mezcla forzada, una realidad dolorosa, así que no deseo idealizarlo, solo reclamarlo. Como dice Anzaldúa: "La mezcla de sangres y afinidades, más que confundirme o desequilibrarme, me ha obligado a lograr una especie de equilibrio. Ambas culturas me niegan un lugar en *su* universo. Entre ellos y entre otros, construyo mi propio universo, *El Mundo Zurdo*. Me pertenezco a mí misma y no a ningún pueblo".[24]

Para las mujeres específicamente, es más que cruzar dos mundos o dos fronteras; es un cruce de múltiples mundos y fronteras, una existencia en muchos mundos que habitamos debido a nuestro género, sexualidad, color, clase, personalidad, espiritualidad y experiencias vividas.[25] Aun cuando este espacio es confuso, tal vez incluso intimidante para la cultura dominante, me pregunto, ¿y si hay libertad para bailar, para participar en un baile divino en este espacio? La Niña Salvaje de la Trinidad, su presencia tan íntima y nativa como Dios y humana en la pista de baile del jardín del Edén.

La blancura, el patriarcado y la ideología colonial han tratado de fragmentarnos en pedazos que puedan entender y domesticar, pero ¿y si existiéramos, íntegros y libres, en la completa complejidad de lo que somos? Como cubana con ascendencia española, taína y africana, como estadounidense, mujer, hija, comadre, cristiana —católica y protestante—, bailo entre mundos en el espacio intersticial donde bailaba Miriam, el espacio entre Egipto y la tierra prometida.

11

Madre del exilio

Abuela todavía tiene un retrato tridimensional de Jesús blanco colgado sobre su cama. El rostro porcelanizado de Jesús está tallado a varios pulgadas de profundidad, lo que hace que el retrato parezca más una escultura con un marco dorado, que cambia según el ángulo en el que se mire. En el aburrimiento de la infancia, a menudo pasaba horas moviéndome de un lado a otro mientras lo miraba, preguntándome si captaría algo poco convencional, tal vez un guiño o una sonrisa. También hay una estatua de María con el niño Jesús junto al televisor y otra imagen enmarcada de la pareja en la pared adyacente. Un día le pregunté a abuela por qué tenía tantos símbolos en la habitación. "Nos protegen mientras dormimos", dijo tras una leve sonrisa.

Los fines de semana solíamos hacer viajes para visitar a la prima de abuela, Rosel. Cuando era niña, siempre me sentía incómoda visitando a la familia de Rosel debido a la estatua de San Lázaro de cuatro pies que se elevaba sobre mí en su jardín delantero. Las heridas abiertas de Lázaro y los perros que le lamían las llagas me daban grima. No entendía lo que significaba en ese entonces, que era recordar la historia que Jesús contó del pobre Lázaro que se sienta afuera de la puerta de un hombre rico, hambriento, anhelando comer lo que cae de su mesa. El rico ignora la presencia de Lázaro; solo le prestan atención los perros que le lamen las heridas. Finalmente, Lázaro, con todas sus llagas, ingresa al cielo. Las cosas cambian, y el hombre rico ahora se convierte en el que le ruega a Lázaro un trago de agua mientras arde en el infierno.

Es una parábola poderosa e impactante, una de esas que nos incomodan tanto que intentamos desviarnos, usarla para enfocarnos en construir una teoría de la otra vida en lugar de las consecuencias de pasar por alto a los pobres. Pero mientras los privilegiados están usando esta historia para discutir si los que están en el cielo pueden realmente tener conversaciones con los que están en el infierno, los pobres se identifican con Lázaro como un símbolo de los milagros y la curación de Dios, como un recordatorio de que Dios se preocupa por los olvidados, los forasteros sociales cuyas heridas ofenden y disgustan.

San Lázaro es uno de los santos favoritos de mi gente cubana. Sirve como símbolo del choque entre opresor y oprimido: una imagen de liberación nacida de una historia compleja y complicada. La mayoría de los símbolos católicos populares representan una mezcla del catolicismo ibérico tradicional de los colonizadores y la espiritualidad que trajeron las personas esclavizadas cuando fueron forzadas a salir de África.

Mi pueblo son personas que viven en un exilio perpetuo. De hecho, los teólogos cubanos, entre otros, han bautizado la inmigración de cubanos a los Estados Unidos —después de la revolución— con el nombre de "exilio". El exilio da forma y nombre a la identidad colectiva de la diáspora cubana de una manera similar a la de los israelitas cuando salieron de Egipto, o más específicamente, cuando fueron exiliados a Babilonia después de la destrucción de Jerusalén y el templo, que marcó el fin de la soberanía política de los judíos y el cese de la monarquía davídica en 586 BCE. Es el lugar desde el que se construye nuestra identidad. Pero lo que me sorprende de un exilio perpetuo en las Escrituras es la noción de esperar, con la esperanza de regresar a la, o a *una*, tierra prometida.

Aun cuando la mayoría de los cubanos ven a los Estados Unidos como un lugar de refugio salvífico, muchos no comprenden que los Estados Unidos tiene gran parte de la responsabilidad de su desplazamiento, una narrativa común en la historia de la América Latina. Como explica el teólogo cubano Justo González, los Estados Unidos, la tierra de nuestro refugio, es también la tierra que creó nuestra necesidad de exilio. Los exiliados políticos descubren la complicidad de los intereses creados de la América del Norte en los acontecimientos que los conducen a la necesidad de abandonar sus países. Los exiliados económicos en algún momento aprenden que la pobreza de sus tierras nativas es el resultado de la riqueza de sus tierras adoptivas.[1] Esto es cierto para la mayor parte de la América Latina; nuestro pueblo ha sufrido la explotación primero por parte de los europeos occidentales y luego por el mismo país que ahora llamamos hogar.

Cuando le pregunté a mi abuela cómo fue el salir de Cuba, dijo que siempre tuvo la intención de regresar. Muchos en la isla enterraron sus joyas y sus pertenencias, dibujando mapas en servilletas que guardaron en sus bolsillos cuando se fueron. Imaginaron un mundo en el que podrían regresar a sus hogares y a los huecos que cavaron en sus jardines. Ellos nunca tuvieron esa oportunidad. Muchos todavía viven esperando.

Para los cubanos, el exilio es más que una separación geográfica; engloba la desconexión, existiendo en una realidad diferente a la que anhelan: la patria. En Miami, el anhelo por Cuba, o la "retórica del regreso", ha sido lo que nos unifica.[2] Eso lo siento cuando camino por las calles de Miami, cuando me asomo a las ventanitas que se encuentran en los centros comerciales, donde pides tus cafecitos y tus pastelitos.

Me sentí atraída por la noción bíblica del exilio incluso antes de saber cómo las luchas y los anhelos de los israelitas se cruzan con los de mi pueblo y antes de que me animaran a llevar mi propia historia al diálogo con la de ellos. Quizás nació de ese anhelo de una tierra que no es la mía, el anhelo que se formó en mí desde que tengo memoria. Imágenes y canciones, jerga y comida, me han formado desde que estaba en el útero. Quizás sea la profunda atadura que experimentamos como humanos, cómo nunca estamos desconectados de nuestros antepasados y nuestra tierra, sin importar cuán lejos estemos.

Debido a que la tierra de uno es lo que da vida y forma a la identidad, su pérdida a menudo se puede traducir en la falta de vivienda e incluso en la orfandad. Muchas comunidades indígenas de las Américas han sentido eso, en particular las comunidades colonizadas cuyas identidades les han sido robadas. Oscar García-Johnson explica que "una profunda sensación de orfandad [tuvo] un efecto traumático entre las comunidades invadidas que se convirtió, en cuestión de años, en una mercancía de un imperio extranjero".[3] Esto inflige la herida colonial. El pensador descolonizador Walter Mignolo explica que la herida colonial es donde "el primer mundo" y el "tercer mundo" chocan y sangran.[4]

La herida colonial representa tanto el daño infligido por los poderes hegemónicos a los pueblos oprimidos como su internalización y reproducción en curso de las narrativas deshumanizantes. "Es por eso que el sentimiento de 'orfandad' es un trasfondo constante de nuestros esfuerzos políticos y nuestros conflictos personales".[5]

Somos un pueblo herido por el desplazamiento. Debido a ello, a menudo me pregunto: ¿Cómo pueden las personas crear una nueva identidad en un lugar nuevo sin perder su conexión con lo antiguo? Desde el exilio nos vemos obligados a reconstruir nuestras identidades para no solo sobrevivir sino vivir el deseo de Dios de que prosperemos.

Para muchos cubanos, la Virgen de la Caridad del Cobre, la María cubana, ha sido lo más importante para nuestra identidad, tanto en la isla como en la diáspora. Sin embargo, lo que la hace tan importante es que representa las raíces afrocubanas de la identidad y religiosidad cubanas que a menudo son silenciadas o ignoradas.

La devoción a la Caridad comenzó en el Oriente (la provincia más oriental de Cuba) en el siglo diecisiete entre una comunidad de esclavos y continuó creciendo a lo largo de los años. El relato más antiguo de su aparición se remonta a 1687, cuando un esclavo africano llamado Juan Moreno y otros dos hermanos indígenas encontraron su estatua flotando en la bahía de Nipe. Al aparecer ante un esclavo y dos indígenas cubanos (subordinados al orden colonial), la Caridad trastocó el orden social de su época.[6]

Sin embargo, no fue hasta las guerras por la independencia de España en el siglo diecinueve que la Caridad se convirtió de manera concluyente en la forma en que los cubanos se imaginaban a sí mismos como nación. A lo largo de sus batallas por la independencia, el clero que se había puesto del lado de los revolucionarios, junto con los mambises (insurgentes criollos), apelaron a la Virgen. Muchos de los que salieron a pelear llevaban imágenes de la Caridad en sus uniformes. Las madres, hijas y hermanas que esperaban a que los mambises regresaran de la batalla también le hicieron una petición en nombre de los soldados. Para cuando los españoles habían sido derrotados, el gobierno ocupante estadounidense se había marchado y se había establecido una república cubana independiente, la Caridad se había convertido en "La Virgen Mambisa". Se había convertido en la Virgen rebelde, la Virgen patriota, la Virgen nacional. Se había convertido en un símbolo de liberación para el pueblo.[7]

María adquirió significados adicionales a lo largo de los siglos. Aun cuando el catolicismo romano tradicional en Cuba todavía representaba los poderes coloniales opresivos de España más tarde, muchos cubanos, incluidos los esclavos, encontraron consuelo y liberación a través de las prácticas del "catolicismo popular" practicado principalmente por residentes que vivían en el campo, lejos de la iglesia y de cualquier oportunidad de llegar a misa. Este "catolicismo popular" fue una mezcla de espiritualidad africana y catolicismo tradicional y fue una práctica común para muchas personas en la isla, lo que llevó a una fuerte espiritualidad y religión que nació en el hogar, la que continuó durante todo el exilio.

La religión nacida en el hogar es común para muchas comunidades minoritarias. Para los inmigrantes específicamente, la construcción y negociación de su identidad ocurre de diversas formas en la diáspora. Por ejemplo, muchos conservan su idioma, comida y música. Muchos también recurren a la religión para darse sentido a sí mismos como personas desplazadas.[8] El teólogo católico romano y cubano Alex García-Rivera señala la importancia de los símbolos en el catolicismo popular de la iglesia latinoamericana: "La experiencia de la tradición litúrgica de la iglesia latina de las Américas es la experiencia de una Comunidad de la Bella. Es la experiencia de la Belleza en el horno de una historia violenta".[9] Con ese fin, los símbolos actúan como dispositivos de localización. Jacqueline Hidalgo explica que los símbolos religiosos (como María) para algunas comunidades pueden consistir en crear, disputar y remodelar un lugar en vez de simplemente navegar por un mundo perfectamente dividido entre sagrado y profano.[10]

A medida que crecía, me encantaba pasar tiempo con una de las amigas más cercanas de abuela de Cuba, Yami. Siempre me divertí mucho con Yami. Ella me enseñó a hacer pequeñas sillas, sofás y casas con trozos de cartón. Pasábamos horas en la cocina enrollando buñuelos en forma de ocho para repartirlos entre amigos y familiares. A menudo me quedaba con ella en su pequeño apartamento en el corazón de la Pequeña Habana. Me encantaba hacerlo porque ella no tenía auto, así que abordábamos el autobús y nos aventurábamos por la ciudad, deteniéndonos en las bodegas de las esquinas para conseguir una croqueta y un billete de lotería. Me encantaba rascar la superficie plateada, emocionada por lo que podríamos ganar. Una vez ganamos diez dólares y saltamos de arriba a abajo con entusiasmo: "¡Ganamos, Katy!", exclamó.

Caminábamos por la vía de la Calle Ocho, agarradas de la mano, mientras ella saludaba a los dueños de las tiendas tocando salsa con sus pequeños parlantes. Yami tenía un amor por la vida que era contagioso; su risa era fuerte, más como un chillido. Era vulgar, sus bromas a menudo eran sobre fluidos corporales y lo gracioso que se veían todos a su alrededor. Pero a nadie parecía importarle su obscenidad; incluso abuela se reía y volteaba los ojos. Yami fue una mujer sin vergüenza. *Vergüenza* se usa a menudo en un sentido despectivo en español, pero me pregunto si podría recuperarse, si vivir sin vergüenza en nuestras comunidades puede convertirse en algo de lo que podamos estar orgullosas.

La realidad de Yami era complicada. Era una mujer pobre de piel morena que tenía tanta pasión como amor por la vida, así como un profundo pozo de dolor y tristeza. El hijo de Yami se declaró gay a finales de los 80 y fue víctima del VIH. Esa realidad lo contaminó, particularmente por el machismo que contagia a muchos hombres cubanos, que afirman su dominio sobre las mujeres, las personas LGBTQIA+ y cualquiera que no muestre la típica bravuconería machista que se espera. Al igual que Lázaro, el hijo de Yami era visto como un hombre con llagas, indigno de amor. A veces, cuando la vida se ralentizaba y las cosas estaban tranquilas en la casa, podía sentir el dolor de Yami. Amaba y aceptaba a su hijo, pero en una cultura donde la masculinidad tóxica es fundamental, se preocupaba por su seguridad y por cómo lo trataban.

Algunos de mis recuerdos más vívidos con Yami incluyen que nos sentamos con las piernas cruzadas frente al altar que hizo en su casa; estaba decorado con flores y velas, que encendía a los santos. Yami pedía regularmente a los santos la protección de su hijo y que esos billetes de lotería produjeran un milagro. Pedía el dinero no para conseguir un apartamento decente, sino para ayudar a su hijo con el tratamiento. No entendía la profundidad de sus peticiones a la Virgen de la Caridad ni a San Lázaro, pero sabía que eran importantes.

Y mientras me sentaba junto a Yami, mientras sostenía su rosario y susurraba el Padre Nuestro, supe que ese era un espacio sagrado, que Dios la escuchaba a ella, y nuestras peticiones.

Lo que me duele es cómo me enseñaron a desconfiar de esos momentos una vez que me presentaron el evangelicalismo, particularmente por la forma en que comencé a ver esos símbolos o rituales. Pasaron de ser símbolos de familiaridad y espiritualidad dentro de mi cultura, a símbolos de maldad y señales de que la comunidad inmigrante de la que yo había formado parte necesitaba ser salvada, rescatada de su llamado paganismo. Ahora me doy cuenta de que eso tiene menos que ver con la falta de fe de una comunidad marginada que con el control de la cultura dominante de lo que son expresiones legítimas de la "verdadera espiritualidad" o incluso de lo que hace que alguien sea lo suficientemente digno de adorar. Según muchas partes de la cultura dominante, la espiritualidad de Yami no solo sería vista como incorrecta o falsa, sino que los detalles de su vida la excluirían de participar en el cuerpo de Cristo.

Yami, como muchas otras mujeres pobres, había quedado atrapada en una red de poder. Su hijo fue concebido en un amorío que tuvo con el dueño de la casa donde ella trabajó. Mientras Yami trabajaba como ama de llaves para una familia adinerada, el esposo se interesó en ella, la persiguió, la embarazó y luego le pagó para que permaneciera en silencio, no muy diferente al rey David que usó su propio poder y autoridad para invitar a la esposa de otro hombre a su cama y luego hizo lo que pudo para que nadie se enterara. Esa narrativa es sorprendentemente común; muchas mujeres pobres son víctimas de la "indecencia" debido a las relaciones de poder desiguales en las que a menudo existen, lo que las deja con muy poco espacio para la negociación.

En su libro *Indecent Theology*, Marcella Althaus-Reid critica las tendencias del cristianismo dominante, incluso la teología de la liberación, de idealizar a los pobres. Cuando imaginamos a los pobres, tendemos a esencializarlos. "¿Quiénes creemos que son los pobres?", pregunta Althaus-Reid. "¿Vírgenes Marías viniendo del cielo con un rosario en sus manos?".[11] A menudo se representa a una campesina María vestida simplemente con un rostro limpio y sonriente. ¿Pero es esto realidad? Althaus-Reid nos recuerda que las mujeres jóvenes y pobres de las villas miserias suelen llevar caras sucias y vestidos cortos que no les quedan bien. Sus cuerpos a menudo cuentan historias de acoso y abuso sexual. Las mujeres pobres rara vez son vírgenes o mujeres comprometidas con la llamada vida santa. La pobreza obliga a las personas a hacer lo que los cristianos considerarían cosas indecentes y cuestionables.[12]

Me pregunto: ¿Se consideran las expresiones de espiritualidad de las mujeres pobres un culto legítimo solo si entran dentro de los parámetros de la "decencia", solo si no se las obliga a trabajar en el sexo o en relaciones con hombres casados?

La pobre mujer destacada en muchas de nuestras iglesias "nunca fue la pobre mujer que luchaba por ser ordenada ministra en su iglesia, ni la pobre madre tratando de abortar o luchando, no contra el capitalismo, sino contra los cristianos abusivos en su familia".[13]

Yami estaba comprometida con su fe, pero también estaba comprometida con su supervivencia. El exilio impone esta realidad a muchas personas; sin embargo, Yami encontró fuerza en sus oraciones y peticiones. Y tal vez hizo un espacio sagrado dentro de su hogar porque la iglesia no le haría un lugar. Tal vez sintió que solo podía dedicarse a la adoración sola, en su pequeño apartamento en la Pequeña Habana porque incluso los liberacionistas, que se preocupan por los pobres, no se interesan por *su tipo* de pobreza.

¿Dios estaba presente con ella, no? ¿La abandonó Dios porque no encajaba en las nociones predominantes de feminidad: la pobre madre, la "virgen decente"? ¿Se considera legítima a la pobre mujer que se destaca en muchas de nuestras iglesias y teologías solo si no está atrapada en redes patriarcales de poder y abuso, si no está embarazada o es madre de un hijo gay?

Lo que encuentro complicado, como las experiencias vividas de muchas de las abuelitas que nos rodean, es el Catch-22 de muchos de sus, o nuestros, preciados símbolos.

La veneración de María se introdujo en la conquista imperial en la América Latina junto con la introducción de la cruz de Jesús. Si bien la veneración de María ha existido desde el siglo segundo, su popularidad creció entre los pueblos conquistados de la América Latina, y muchas mujeres y hombres tomaron la mariología como una parte seria de su práctica de fe.

La colonización empezó a convencer a las mujeres latinoamericanas de que, para tener valor, debían suscribirse a ideales occidentales como el de la "buena" hija, madre y esposa, según los estándares europeos. Y como la mayoría de los otros pensamientos, esto se construyó alrededor de un binario. Para las mujeres, esta dicotomía era la de virgen o tentadora, sin intermedio, sin matices.[14] Pronto, María se convirtió para muchas mujeres latinoamericanas en una especie de "cuasi mujer", una imagen mítica sin conexión con las experiencias vividas por las mujeres marginadas. Así, algunos argumentan que el patriarcado convirtió el símbolo de María en una máquina que procesa múltiples *otredades* y opresión.[15]

Históricamente, María ha sido considerada la mujer ideal, con características y atributos inalcanzables por la mayoría. Por ejemplo, a menudo se la ve como una virgen perpetua y su autosacrificio a menudo carece de albedrío. En su domesticación, se utiliza como una forma de silenciar a las mujeres, en particular a las mujeres latinoamericanas cuya espiritualidad se ha formado tras la colonización española. Me pregunto: ¿La imagen mariana con la que ninguna mujer "común" puede identificarse nos ha avergonzado en última instancia por existir como somos?

Hago estas preguntas porque quiero ser sincera en cuanto a nuestras abuelitas y la fe que nos transmiten. No quiero esencializar la realidad: así como nuestras abuelas han vivido vidas de resistencia, nos han enriquecido con su sabiduría, también han perpetuado en muchos sentidos estas imágenes inalcanzables. Los efectos del colonialismo son tales que muchas de nuestras abuelas han defendido el ideal occidental de que la vida de una mujer solo tiene valor si existe para servir a su marido. Esta es la complicada realidad de nuestras abuelas;

existen en un espacio intermedio donde se vive la vida cotidiana, donde ambas resistimos y participamos en sistemas de opresión. Esto se debe, en parte, al hecho de que su primera prioridad es sobrevivir.

Quizás Yami se enredó en una red de poder y abuso porque no tenía otra opción: si perdía su trabajo, perdería su sustento y su hogar. Tal vez no era seguro para ella decir que no, tal vez el hombre que se relacionaba con ella era abusivo.

La supervivencia, especialmente en el exilio, te hace hacer cosas que nunca pensaste que harías.

Lo que complica el carácter de María, como muchas otras mujeres en las Escrituras, es la manera en que ella también puede existir en este punto intermedio, cómo puede ser utilizada como símbolo tanto de la opresión como de la liberación. Esto es cierto no solo para María, sino para la Escritura en su conjunto. La Biblia se ha utilizado para justificar todo tipo de males. También se ha utilizado para liberar.

Para mí, María jugó un papel interesante. Crecí con una sensación de asombro ante la idea de un Dios milagroso, por cómo lo divino puede comunicarse con nosotros de manera tan poderosa. Ver Telemundo con abuela antes de acostarse significaba que las apariciones de la Caridad inundaban los titulares con regularidad. Casi todas las noches nos encontrábamos con un especial de noticias de una nueva imagen de María que se le aparecía a alguien de la comunidad: una mancha de agua con forma de María en el costado de la casa, su imagen quemada en una tostada. Durante toda mi infancia, me asombró y me aterrorizó que un día se me apareciera María. No sabía lo que significaba, pero sabía que sería un gran honor. Aprendí desde el principio que Dios se comunica con el pueblo suyo, incluso a través de las formas más milagrosas y ridículas. Y para mí, eso fue extrañamente reconfortante.

Años más tarde, mi nueva fe protestante me hizo cuestionar no solo los titulares de Telemundo, sino el hecho de que Dios hablaría a una comunidad marginada a través de la propia madre marginada de Jesús. Ahora me doy cuenta de lo importantes que son estos símbolos para un pueblo que se siente desplazado u olvidado a menudo. Tal vez no tengan tanto peso para los privilegiados, pero para las mujeres como Yami, esos símbolos ayudan a mantenerlas con vida. Son imágenes tangibles de esperanza, de quienes son como hijas de un Dios milagroso que atiende las llagas de los enfermos. Aquí es donde María, en su espacio intersticial, también puede ser una imagen de liberación, como muchos protestantes han abrazado cada vez más en los últimos años.

Parte de lo que hace de María un símbolo de liberación es su poderoso Magníficat, o lo que algunos llaman su "grito de guerra", que se encuentra en Lucas 1,46-55. El grito de guerra de María es una expresión de una transformación revolucionaria de un orden social injusto y un vuelco de la dinámica de poder.

En el Magníficat, María habla de Dios derrotando a los opresores, y lo hace como una chica aún no casada. Esto significa que su embarazo no es consecuencia del papel adecuado de la mujer, lo que la pone en peligro como alguien que ha estado tomando sus propias decisiones sobre su cuerpo y su sexualidad sin tener en cuenta a su futuro esposo. En Lucas, no se consulta a José; por lo tanto, la decisión de tener un hijo redentor es entre María y Dios.[16] Este poderoso detalle habla de una recuperación sagrada del propio cuerpo de María en una de las formas más personales e íntimas posibles. Como señala Esau McCaulley, el Espíritu de Dios entrelazó la esperanza del mundo en el vientre de María.[17]

El grito de guerra de María es de justicia, y llama a la revolución liberadora de Dios. Su grito de justicia y liberación es uno que anuncia la inauguración de un nuevo reino, uno que contrasta con los reinos de opresión y explotación. "María es la santa patrona de los activistas fieles que entregan sus propios cuerpos como testigos de la obra salvadora de Dios".[18] Al hacerlo, provoca tanto un derribo como una reconstrucción: una dispersión de los orgullosos y una elevación de los humildes (Lc 1,51-52).

María se convierte en sujeto y objeto de esta acción liberadora, haciéndola posible a través de su acto de fe. A su vez, ella encarna y personifica al pueblo oprimido y subyugado que está siendo liberado y exaltado por el poder redentor de Dios. Como mujer, específicamente una mujer de entre las clases más pobres de un pueblo colonizado bajo el poderoso imperio de Roma, María representa a muchas de nuestras abuelitas que serán elevadas y llenas de cosas buenas en la revolución mesiánica.[19]

La teología de las abuelitas cobra vida en las páginas de las Escrituras, desde el vientre de nuestra antepasada y comadre María, y continúa a través de los millones de hijas inmigrantes que llevan la batuta hoy.

Mi historia está marcada por el exilio físico y espiritual. Creo que muchas de nuestras historias lo son. De una forma u otra, se componen de los períodos que definen nuestra salida de un lugar, una forma de ser, una forma de conocer, e ir a otro. A veces experimentamos el exilio de la religión o la ideología de nuestra educación, nuestras culturas. Incluso aquellos de nosotros que somos minoritarias nos alejamos de las cosas que nos lastiman y ahogan, como el machismo, un dios dictador o un cristianismo militarizado. Esto también marca nuestro desplazamiento, mientras viajamos hacia la tierra desconocida.[20] Encuentro que el desplazamiento es un fenómeno espiritual. ¿Cómo es que uno no se siente como en casa en el único lugar al que han llamado hogar?

Para mí, el exilio describe el viaje por nepantla. Es un espacio inestable, impredecible, donde hay pérdida y ganancia. También es un espacio transformador.

De hecho, el exilio es una forma de vida compleja, que siempre permanece en nuestra psique. Pero a menudo me pregunto cómo se convirtió en un lugar de vergüenza. ¿Por qué hemos dejado que la cultura dominante nos victimice en nuestro intermedio? ¿Por qué muchos de nosotros nos sentimos mal, menos que, acosados por eso? ¿Nos ha convencido tanto la cultura dominante de que la permanencia, en el lugar, en la creencia, es de alguna manera santa?

Me pregunto, ¿y si esta identidad exiliada es una identidad en la que estamos más vivas? A menudo pienso en todo lo que les sucedió a los israelitas en el exilio, en cómo Dios conocía tan íntimamente a su pueblo. ¿Y si en vez de ser ni de aquí ni de allá, somos *de aquí y de allá*? Nuestras historias son complicadas, nuestras identidades complejas. Esta realidad significa que nuestra propia existencia como gente de dos mundos es una que resiste la preferencia de la cultura occidental dominante de que encajamos en las dicotomías coloniales. El binario de la cultura occidental ha simplificado nuestras identidades, nos ha convertido en un pueblo unidimensional y ha destruido lo que nos hace complejos, como lo han hecho con lo divino. Pero, ¿qué pasa si nuestro intermedio es nuestra superpotencia, donde la Niña Salvaje de la Trinidad es libre de vagar y moverse sin fronteras?

Creo que esto resiste la mentira que el cristianismo occidental a menudo ha perpetuado, el engaño de que la realidad es dualista, que todo es blanco o negro, que la fe es tan simple como señalar qué es "pecado" y qué no. Creo que es por eso que la Biblia es tan confusa para tantos cristianos. La ideología occidental nos ha enseñado a buscar dualidades en un libro que nunca tuvo la intención de contenerlas. Al contrario, las narraciones de la Biblia son desordenadas y de múltiples capas, sus páginas están repletas de personas que engañan a los hombres para que se acuesten con ellas, que desobedecen a la autoridad, que mienten e incluso que roban y, sin embargo, todavía son llamados "bendecidos" por Dios. Quizás reconocer la complejidad de la experiencia humana dentro de las historias de las Escrituras puede cambiar la forma en que vemos y nos relacionamos con el otro. Esta es parte de la historia que también cuenta María. A lo largo de los siglos, su historia representa el espacio intersticial que habitan muchas de nuestras abuelas: ese espacio entre María la liberadora y María el símbolo de la opresión.

Contamos estas historias porque son las historias del Dios que existe en lo gris con el pueblo de Dios, del Dios que viaja junto a ellos en el desorden de lo que significa ser humano, de lo que significa sobrevivir, e incluso intentar prosperar, en medio de imperios opresores, en el exilio, entre dos mundos.

12

Resolviendo en la lucha

A menudo me pregunto cuándo se dio cuenta abuela de que nunca volvería a su isla, que nunca más volvería a sentir su tierra debajo de ella, su suelo entre las yemas de sus dedos. ¿La golpeó esa realidad después de que enterró a su esposo a más de 180 millas de su casa, al otro lado del Océano Atlántico? Mientras la tierra caía sobre el cofre, ¿se imaginaba acaso que esa era la misma tierra que una vez dio vida a sus mangos y aguacates en los predios de la isla?

No estuve allí cuando enterraron a papi, por supuesto. Pero estuve presente en el entierro de Mario. Todavía recuerdo sus gritos cuando el cuerpo de Mario descendía al suelo. Intentó levantarse de su silla de ruedas, dejando que el féretro frenara su caída: "¡Ay, ay, ay, mi amor!". Recuerdo el pañuelo blanco que tapaba su boca.

Lo último que recuerdo es que ella besó una rosa antes de dejarla caer en el frío y oscuro pozo. Pensé: ¿*Y ahora qué? ¿Ahora se supone que vayamos a casa?*

Incluso cuando ocurre una tragedia, seguimos adelante. Seguimos viviendo. Seguimos sobreviviendo. Seguimos despertando y pasando otro día. Resolvemos y seguimos resolviendo como lo hizo abuela después de enterrar a su primer y, luego, a su segundo marido.

El término *resolviendo* se ha utilizado en Cuba para describir la situación de los cubanos desde principios de la década de 1990, cuando el país comenzó a sufrir las consecuencias económicas de la caída de los países socialistas de los que provenía su apoyo básico.[1] Por esa época, el gobierno anunció una serie de restricciones sobre cosas como alimentos, suministros médicos y gasolina, lo que obligó a los cubanos a crear nuevas oportunidades económicas. Eso creó el contexto para que los cubanos resolvieran, lucharan por sobrevivir. La teóloga latina Cristina García-Alfonso define la palabra *resolviendo* como la lucha de supervivencia en la que las personas sin poder encuentran poder y gestión para enfrentar su vida diaria.[2] Se refiere al proceso por el cual las personas obtienen lo que necesitan, no a largo plazo o en el futuro, sino para el día que tenemos entre manos, como el Padrenuestro, que dice: "Padre nuestro, danos hoy nuestro pan de cada día", o lo que necesitamos para resolver. Cuando los discípulos le preguntaron a Jesús cómo orar, tal vez él sabía que esa sería la realidad de la mayoría de las personas del mundo: averiguar cómo sobrevivir día a día. La mayoría de los que abrazaron su mensaje fueron aquellos para quienes resolver era su forma de vida.

Para los cubanos en la isla, *resolver* cubre una variedad de actividades, las que incluyen el trueque, la siembra de vegetales en sus jardines y la cría de pollos en el patio trasero. Resolver es también vivir una existencia encarnada, confiar en la tierra, los dones de ella y también en su vida animal. Quienes viven resolviendo comprenden que la lucha por sobrevivir no es una tarea individual o aislada, sino una experiencia comunitaria que involucra a todas las personas, particularmente a los de la comunidad.[3] Resolver es una forma de vida para la mayoría del mundo, para las mujeres en particular, tanto en el presente como en el pasado.

¿Alguna vez has oído hablar de Maala, Noa, Hogla, Milca y Tirsa? No me sorprendería que no. La primera vez que me enteré de su historia, ya tenía unos años en mi educación en el seminario. No solo había estado sentada incontables horas recibiendo enseñanza bíblica y escuchando sermones sobre el Antiguo Testamento, sino que también había tomado clases completas sobre la Biblia hebrea y nunca había aprendido la importancia de su historia: cómo lucharon por la justicia y cómo Dios honró sus demandas. Si bien la mayoría de la gente las conoce y se refiere a ellas como las hijas de Zelofehad, yo me resisto a la idea de reducirlas a "las hijas de…" Ellas no son anónimas ni olvidadas. Por eso decimos sus nombres: Maala, Noa, Hogla, Milca y Tirsa.

Maala, Noa, Hogla, Milca y Tirsa se presentan por primera vez en Números 26 y se mencionan en cinco lugares de la Biblia. Las únicas otras personas mencionadas tantas veces en los libros de las Escrituras hebreas son Miriam y Moisés. La historia sigue el segundo censo del pueblo y las instrucciones de Dios a Moisés sobre cómo se distribuiría la tierra prometida entre las familias de la segunda generación. Sin embargo, debido a que Dios le dijo a Moisés que usara el censo para distribuir la tierra de acuerdo con la afiliación tribal paterna, solo los hombres tenían derecho a heredar la tierra. Debido a que su padre había muerto y ellas no tenían maridos ni hermanos, el sistema patriarcal de parentesco que Moisés estaba usando para distribuir la tierra excluía a Maala, Noa, Hogla, Milca y Tirsa —y probablemente a otras mujeres que tampoco tenían hombres cercanos— de recibir su parte.[4]

Después de llegar de Cuba, abuela también se enfrentó a los dolores del patriarcado y, más específicamente, al machismo con respecto a la tenencia de la propiedad. Mientras aún estaban en Cuba, papi y otros hombres de la familia trabajaban como carniceros en un supermercado local. Durante el primer año que papi estuvo en los Estados Unidos, antes de que llegaran su esposa e hijos, pudo conseguir un trabajo similar en una tienda de comestibles, al igual que los otros carniceros de la familia. Después de varios años, algunos de ellos pudieron ahorrar suficiente dinero para comprar juntos una pequeña tienda de abarrotes en la Pequeña Habana.

Mamá era joven, pero recuerda cómo abuela y papi vertieron su corazón y su alma en esa tienda después de su llegada. Tenía dos cajas registradoras a cada lado, un par de pasillos de comida, un puesto de frutas, una carnicería y una pequeña cafetería donde vendían pastelitos y cafecitos. La tienda se dividió en secciones; cada propietario poseía una pequeña parte. Abuela trabajó en la caja registradora y mamá se encargaba de empacar.

A medida que papi empeoraba, abuela se encontró pasando más tiempo en la tienda, trabajando en turnos de apertura y cierre, tratando de mantenerse al día con la carga de trabajo de ella y su esposo. Mamá recuerda que apenas estaba en casa y pasaba la mayor parte del día tratando de llegar a fin de mes. Cuando llegaba a casa, cuidar a papi era su prioridad.

No estamos seguros de cuándo los otros dueños de la tienda, miembros de su propia familia, comenzaron a idear un plan para tomar la parte de la tienda de papi y abuela, pero tan pronto como murió, tomaron medidas, aprovechando su muerte como una oportunidad para sacar a abuela del negocio. Esa tienda de comestibles había sido el sustento de mi familia y, aunque la pasión de abuela había sido la costura, se enamoró de las cajas registradoras, la comunidad, las familias que pasaban por la cafetería. La tienda de comestibles se había convertido en un espacio seguro, una parte del hogar donde el mundo exterior dejó de existir. A menudo me pregunto si abuela se perdió en la tienda de comestibles porque le dio una sensación de familiaridad después de dejar la patria.

Mi familia usa palabras y frases como *tortura* e *hizo de su vida un infierno* para describir lo que le pasó a abuela. "Hicieron cosas horribles y le dijeron cosas terribles", recuerda mamá. Querían la tienda para ellos solos, y ahora que papi se había ido, vieron a una viuda, una mujer vulnerable sin un hombre que la protegiera.

No importa todo lo que ella había trabajado antes y durante su enfermedad.

Abuela no solo tuvo que despedirse de papi tan pronto después de mudarse a los Estados Unidos, sino que tuvo que luchar con uñas y dientes en medio de su dolor para preservar lo poco que le quedaba de comunidad, de su memoria y de su estabilidad financiera. Incluso a una edad temprana, mamá sintió la agonía de abuela al ver lo duro que luchó. Los hombres fueron despiadados, al igual que los efectos del patriarcado, del machismo. Se cuida solo de lo suyo.

Después de descubrir que no pueden recibir tierras, no volvemos a escuchar de Maala, Noa, Hogla, Milca y Tirsa hasta el comienzo de Números 27, lo que deja a la imaginación el cuadro de las hermanas deliberando sobre la desigualdad del sistema de distribución de la tierra. Me pregunto, ¿cómo serían sus conversaciones cuando decidieron que ya era suficiente, como tantas otras mujeres hicieron y continúan haciendo después de ellas?

Después de que vuelven a presentarse en Números 27, el texto dice que "se acercaron", un detalle que asume su gestión. Su tiempo, según la narración, parece deliberado, ya que es al final de la distribución de la tierra, pero antes de la dispersión de los líderes.[5] A continuación, "se acercaron a la entrada de la Tienda de reunión, para hablar con Moisés y el sacerdote Eleazar, y con los jefes de toda la comunidad" (27,2-3). La narración describe a Maala, Noa, Hogla, Milca y Tirsa actuando, colocando sus cuerpos frente a Moisés, los sacerdotes y toda la comunidad. De hecho, al colocar sus cuerpos frente a la entrada de la Tienda de reunión, estaban tomando la posición intermedia que usualmente asumía Moisés,[6] un movimiento audaz y osado. Después de posicionarse, las hermanas presentan su argumento, enfatizando la falta de descendencia masculina de su padre y limpiando su nombre de aquellos que participaron "en la rebelión de Coré contra el SEÑOR" (v. 3). Lo último que le dicen a Moisés es: "¡Danos una heredad entre los parientes de nuestro padre!" (v. 4).

No preguntan; exigen, como lo demuestra la forma del verbo imperativo en el texto.[7]

Encuentro este acto increíblemente atrevido. Maala, Noa, Hogla, Milca y Tirsa no solo se presentan para hablar personalmente, sino que lo hacen frente a la comunidad. Lo que hace que su interacción con Moisés sea tan atrevida es que cuestionan no solo la opinión de Moisés, sino también un decreto directo de Dios, impulsando que se revise una instrucción divina. ¿Cómo responderán Dios o el representante de Dios? Me imagino a la comunidad murmurando entre sí. ¿Les sorprendió la osadía de las hermanas? ¿Fueron inspiradas? Me imagino a algunos en la multitud sintiéndose frustrados: *¿Quiénes se creen que son?* ¿Algunos pensaron que estaban siendo divisivas, como muchos feligreses hoy en día acusan a las mujeres cuando hablan o abogan por sí mismas?

Moisés presenta su caso ante Dios.

Imagino el susurro de la multitud, la tensión en el ambiente mientras las mujeres se acercan y mientras todos esperan que se anuncie el veredicto.

Dios responde: "Lo que piden las hijas de Zelofejad es algo justo, así que debes darles una propiedad entre los parientes de su padre. Traspásales a ellas la heredad de su padre" (Nm 27,6-7).

¡Dios reivindica a Maala, Noa, Hogla, Milca y Tirsa!

Su asertividad al oponerse a unas leyes injustas se corresponde con la respuesta de Dios: "Es algo justo… Traspásales a ellas la heredad". Lo que Dios hace a continuación es uno de mis movimientos favoritos en la Biblia; Dios cambia la ley, la ajusta para incluir a las mujeres en futuras herencias. "Diles a los israelitas: 'Cuando un hombre muera sin dejar hijos, su heredad será traspasada a su hija'" (Nm 27,8). La imagen del cambio de actitud de Dios en respuesta a la petición de las hermanas no se me escapa; es profundo.

Dios escuchó los gritos de las mujeres y actuó en su favor. Cuando aquellos que están marginados a través de sistemas que los mantienen abajo hablan por sí mismos, Dios escucha. Esto me dice que esas mujeres no estaban siendo divisivas, sino que estaban representando su propia gestión. Dios honró su defensa por lo que era correcto para ellas y las otras mujeres de su clan.

En agosto de 2019, miles de mujeres indígenas en Brasil declararon "ya es suficiente" cuando se reunieron para marchar y protestar contra los planes del presidente derechista Jair Bolsonaro de abrir reservas a la minería y la agricultura, lo que podría devastar la Amazonía, la selva tropical más grande del mundo y hogar de cientos de grupos de pueblos indígenas. Desde que Bolsonaro asumió el cargo, ha habido un aumento en las invasiones ilegales y la deforestación. A lo largo de la historia, los pueblos indígenas de todo el mundo han luchado por sus derechos territoriales, que fueron garantizados por la United Nations Declaration on the Rights of Indegenous Peoples (la declaración de las Naciones Unidas sobre los derechos de los pueblos indígenas). Esta afirma que los grupos indígenas tienen derecho a "no ser sometidos a la asimilación forzada o la destrucción de su cultura" ni a estar en peligro por "cualquier acción que tenga el objetivo o efecto de despojarlos de sus tierras, territorios o recursos".[8] La Convención de las Naciones Unidas y de la Organización Internacional del Trabajo sobre Pueblos Indígenas y Tribales también requiere la consulta indígena antes de participar en cualquier cosa que pueda explotar los recursos pertenecientes a sus tierras.

El gobierno de Bolsonaro no ha respetado esos acuerdos internacionales, lo que ha llevado a las mujeres indígenas a dar un paso al frente y tomar la iniciativa en la protección de sus tierras y sus derechos. Joênia Wapichana fue elegida como la primera mujer indígena en servir en el congreso brasileño. Otra líder indígena, Maria Eva Canoé, explica que los pueblos indígenas "luchan por existir",[9] como lo han hecho y continúan haciendo muchas mujeres valientes y audaces a lo largo de la historia, mujeres como Maala,

Noa, Hogla, Milca, Tirsa y mujeres como la agricultora y activista afrodominicana Mamá Tingó.

Mamá Tingó nació el 8 de noviembre de 1921 en Villa Mella, República Dominicana, en una familia de campesinos pobres. Ella y su esposo, Felipe, se ganaban la vida trabajando en sus tierras de cultivo en Hato Viejo, Yamasá. A principios de la década de 1970, un terrateniente elitista llamado Pablo Díaz Hernández intentó reclamar la tierra con el objetivo de desplazar a Mamá Tingó y 350 familias y campesinos de Hato Viejo que habían ocupado la tierra durante más de medio siglo.

Mamá Tingó se convirtió en líder de la Liga Agraria Cristiana, un grupo cristiano de defensa de los campesinos. Fue bautizada en la Parroquia Espíritu Santo en 1922, y su fe forjó su activismo por su comunidad. Ella lideró la lucha para garantizar que los legítimos propietarios de la tierra pudieran retenerla. Lo hizo a través de protestas y marchas, y al igual que Maala, Noa, Hogla, Milca y Tirsa, incluso se acercó al presidente de ese momento. Aun cuando prometió distribuir la tierra de manera justa, el presidente finalmente rompió su promesa y se puso del lado del rico empresario.

El 1 de noviembre de 1974, Mamá Tingó dirigió a los campesinos y a la Liga Agraria Cristiana en una marcha. Después de marchar hasta el tribunal de Monte Plata para que se escuchara su caso, varios de los manifestantes, incluida Mamá Tingó, fueron arrestados. Dos días después, el día de la audiencia, le dijeron a Mamá Tingó que habían soltado a sus cerdos. Cuando fue a recogerlos, fue asesinada a tiros por Ernesto Diaz, uno de los fieles seguidores de Pablo Díaz Hernández. Algunos dicen que la audiencia judicial fue una táctica utilizada por Díaz Hernández para alejar a Mamá Tingó de la tierra y debilitar momentáneamente sus defensas.

Mamá Tingó tenía cincuenta y tantos años cuando lideró la lucha, y como una afrodominicana mayor, sin educación y pobre, habla de la abuelita fe. Abogó y luchó por ella y por su comunidad, dando su vida como mártir por la causa. Elevamos y honramos a esta abuelita teóloga que a menudo se pasa por alto.

Aun cuando Dios reivindicó a Maala, Noa, Hogla, Milca y Tirsa, parece que Moisés no cumplió. Josué 17 muestra que la tierra que Dios les había dado nunca les fue otorgada. Muchos eruditos, especialmente womanists, se han preguntado si eso es parte de la razón por la que no se le permitió a Moisés entrar en la tierra prometida. Sin embargo, la historia no termina ahí.

En Josué 17, leemos que después que Moisés muere y Josué toma su lugar, las hermanas hacen otra demanda por sus derechos de herencia. Este escenario se desarrolla de manera similar al anterior: Maala, Noa, Hogla, Milca y Tirsa se acercan al sumo sacerdote, Eleazar, Josué y los líderes. Y les recuerdan a los hombres lo siguiente: "El Señor le ordenó a Moisés que nos diera tierras en los territorios asignados como herencia a nuestro clan" (v. 4). Moisés no había cumplido su parte del trato. Como la primera vez, las mujeres no piden sus derechos; los afirman, recordándoles a los dirigentes que aún no se ha hecho justicia y que no han recibido lo prometido por Dios.

La siguiente oración dice que se les dio un legado junto con sus tíos.

A diferencia de Moisés, Josué les concede la tierra de inmediato: se vuelve a establecer la asignación de la tribu y se declara la herencia de las mujeres como hijas de Manasés.[10]

Ahora, es importante tener en cuenta el complicado espacio que Maala, Noa, Hogla, Milca y Tirsa habitan. Todavía están atrapadas dentro de un mundo patriarcal, como se destaca en su conversación con Moisés en Números 36, donde acuerdan casarse dentro de su tribu. Eso significa que la tierra que les fue dada pasaría a sus futuros maridos. La lectura crítica de estas historias nos permite ver cómo las mujeres resisten, persisten y abogan por sí mismas, incluso si el patriarcado puede prevalecer al final. Su compromiso con la lucha es un testimonio de las mujeres mientras nos defendemos a nosotras mismas y unas a otras en nuestra lucha por la justicia.

Su historia es una de resolver, hacer lo que pueden en el momento para asegurar su supervivencia. Es una historia de mujeres valientes que hablan contra la injusticia y la inequidad y de un Dios que escucha y honra sus clamores.

Abuela terminó saliendo de la tienda de abarrotes, pero no se fue sin luchar. De hecho, con la ayuda de mi tía y mi tío, abuela pudo quedarse con una pequeña porción de la cafetería que estaba anexa. Hasta el día de hoy, abuela todavía recibe un poco de dinero cada mes por el alquiler del espacio de la cafetería.

Para abuela y muchos como ella, resolver siempre ha sido y siempre será una forma de vida. Muchos eruditos latines destacan esta noción de supervivencia diaria como algo que sucede en lo cotidiano. Lo cotidiano es fundamental para resolver; es el espacio donde tanto Dios como el pecado estructural y sistémico se encuentran más claramente.[11] Es donde viven los oprimidos: socialmente marginados, económicamente explotados y luchando contra el sexismo y el etnoracismo.[12] Gran parte del discurso teológico se desprende de la experiencia vivida por la mayoría de la gente, a menudo convirtiendo lo cotidiano en una abstracción.

Por ejemplo, las decisiones que debe tomar una madre soltera y pobre todos los días antes de las nueve de la mañana son aquellas en las que la mayoría de nosotros no tenemos que pensar, decisiones que están íntimamente relacionadas con la supervivencia. ¿Qué hará con los pocos dólares que ha reservado para el día? ¿Cómo afecta eso lo que comerá o lo que alimentará a su hijo? ¿Cómo afecta el clima, el transporte público, su ropa o la falta de ella las decisiones que tendrá que tomar acerca de enviar a su hijo a la escuela o ir al trabajo?

Lo cotidiano se aplica a las experiencias encarnadas, a las prácticas y creencias que hemos heredado: lo que hacemos o cómo nos enfrentamos a la realidad. Por tratarse de la marginación de las personas en su vida diaria, lo cotidiano es también el escenario donde se puede vislumbrar una nueva realidad. Cuando comenzamos a imaginar un mundo diferente, una estructura social diferente, una forma diferente de relacionarnos con lo divino y con nosotros mismos, podemos encontrar formas creativas y subversivas de cuestionar y resistir la opresión.[13]

Este es el espacio donde Dios está más presente, donde Dios se encuentra a sí mismo en los detalles. Es el espacio donde Jesús se encuentra con la mujer samaritana y se relaciona teológicamente con ella mientras llena su cántaro de agua. Es el espacio donde María se sienta a los pies de Jesús, aprendiendo de él como lo haría un discípulo. Es el espacio donde Maala, Noa, Hogla, Milca y Tirsa se relacionan con Dios para recibir los derechos que garanticen su supervivencia.

También es donde Acsa, que se encuentra en Josué 15 y Jueces 1, hace lo mismo.

En Jueces, Acsa es la primera mujer que se menciona entre una miríada de otras; de hecho, Jueces identifica a más mujeres individuales que cualquier otro libro de la Biblia hebrea. Se la puede encontrar junto a mujeres como Débora, la profetisa y jueza de Israel que lidera a la nación en la batalla, así como a Jael, que es famosa por haberle clavado una estaca en la sien a su oponente, desempeñando así un papel en la conducción del ejército hacia la victoria.

Sin embargo, a diferencia de Débora y Jael, quienes reciben muchos elogios por su valentía, la historia de Acsa no es tan celebrada ni contada con tanta frecuencia. Se la presenta por primera vez en Josué 15,16 como la hija de Caleb, el mismo que estaba entre los doce que Moisés envió a espiar a Canaán. En la historia, solo Caleb y Josué creían que podían vencer. Debido a eso, a Caleb se le prometieron descendientes.

La principal preocupación tanto en Josué como en Jueces es la ocupación de la tierra.[14] Como otros libros de la Biblia, el de Jueces se abre a un mundo de preocupaciones de los hombres, que además de la ocupación de la tierra incluía la preocupación por la guerra. Antes de la narrativa de Acsa, aprendemos sobre los esfuerzos continuos de las tribus de Israel para expulsar al pueblo restante en Canaán con el fin de dividir la tierra entre las tribus de Israel. La historia corta de Acsa se encuentra en medio de una narrativa de conquista que implica negociar, mantener, asignar y definir fronteras.[15]

Lo primero que aprendemos sobre Acsa en Jueces es que es sorprendida como el objeto de una de estas negociaciones cuando su padre busca intercambiarla en una provechosa adquisición de tierras a "quien derrote a Quiriat Séfer y la conquiste" (Jue 1,12), un detalle que refleja el poder patriarcal de los hombres sobre las mujeres. Un hombre llamado Otoniel resulta ser el vencedor, por lo que Caleb sigue adelante y le entrega a su hija como recompensa. Al igual que la tierra que la rodea, Acsa se muestra como una propiedad pasiva otorgada al héroe militar.[16] Sin embargo, como nos han demostrado las otras mujeres en estas historias, la tierra es un medio de vida: vale la pena luchar por su dignidad y la nuestra.

La historia cambia cuando Otoniel o Acsa deciden pedirle más tierra a Caleb. El texto hebreo no es claro en cuanto a quién pregunta, por lo que la cuestión es: *¿Quién le indica a quién* que le pida a Caleb la propiedad adicional (Jos 15,18)? Muchas traducciones inglesas favorecen a Acsa como el sujeto de la acción, traduciendo el verbo hebreo como "ella lo instó". Sin embargo, otros traductores eligen una tradición manuscrita alternativa, dando como resultado "él la instó". El papel del traductor aquí es significativo, ya que altera la caracterización tanto de Acsa como de Otoniel. Este asunto textual refleja una historia de confusión e interés en la dinámica de género de esta historia.[17]

Aunque concuerdo con la mayoría de las traducciones en que Acsa es quien incita, insta o convence a Otoniel (en vez de que Otoniel lo haga con ella), es importante tener en cuenta el papel de la traducción y la interpretación. Alguien me dijo una vez que no le gusta la palabra *interpretación* porque, para ellos, la Biblia no necesita interpretación; simplemente es lo que es. Sin embargo, las cuestiones textuales de este pasaje son una prueba de que tal pensamiento puede ser peligroso. Debemos recordar que lo que leemos ya ha sido moldeado por los prejuicios, involuntarios o no, de los traductores durante siglos. Por mucho que quieran (o en algunos casos, no) ser objetivos, el proceso siempre los involucrará no solo eligiendo ciertas palabras entre otras, sino también tomando decisiones sobre dónde poner comas y puntos e incluso qué mayúsculas usar. A menudo, nos faltan las palabras para traducir correctamente el hebreo o el griego antiguos. Esto siempre debe estar en el fondo de nuestras mentes cuando leemos la Biblia, instándonos a leer con una mente abierta, sabiendo que hay mucho que ver en cómo entendemos el texto.

No obstante, Acsa es quien pide más tierra, demostrando que comprende lo que es importante en su mundo. Algunos argumentan que ella fue manipuladora. Aun cuando la manipulación a menudo tiene una connotación negativa, es una táctica común para las mujeres en situaciones de opresión. Quizás Acsa, como muchas otras mujeres en las Escrituras, se aprovechó del sistema para su propia supervivencia.

Ya sea que Acsa empleara la manipulación o no, sus acciones contrastan con su imagen como una propiedad pasiva, una mujer premiada. Al contrario, se convierte en una mujer inteligente y decidida, una que sabe cómo operar dentro de las limitaciones de su sociedad. Y como señala la erudita judía Lillian Klein, su posición activa no hace a su esposo pasivo más de lo que su inteligencia lo vuelve estúpido.[18] Quizás la inteligencia de su esposo, Otoniel, se muestra a través de su disposición a escuchar la sugerencia de su esposa, ya que podría tener información privilegiada sobre las circunstancias de su padre. Después de todo, Proverbios 31 elogia a las mujeres que usan su sabiduría para beneficiar a sus familias.

En la siguiente oración, encontramos a Acsa hablando con su padre. Dejando a un lado todos los problemas textuales anteriores, todavía notamos que Acsa es quien asume el control y viaja (sola, según el texto) para ver a su padre. Caleb le pregunta a su hija: "¿Qué te pasa?" (Jos 15,18). En este punto, lo que ella quiere de él es doble. Su sorprendente asertividad es evidente desde las primeras palabras que le dirigió a su padre, expresadas en la forma verbal imperativa hebrea: "Concédeme un gran favor" (15,19). Solo Acsa elabora el lenguaje de la solicitud. ¿Y el resultado?

Caleb le da a su hija los manantiales superior e inferior (15,19).

Al final, Acsa es quien, a pesar de sus circunstancias, logra con éxito el objetivo de adquirir más tierra, sus astutas palabras posiblemente conectan la tierra desfavorable que se le ha dado con su propio valor disminuido en su mundo patriarcal (15,19).

Esta narrativa es, una vez más, un ejemplo del espacio intersticial que habitan las mujeres marginadas en un mundo patriarcal. Si bien Acsa se comercializa como una propiedad, sujeta a su cultura, no permanece callada ni pasiva. Acsa demuestra que es una mujer que sabe cómo vivir dentro de las limitaciones de su sociedad. Reconoce lo que es importante para ella en ese medio social, y su trabajo dentro del sistema demuestra su sabiduría. También es una mujer que actúa con decisión, ajustando su método a la situación que se presenta. Acsa adquiere más tierras de su padre y da voz a su condición de una manera que es inusual y digna de mención en el mundo patriarcal de la Biblia, de una manera similar a la de Maala, Noa, Hogla, Milca y Tirsa.[19]

Muchas mujeres de color pobres y marginadas en los Estados Unidos han experimentado situaciones similares a la de mi abuela. "Los latinxs en general y las latinas en particular son forasteros perennes, tratados como no cuerpos dentro de las estructuras racistas, clasistas y sexistas que impregnan la sociedad estadounidense".[20] Muchas mujeres de color en los Estados Unidos viven en vecindarios donde deben luchar diariamente por necesidades básicas como alimentos frescos y sanitarios; condiciones de vida seguras, incluidas agua y calentadores; educación de calidad para sus hijos; y otros aspectos de una calidad de vida digna. Al crecer, mamá recuerda las casas infestadas de ratas, mirones y otras cosas en las que pasó su vida adulta trabajando para protegerme. "La vida es una lucha perenne. Luchan no solo por ellas mismas, sino también por sus familias y comunidades".[21]

Después de la muerte de papi, la prioridad de abuela se convirtió en mantener su parte de la tienda. Fue su vocación, lo que aseguró su supervivencia. En su libro *Nobody Cries When We Die*, Patrick Reyes habla de cómo en muchas conversaciones cristianas pensamos que la vocación es "Dios llamándonos a salir de nuestra realidad presente a un futuro infinitamente mejor y con un propósito divino. Desafortunadamente, la vida no siempre permite que eso ocurra. De hecho, Dios a menudo simplemente nos llama a sobrevivir".[22] Esto es cierto para la mayoría de las personas en el mundo; su llamado cristiano es simplemente la supervivencia.

Cuando hablamos de vocación en espacios privilegiados, olvidamos que sobrevivir, resolver, también es santo, un empeño sagrado.

Ada Maria Isasi-Díaz dice que "la vida es la lucha". Explica que durante más de la mitad de su vida pensó que su tarea era luchar y luego un día disfrutar de los frutos de su trabajo, "pero sobre todo me di cuenta de que puedo y debo disfrutar la lucha", dice. "La lucha es mi vida; mi dedicación a la lucha es uno de los principales motores de mi vida". Disfrutar de la lucha implica reconocer la presencia de Dios dentro de ella, darse cuenta de que la lucha es sagrada. Y aun cuando la lucha sea personal por la supervivencia, también marca nuestra lucha colectiva por la liberación.[23]

Esto es fundamental para las historias de Acsa, Noa, Hogla, Milca, Tirsa, las mujeres indígenas de Brasil y Mamá Tingó, ya que sus luchas se centraron en la tierra y su necesidad de resolver en relación con ella. Lucharon no solo por ellas mismas, sino también por las generaciones de mujeres que las siguieron. Como expresa tan bellamente la anciana aborigen Lilla Watson, nuestra liberación está unida.[24] Y eso también, nuestra lucha colectiva, es sagrada.

Creo que Pablo habla de eso. En Romanos 8,18-25 nos recuerda que, al clamar para ser liberados, también lo hace la creación. Me pregunto de dónde sacó Pablo esa idea. ¿La aprendió de sus antepasados: cuán interconectados y bellamente entrelazados estamos todos con todas las cosas creadas? A menudo pienso que la creación en sí misma comprende la lucha por la supervivencia; mientras gime y protesta, nosotros también.

De manera similar, en su libro *The Christian Imagination*, Willie Jennings sostiene que no podemos hablar de la lucha del cuerpo y el alma sin hablar de la tierra y el terreno. Desde el comienzo de la creación, los seres humanos han recibido el encargo de velar por la tierra, cuidarla y nutrirse de ella. La conexión entre la creación de Dios (tierra, animales y humanos) en la narrativa es hermosa, divina, "muy buena". Esta conexión humana con la tierra y los animales no es solo algo que vemos en la narrativa de la creación; continúa desarrollándose a lo largo del tiempo y en todas las comunidades.[25] Es por eso que gran parte de la historia de Israel está profundamente arraigada en la tierra: su desplazamiento de ella y su anhelo de ser restaurado en ella.

A lo largo de la historia, encontrarse con un pueblo también significó cruzar la tierra con la que estaban conectados y los animales que formaban parte de su familia. Es una sensación divina de "enredo de criaturas", explica Jennings.[26] Siempre hemos vivido en un mundo enredado donde nuestras vidas están entrelazadas y entretejidas continuamente. Por eso los efectos de la colonización y el desplazamiento de tierras son tan perjudiciales. Lo que una vez fue una identidad holística, una que reflejaba la bondad de la creación, ahora se convierte en una identidad distorsionada. Por ello, el trabajo de resistencia y descolonización debe implicar la restauración de esas identidades rotas y distorsionadas.

Es por eso que a menudo me encuentro volviendo a momentos con abuela en los que ambas nos reconectamos con el terreno, la tierra.

Algunos de mis recuerdos más poderosos incluyen cavar, plantar y aprender a cuidar la tierra con abuela. Pasaba horas con ella afuera, recogiendo los mejores mangos de los árboles para nuestro refrigerio de la tarde mientras escuchaba sus historias de la vida en la isla. Abuela siempre me recordó que Cuba es la isla más bella del mundo. Amaba su jardín, y ese es el lugar donde la vi cobrar vida, donde encontró restauración y plenitud. Jennings explica que los cuerpos están en casa cuando están en la tierra. Los cuerpos negros y marrones que han sido subyugados, desplazados o vistos como extraños, y sus movimientos que se consideran inapropiados, encuentran su hogar entre los árboles y los animales.[27]

Fui criada por los árboles de mango y aguacate de abuela. Ellos guardan secretos e historias de mi infancia. También me criaron los mamoncillos, los que le compramos todas las semanas al hombre en la intersección de la calle Flagler y la Avenida 97 por un par de dólares. Mamá y yo abriríamos la pequeña bolsa, romperíamos la piel de la fruta y chuparíamos su agria bondad. Nos dio de sí mismo. Al igual que los árboles del jardín de abuela, los mamoncillos también encierran historias: historias de resolución, de supervivencia y exilio y de noches que pasamos caminando por la Calle Ocho vendiendo frutas para ganar lo suficiente para alimentar a la familia esa noche.

También llevábamos a casa una bolsa para abuela, porque los dones de la tierra están destinados a ser compartidos.

Abuela todavía vive en el dúplex donde me crie, donde pasó la mayor parte de sus años de lucha. El mismo papel pintado todavía se pega a las paredes; los mismos marcos de fotos, algunos actualizados, todavía descansan sobre su mesa de café de vidrio. El mismo pequeño cobertizo se encuentra en medio de su yarda. Abuela no se levanta mucho en estos días. Su cuerpo es demasiado frágil. Cuando hablo con ella por teléfono, nuestras conversaciones a menudo consisten en un bucle constante, "¿Ya comiste? ¿Te sientes bien?". Amar a alguien con demencia se siente como un montón de pequeñas muertes.

Mientras vivía en Los Ángeles, volaba a casa con regularidad para visitarla. Durante mis visitas anteriores, le encantaba pasar tiempo entre sus plantas y sus árboles en el patio trasero, antes de que sus piernas comenzaran a fallar. En un día particularmente caluroso de Miami, ella quiso revisar los mangos al otro lado del jardín, así que me agarró del brazo y nos abrimos paso lentamente, un pequeño paso a la vez.

"¿Sabes que Cuba es la isla más bella del mundo?".

"Sí, yo lo sé".

Mientras caminábamos de la mano, su rostro se iluminó al evocar los recuerdos de la tienda de abarrotes en la Pequeña Habana durante esos primeros años, que a menudo confunde con su tiempo en Cuba. En su mente, corren juntos. Un detalle que no deseo corregir.

Cuando llegamos a su árbol de mango, apoyé su cuerpo contra él y me pidió que le agarrara la escoba de madera de la cocina que ha tenido durante décadas, para poder intentar arrancar una fruta. Nos reímos mientras la sostenía con fuerza mientras ella se mecía y se balanceaba, apenas acercándose a golpear una rama. Al fin cayó uno y lo agarramos en el suelo. Lo sostuvo, lo inspeccionó y lo apretó entre sus frágiles dedos.

Ahora me doy cuenta del peso de esa pequeña fruta en sus manos. Cuenta una historia de sustento, de supervivencia, de resolver. Cuenta una historia de la lucha.

"Vamos a comer", dijo.

Antes de hacer nuestro lento camino de regreso a la casa, le pedí que se detuviera contra la cerca de alambre.

"Quiero tirarte una foto", le dije.

Me alegra tanto haber capturado ese momento. Su sonrisa, su mango en la mano. Solo sabía que ella estaba en su elemento.

Porque es en el sitio de la tierra que nos unimos. Y la tierra es nuestra pariente. Del polvo venimos y al polvo volveremos. Somos criaturas de la tierra, todos unidos.[28]

Notas

Capítulo 1 Dolor investigativo

1. El término *Latine* se usa en vez de *Latino/a* como una forma de resaltar la diversidad de la experiencia Latino/a en cuanto a género, sexualidad, nacionalidad, lugar de nacimiento, etc. Utilizo *Latine* cuando me refiero a la comunidad latine en un sentido general o más académico. Utilizo *Latina* cuando me refiero a mis propias experiencias personales.

2. Serano, *Excluded*, 44. Ver también Collins, *Black Feminist Thought*.

3. De La Torre, *Quest for the Cuban Christ*, 3.

4. De La Torre, *Quest for the Cuban Christ*, 3.

5. M. Gonzalez, *Afro-Cuban Theology*, 22.

6. Anzaldúa, *Light in the Dark/Luz en lo oscuro*, "Preface: Gestures of the Body".

7. De La Torre, *Quest for the Cuban Christ*, 3.

8. De La Torre, *Quest for the Cuban Christ*, 5.

9. Guardiola-Sáenz, "Border-Crossing and Its Redemptive Power", 129.

10. Donaldson, "Sign of Orpah", 95.

11. Menchú y Burgos-Debray, *I, Rigoberta Menchú*. Ver cap. 18, "The Bible and Self-defence: The Examples of Judith, Moses and David".

12. M. Gonzalez, *Afro-Cuban Theology*, 75.

13. De La Torre, *La Lucha for Cuba*, 30.

14. Pedraza, "Los Marielitos of 1980".

15. De La Torre, *La Lucha for Cuba*, 15.

16. De La Torre, *La Lucha for Cuba*, 25.

17. De La Torre, *La Lucha for Cuba*, 32.

Capítulo 2 La teología abuelita

1. *Intersticial* es una palabra que significa formar u ocupar intersticios, que son espacios pequeños como grietas o hendiduras.

2. Rodríguez y Fortier, *Cultural Memory*, 1-4.

3. Hasan Al-Saidi, "Post-colonialism Literature", 95-105.

4. Hasan Al-Saidi, "Post-colonialism Literature", 95.

5. Hasan Al-Saidi, "Post-colonialism Literature", 96.

6. "John MacArthur, Beth Moore Go Home".

7. Armas, "White Peacemakers", 16:48-17:08 mins.

8. M. Smith, *I Found God in Me*, 8.

9. Isasi-Díaz, *Mujerista Theology*, 1.

10. Isasi-Díaz, *Mujerista Theology*, 3.

11. Isasi-Díaz, *Mujerista Theology*, 1.

12. Isasi-Díaz, *Mujerista Theology*, 2-3.

13. Aquino y Nuñez, *Feminist Intercultural Theology*, xv-xxv.

14. En español, el Espíritu Santo se suele referir en términos masculinos; sin embargo, en un intento de reflejar las referencias femeninas al Espíritu Santo en las Escrituras, a menudo uso el término femenino: *la Espíritu Santa*.

15. Martell-Otero, Maldonado Pérez y Conde-Frazier, *Latina Evangélicas*, 14.

16. Romero, "Spiritual Praxis of Cesar Chavez", 24-39.

17. Garcia, *Gospel of César Chávez*, 26-27.

18. Romero, "Spiritual Praxis of Cesar Chavez", 27-28.

19. Romero, "Spiritual Praxis of Cesar Chavez", 24.

20. Jennings, *After Whiteness*, 6.

21. Jennings, *After Whitness*, 7.

22. Santos, *Epistemologies of the South*, 42.

23. Tippett, "Robin Wall Kimmerer", 22:00.

24. Tippett, "Robin Wall Kimmerer", 36:00.

25. Lee, *We Will Get to the Promised Land*, 51.

26. Lee, *We Will Get to the Promised Land*, 52.

27. Thurman, *Jesus and the Disinherited*, cap. 2.

28. Byers, "Native American Grandmothers", 305-16.

29. Mutchler, Baker y Lee, "Grandparents Responsible for Grandchildren", 990-1009.

30. Tinker, *Spirit and Resistance*, loc. 1472-2066.

31. Yoshinori, "Asian Grandparents".

32. Keegan y Carlson, *Talking Taíno*, 5.

33. Martell-Otero, Maldonado Pérez y Conde-Frazier, *Latinas Evangélicas*, 3.

34. Martell-Otero, Maldonado Pérez y Conde-Frazier, *Latinas Evangélicas*, 2.

35. Zaru, "Biblical Teachings", 89.

36. Balthasar, *Credo*, 85.

Capítulo 3 La sabiduría que sana

1. Anzaldúa y Keating, *This Bridge We Call Home*, 541-42.

2. Brownsworth, *Lost to the West*, 14.

3. Medina y Gonzales, *Voices from the Ancestors*, 8.

4. Medina y Gonzales, *Voices from the Ancestors*, 11.

5. Ver Young Living Essential Oils blog: "Essential Oils in the Ancient World: Part II". Ver también Gemi-Iordanou et al., *Medicine, Healing and Performance*.

Notas de las páginas 44-63

6. Abelsoud, "Herbal Medicine in Ancient Egypt". Ver también Gemi-Iordanou et al., *Medicine, Healing and Performance*, 34.
7. Me gustaría añadir que no estoy en contra de la medicina occidental. Me siento agradecida por la ciencia moderna, ya que es esencial para muchas formas de curar y controlar el dolor, la depresión, la ansiedad, etc. No estoy argumentando que las formas indígenas de curación deban reemplazar la medicina occidental. Solo me pregunto por qué históricamente ha sido demonizada, en un sentido espiritual, particularmente por los cristianos que ahora están adoptando esas mismas prácticas.
8. Carolina Hinojosa-Cisneros, Facebook, 18 de agosto de 2020.
9. Rivera, "God at the Crossroads", 240.
10. Rivera, "God at the Crossroads", 242.
11. Rivera, "God at the Crossroads", 242-43.
12. Martell-Otero, Maldonado Pérez y Conde-Frazier, *Latinas Evangélicas*, 14.
13. G. Smith, *Historical Geography*, 244; Bright, *History of Israel*, 360.
14. Hamori, *Women's Divination*, 138.
15. Bellis, *Helpmates, Harlots, and Heroes*, 155.
16. Camp, "Wise Women of 2 Samuel", 14-29.
17. Camp, "Wise Women of 2 Samuel", 14-29.
18. Romero, *Brown Church*, 90.
19. Romero, *Brown Church*, 92.
20. Romero, *Brown Church*, 93.
21. Romero, *Brown Church*, 96-97.
22. Pinto-Bailey y dos Reis, "'Slave Woman'", 207.

Capítulo 4 Mujeres del éxodo

1. Curtice, *Native*, 17.
2. Warrior, "Canaanites, Cowboys, and Indians", 21-26.
3. Zaru, "Biblical Teachings", 86.
4. Warrior, "Canaanites, Cowboys, and Indians", 25.
5. Gafney, "When Gomer Looks More like God".
6. Gutiérrez, *We Drink from Our Own Wells*, 77.
7. Chase, *Revolution within the Revolution*, 22.
8. Chase, *Revolution within the Revolution*, 22.
9. Chase, *Revolution within the Revolution*, 28.
10. Robinson, *Montgomery Bus Boycott*, 15.
11. Robinson, *Montgomery Bus Boycott*, 8.
12. Meyers, *Households and Holiness*, 34.
13. Berlyn, "Pharaohs Who Knew Moses", 5.
14. Lapsley, *Whispering the Word*, 72.
15. Lapsley, *Whispering the Word*, 73.
16. Meyers, *Households and Holiness*, 39.
17. Gafney, *Womanist Midrash*, 91.
18. Frymer-Kensky, "Saviors of the Exodus", 25-26.
19. Gafney, *Womanist Midrash*, 90.
20. Jones, "Oldest Trick in the Book", 163-64.
21. Weems, "Hebrew Women Are Not Like the Egyptian Women", 29.

22. Frymer-Kensky, "Saviors of the Exodus", 26.
23. Gafney, *Womanist Midrash*, 91.
24. Evans, *Searching for Sunday*, 3.
25. Nikondeha, *Defiant*, 206-7.
26. Lapsley, *Whispering the Word*, 74.
27. Martell-Otero, Maldonado Pérez y Conde-Frazier, *Latinas Evangélicas*, 41-42.

Capítulo 5 Habla la verdad

1. En los últimos años, algunos han señalado los peligros de este programa, cómo objetivó sexualmente a mujeres y niñas. Ver Jaramillo, "Queasy Cultural Legacy".
2. "Mother Teresa Reflects".
3. Lewis, "35 Zora Neale Hurston Quotes".
4. En la Biblia hebrea, los nazareos eran israelitas que hacían votos de consagrarse al servicio de Dios.
5. Meyers, "Hannah and Her Sacrifice", 97.
6. Stringer, "Hannah", 3.
7. Meyers, "Hannah Narrative in Feminist Perspective", 117.
8. Meyers, "Hannah and Her Sacrifice", 94.
9. Klein, "Hannah", 89.
10. Klein, "Hannah", 88.
11. Amit, "Am I Not More", 75.
12. Klein, "Hannah", 90-91.
13. Stringer, "Hannah", 4.
14. Rachel Held Evans, Twitter, 27 de octubre de 2016, https://twitter.com/rachel heldevans/status/791747847251189761.
15. Klein, "Hannah", 90.
16. Klein, "Hannah", 86.
17. Klein, "Hannah", 92.
18. Martell-Otero, Maldonado Pérez y Conde-Frazier, *Latinas Evangélicas*, 88.
19. M. Smith, *I Found God in Me*, 2.
20. Anzaldúa, *Anzaldúa Reader*, 48.
21. Loera-Brus, "Latinos Owe African Americans".

Capítulo 6 Cosiendo y creando

1. Carolina Hinojosa-Cisneros, Facebook, 20 de diciembre de 2020.
2. Gibbs, *Household Textiles*, 1.
3. Siegal, *Aymara-Bolivianische Textilien*, 15-16.
4. Por ejemplo, las mujeres jóvenes en la cultura tradicional de Malí usan túnicas bogolanas alrededor de sus desechos como protección espiritual durante los períodos liminales posteriores a sus iniciaciones en la feminidad, el matrimonio y el parto. Ver Allman, *Fashioning Africa*, 194.
5. Medina y Gonzales, *Voices from the Ancestors*, 73.
6. Ver "Rana Plaza Accident".
7. Ver Moulds, "Child Labour".
8. Mehta, "Beyond Recycling".
9. Ver "Chilean President Salvador Allende".

10. Ver Barros, *Constitutionalism and Dictatorship*.
11. Agosín, "Arpilleras of Chile".
12. Inés Velásquez-McBryde, conversación con la autora, 16 de agosto de 2020.
13. Inés Velásquez-McBryde, conversación con la autora, 16 de agosto de 2020.
14. Witherington, "Joanna", 12-14.
15. Medina y Gonzales, *Voices from the Ancestors*, 73.
16. Medina y Gonzalez, *Voices from the Ancestors*, 78.
17. Dickerson, "Acts 9:36-43", 301.
18. Aymer, "Acts of the Apostles", 541-42.
19. Keener, *Acts*, 2:1716.
20. Dickerson, "Acts 9:36-43", 302.
21. Kohles, "Euodia, Syntyche, and Lydia", 44.
22. Kohles, "Euodia, Syntyche, and Lydia", 44.
23. Esther Díaz Martín, "Aprender bordando: Embroidery as Meditation and Knowledge Making", en Medina y Gonzales, *Voices from the Ancestors*, 80.

Capítulo 7 Sobreviviendo

1. K. González, *God Who Sees*, 31.
2. Honig, "Ruth, the Model Emigrée", 52.
3. Norton, "Silenced Struggles for Survival", 267.
4. Meyers, "Returning Home", 91, 109-10.
5. Donaldson, "Sign of Orpah", 101.
6. Donaldson, "Sign of Orpah", 101.
7. Meyers, "Family in Early Israel", 21-22.
8. Stevenson, *Just Mercy*, 12-14.
9. Norton, "Silenced Struggles for Survival", 266-67.
10. Norton, "Silenced Struggles for Survival", 269.
11. Armas, "Cultural Identity, Liminality & Folklore".
12. Norton, "Silenced Struggles for Survival", 270.
13. Chan, "Ultimate Trickster", 93.
14. Trible, "Human Comedy", 161.
15. De La Torre, *Embracing Hopelessness*, 150.
16. De La Torre, *Embracing Hopelessness*, 151.
17. Jackson, *Comedy and Feminist Interpretation*, 41.
18. Chan, "Ultimate Trickster", 94-97.
19. Chan, "Ultimate Trickster", 98.
20. Chan, "Ultimate Trickster", 96.
21. Fuchs, "Status and Role", 77.
22. Fuchs, "Status and Role", 80.
23. Fuchs, "Status and Role", 48.

Capítulo 8 Protesta y persistencia

1. Drabold, "Meet the Mothers".
2. Morrison, "Here's Everything You Need to Know".
3. Para la imagen, ver Spalding, "When George Floyd Called Out".
4. Branch, *Jeroboam's Wife*, 34-35.

5. Gafney, *Womanist Midrash*, 198.

6. M. Fernandez, "'You Have to Pay With Your Body'".

7. De acuerdo con un estudio de 2016 por el National Institute of Justice. Ver *Missing and Murdered*.

8. Branch, *Jeroboam's Wife*, 35.

9. Gafney, *Womanist Midrash*, 199.

10. Gafney, *Womanist Midrash*, 199

11. Evans, *Inspired*, 111.

12. Peterson, *Word Made Flesh*, cap. 3.

13. Sacks, *Haggadah*, 106.

14. Gafney, *Womanist Midrash*, 200.

15. Dt 21,23 establece que los cuerpos debían enterrarse el mismo día y no dejarlos en el suelo para contaminarlos.

16. Branch, *Jeroboam's Wife*, 35.

17. Gafney, *Womanist Midrash*, 201.

18. Branch, *Jeroboam's Wife*, 52.

19. McSherry, "Operation Condor".

20. Renée Epelbaum en Muñoz y Portillo, *Mothers of Plaza De Mayo*, 20:48 min.

21. Renée Epelbaum en Muñoz y Portillo, *Mothers of Plaza De Mayo*, 25:05 min.

22. Renée Epelbaum en Muñoz y Portillo, *Mothers of Plaza De Mayo*, 23:09 min.

23. Hebe de Bonafini en Muñoz y Portillo, *Mothers of Plaza De Mayo*, 36:36 min.

24. Bellucci, "Childless Motherhood", 87

25. Bellucci, "Childless Motherhood", 83-88.

26. "Cuba's 'Ladies in White'".

27. Reid, "A Godly Widow", 28.

Capítulo 9 Desesperación

1. Para conocer los prejuicios étnicos o raciales, consulte Hall et al., "Implicit Racial/Ethnic Bias". Para conocer el sesgo de género, consulte Samulowitz et al., "'Hombres valientes' y 'Mujeres emotivas'".

2. Para más información, ver Penner et al., "Reducing Racial Health Care Disparities".

3. Fiorenza, *But She Said*, 13.

4. Martell-Otero, Maldonado Pérez y Conde-Frazier, *Latinas Evangélicas*, 86.

5. Saldaña, "Orale!", 1.

6. Lopez y Robles, "Latina Evangélicas Panel Discussion", 9:54-11:15 mins.

7. Martell-Otero, Maldonado Pérez y Conde-Frazier, *Latinas Evangélicas*, 3.

8. Kohn, Quiñones y Robinson, *Hermanas*, 56.

9. Un ciudadano de Botswana.

10. Dube, *Postcolonial Feminist Interpretation*, 145.

11. Fiorenza, *But She Said*, 14.

12. Dube, *Postcolonial Feminist Interpretation*, 147.

13. Keener, *Commentary on the Gospel of Matthew*, 263.

14. Osborne y Arnold, *Matthew*, 597.

15. Love, *Jesus and Marginal Women*, 159.

16. Kam, *Their Stories, Our Stories*, 194-97.

17. Levine y Brettler, *Jewish Annotated New Testament*, 3.

18. Love, *Jesus and Marginal Women*, 162.
19. Dube, *Postcolonial Feminist Interpretation*, 149.
20. Dube, *Postcolonial Feminist Interpretation*, 139.
21. Fiorenza, *But She Said*, 14.
22. Dube, *Postcolonial Feminist Interpretation*, 193.
23. Fiorenza, *But She Said*, 11.
24. Fiorenza, *But She Said*, 12.
25. Limón, "Wonder Woman".
26. Leahy, "What Does It Mean".

Capítulo 10 Un baile divino

1. S. Fernández, "Celia Cruz's 'Son Con Guaguancó'".
2. Figueroa, "Toward a Spiritual Pedagogy", 40.
3. Leseho y Maxell, "Coming Alive", 17.
4. Martell-Otero, Maldonado Pérez y Conde-Frazier, *Latinas Evangélicas*, 41.
5. Martell-Otero, Maldonado Pérez y Conde-Frazier, *Latinas Evangélicas*, 40
6. Kramer, "Miriam", 109.
7. Kramer, "Miriam", 109.
8. Crosley, "Nipple and the Damage Done".
9. Kreps, "Nipple Ripples".
10. Markham, *Journal of Christopher Columbus*, 38.
11. Zinn, *People's History*, cap. 1.
12. Fallas, "In the Garden of Eden".
13. Conde-Fraizer, "Hispanic Protestant Spirituality", 139.
14. O'Day, "Gospel of John", 630.
15. Guardiola-Sáenz, "Border-Crossing and Its Redemptive Power", 142.
16. Althaus-Reid, *Queer God*, 2.
17. Althaus-Reid, *Queer God*, 2.
18. Martell-Otero, Maldonado Pérez y Conde-Frazier, *Latinas Evangélicas*, 14.
La bachata es un estilo de danza caribeña en la cual uno baila con otra persona.
19. Ramsey, *This Too Shall Last*, 37.
20. Van der Kolk, *Body Keeps the Score*, 102.
21. Elizondo, *Future Is Mestizo*, xiv.
22. Darden, *Scripturalizing Revelation*, 64.
23. Darden, *Scripturalizing Revelation*, 64.
24. Anzaldúa, *Anzaldúa Reader*, 49.
25. Anzaldúa, *Anzaldúa Reader*, 9.

Capítulo 11 Madre del exilio

1. J. González, *Mañana*, 41.
2. De La Torre, *La Lucha for Cuba*, 22.
3. García-Johnson, *Spirit Outside the Gate*, 116.
4. "Walter Mignolo 'Colonial Wounds'".
5. García-Johnson, *Spirit Outside the Gate*, 131.
6. M. Gonzalez, *Afro-Cuban Theology*, 82-83.
7. Tweed, *Our Lady of the Exile*, 23.

8. Tweed, *Our Lady of the Exile*, 29.
9. García-Rivera, *Community of the Beautiful*, 5.
10. Hidalgo, *Revelation in Aztlán*, 18.
11. Altahus-Reid, *Indecent Theology*, 66.
12. Althaus-Reid, *Indecent Theology*, 75.
13. Althaus-Reid, *Indecent Theology*, 34.
14. Althaus-Reid, *Indecent Theology*, 59.
15. Althaus-Reid, *Indecent Theology*, 44.
16. Ruether, *Sexism and God-Talk*, 153.
17. McCaulley, *Reading While Black*, 85.
18. McCaulley, *Reading While Black*, 86.
19. Ruether, *Sexism and God-Talk*, 156-57.
20. Anzaldúa, *Anzaldúa Reader*, 243.

Capítulo 12 Resolviendo en la lucha

1. García-Alfonso, *Resolviendo*, 106.
2. García-Alfonso, *Resolviendo*, 106.
3. García-Alfonso, *Resolviendo*, 107.
4. Gafney, *Womanist Midrash*, 159.
5. Gafney, *Womanist Midrash*, 144.
6. Gafney, *Womanist Midrash*, 144.
7. Gafney, *Womanist Midrash*, 144.
8. UN General Assembly, Resolution 61/295, art. 8, núm. 1 y 2b.
9. Mendes, "Resisting to Exist".
10. Gafney, *Womanist Midrash*, 148.
11. Martell-Otero, Maldonado Pérez y Conde-Frazier, *Latinas Evangélicas*, 41.
12. Isasi-Díaz, "Mujerista Discourse", 49.
13. Isasi-Díaz, "Mujerista Discourse", 49.
14. Klein, "Achsah", 19.
15. Newsom, Ringe y Lapsley, *Women's Bible Commentary*.
16. Newsom, Ringe y Lapsley, *Women's Bible Commentary*, 107.
17. Newsom, Ringe y Lapsley, *Women's Bible Commentary*, 107.
18. Klein, "Achsah", 24.
19. Newsom, Ringe y Lapsley, *Women's Bible Commentary*, 107.
20. Martell-Otero, Maldonado Pérez y Conde-Frazier, *Latinas Evangélicas*, 36.
21. Martell-Otero, Maldonado Pérez y Conde-Frazier, *Latinas Evangélicas*, 36.
22. Reyes, *Nobody Cries When We Die*.
23. Todas las citas en este párrafo son de Isasi-Díaz, *Mujerista Theology*, cap. 1, "A Hispanic Garden in a Foreign Land", 13-28.
24. Watson dijo esta cita en 1985, en United Nations Decade for Women Conference en Nairobi. Sin embargo, ha explicado que a principios de la década de 1970 formó parte de un grupo de derechos aborígenes en Queensland, donde idearon la frase.
25. Ver Jennings, *Christian Imagination*.
26. Labberton, "Willie James Jennings on Race".
27. Labberton, "Willie James Jennings on Race".
28. Jennings, "Can 'White' People Be Saved".

Bibliografía

Abelsoud, N. H. "Herbal Medicine in Ancient Egypt". *Journal of Medicinal Plants Research* 4, n. 2 (18 de enero de 2010): 82-86.

Agosín, Marjorie. "The Arpilleras of Chile (with Marjorie Agosin)". Vídeo. Facing History and Ourselves. Acceso el 17 de julio de 2020. https://www .facinghistory.org/resource-library/video/arpilleras-chile-marjorie-agosin.

Allman, Jean Marie. *Fashioning Africa: Power and the Politics of Dress*. African Expressive Cultures. Bloomington: Indiana University Press, 2004.

Althaus-Reid, Marcella. *Indecent Theology: Theological Perversions in Sex, Gender and Politics*. Nueva York: Routledge, 2000.

— *The Queer God*. Londres: Routledge, 2003.

Amit, Yairah. "Am I Not More Devoted to You than Ten Sons? (1 Samuel 1.8): Male and Female Interpretations". En Brenner, *Samuel and Kings*, 68-76.

Anzaldúa, Gloria. *The Gloria Anzaldúa Reader*. Editado por AnaLouise Keating. Durham, NC: Duke University Press, 2009.

— *Light in the Dark/Luz en lo oscuro: Rewriting Identity, Spirituality, Reality*. Editado por AnaLouise Keating. Durham, NC: Duke University Press, 2015.

Anzaldúa, Gloria, y AnaLouise Keating, eds. *This Bridge We Call Home: Radical Visions of Transformation*. Nueva York: Routledge, 2002.

Aquino, María Pilar, y María José Rosado Nuñez, eds. *Feminist Intercultural Theology: Latina Explorations for a Just World*. Maryknoll, NY: Orbis Books, 2007.

Armas, Kat. "Anti-racism as Spiritual Formation (Ally Henny Pt. 2)". Publicado el 30 de septiembre 2020. *The Protagonistas*. Podcast, 56:27. https://katarmas .com/theprotagonistaspodcast/2020/9/30/anti-racism-as-spiritual-forma tion-ally-henny-pt-2.

— "Cultural Identity, Liminality & Folklore". Publicado el 31 de julio de 2020. *The Protagonistas*. Podcast, 51:36. https://katarmas.com/theprotagonistas podcast/2020/7/31/cultural-identity-liminality-amp-folklore.

— "White Peacemakers and Holistic, Sustainable Restoration". Publicado el 26 de mayo de 2020. *The Protagonistas*. Podcast, 43:30. https://katarmas.com /theprotagonistaspodcast/2020/5/26/white-peacemakers-and-holistic-sus tainable-restoration.

Aymer, Margaret. "Acts of the Apostles". En Newsom, Ringe y Lapsley, *Women's Bible Commentary*, 536-46. Louisville: Westminster John Knox, 2012.

Bach, Alice, ed. *Women in the Hebrew Bible: A Reader*. Hoboken, NJ: Taylor and Francis, 2013.

Balthasar, Hans Urs von. *Credo: Meditations on the Apostle's Creed*. Twentieth Century Religious Thought. San Francisco: Ignatius, 2005.

Barros, Robert. *Constitutionalism and Dictatorship: Pinochet, the Junta, and the 1980 Constitution*. Cambridge Studies in the Theory of Democracy. Cambridge: Cambridge University Press, 2002.

Bellis, Alice Ogden. *Helpmates, Harlots, and Heroes: Women's Stories in the Hebrew Bible*. Louisville: Westminster John Knox, 1994.

Bellucci, Mabel. "Childless Motherhood: Interview with Nora Cortiñas, a Mother of the Plaza de Mayo, Argentina". *Reproductive Health Matters* 7, n. 13 (1999): 83-88.

Berlyn, Patricia. "The Pharaohs Who Knew Moses". *Jewish Bible Quarterly* 39, n. 1 (enero de 2011): 3-14.

Branch, Robin. *Jeroboam's Wife: The Enduring Contributions of the Old Testament's Least-Known Women*. Grand Rapids: Baker Academic, 2009.

Brenner, Athalya, ed. *Exodus to Deuteronomy*. A Feminist Companion to the Bible. Sheffield: Sheffield Academic, 2000.

— *Judges*. A Feminist Companion to the Bible. Sheffield: JSOT Press, 1993.

— *Ruth and Esther*. A Feminist Companion to the Bible. Eugene, OR: Wipf & Stock, 2007.

— *Samuel and Kings*. A Feminist Companion to the Bible. Sheffield: Sheffield Academic, 1994.

Bright, J. *A History of Israel*. 4.ª ed. Louisville: Westminster John Knox, 1959.

Brownworth, Lars. *Lost to the West: The Forgotten Byzantine Empire That Rescued Western Civilization*. Nueva York: Crown, 2010.

Byers, L. "Native American Grandmothers: Cultural Tradition and Contemporary Necessity". *Journal of Ethnic & Cultural Diversity in Social Work* 19, n. 4 (2010): 305-16.

Camp, Claudia V. "The Wise Women of 2 Samuel: A Role Model for Women in Early Israel". *Catholic Biblical Quarterly* 43 (1981): 14-29.

Chan, C. W. "The Ultimate Trickster in the Story of Tamar from a Feminist Perspective". *Feminist Theology* 24, n. 1 (2015): 93-101.

Chase, Michelle. *Revolution within the Revolution: Women and Gender Politics in Cuba, 1952-1962*. Envisioning Cuba. Chapel Hill: University of North Carolina Press, 2015.

"Chilean President Salvador Allende Dies in Coup". History.com, 9 de septiembre de 2020. https://www.history.com/this-day-in-history/allende-dies-in-coup.

Collins, Patricia Hill. *Black Feminist Thought: Knowledge, Consciousness, and the Politics of Empowerment*. Nueva York: Routledge, 2000.

Conde-Frazier, Elizabeth. "Hispanic Protestant Spirituality". En *Teología en Conjunto: A Collaborative Hispanic Protestant Theology*, editado por José David Rodriguez y Loida I. Martell-Otero, 125-45. Louisville: Westminster John Knox, 1997.

Crosley, Hillary. "The Nipple and the Damage Done: Janet Jackson's Post-Super Bowl Fall". Music, *Rolling Stone*, 31 de enero de 2014. https://www.rollingstone.com/music/music-news/the-nipple-and-the-damage-done-janet-jacksons-post-super-bowl-fall-187061/.

"Cuba's 'Ladies in White'". *Human Rights First*. Acceso el 12 de enero de 2021. https://web.archive.org/web/20090720010456/http://www.humanrightsfirst.org/defenders/hrd_cuba/hrd_cuba_blanco.htm.

Curtice, Kaitlin B. *Native: Identity, Belonging, and Rediscovering God*. Grand Rapids: Brazos, 2020.

Darden, Lynne St. Clair. *Scripturalizing Revelation: An African American Postcolonial Reading of Empire*. Atlanta: SBL Press, 2015.

De La Torre, Miguel A. *Embracing Hopelessness*. Minneapolis: Fortress, 2017.

— *Hispanic American Religious Cultures*. Santa Bárbara, CA: ABC-CLIO, 2009.

— *La Lucha for Cuba: Religion and Politics on the Streets of Miami*. Berkeley: University of California Press, 2003.

— *The Quest for the Cuban Christ: A Historical Search*. The History of African-American Religions. Gainesville: University Press of Florida, 2002.

Dickerson, Febbie C. "Acts 9:36-43: The Many Faces of Tabitha, a Womanist Reading". En M. Smith, *I Found God in Me*, 296-312.

Donaldson, Laura. "The Sign of Orpah: Reading Ruth through Native Eyes". En Kwok, *Hope Abundant*, 138-51.

Drabold, Will. "Meet the Mothers of the Movement Speaking at the Democratic Convention". Politics, *Time*, 26 de julio de 2015. https://time.com/4423920 /dnc-mothers-movement-speakers/.

Dube, Musa. *Postcolonial Feminist Interpretation of the Bible*. St. Louis: Chalice, 2014.

Elizondo, Virgilio P. *The Future Is Mestizo: Life Where Cultures Meet*. Ed. rev. Boulder: University Press of Colorado, 2000.

— "Our Lady of Guadalupe, Gift of a Loving God". *Faith & Leadership*. 5 de diciembre de 2011. https://faithandleadership.com/virgilio-elizondo-our -lady-guadalupe-gift-loving-god.

"Essential Oils in the Ancient World: Part II". *The Lavender Life* (blog), Young Living Essential Oils, 15 de abril de 2015. https://www.youngliving.com /blog/essential-oils-in-the-ancient-world-part-ii/.

Evans, Rachel Held. *Inspired: Slaying Giants, Walking on Water, and Loving the Bible Again*. Nashville: Thomas Nelson, 2018.

— *Searching for Sunday: Loving, Leaving, and Finding the Church*. Nashville: Nelson Books, 2015.

Fallas, Amy. "In the Garden of Eden with Shakira". *Sojourners*, el 7 de febrero de 2020. https://sojo.net/articles/garden-eden-shakira.

Fernandez, Manny. "'You Have to Pay with Your Body': The Hidden Nightmare of Sexual Violence on the Border". *The New York Times*. 3 de marzo de 2019. https://www.nytimes.com/2019/03/03/us/border-rapes-migrant-women .html.

Fernández, Stephanie. "Celia Cruz's 'Son Con Guaguancó' and the Bridge to Fame in Exile". *NPR*. 13 de febrero de 2018. https://www.npr.org/2018/02 /13/584004511/celia-cruzs-son-con-guaguanc-and-the-bridge-tofame-in -exile.

Fernández-Albán, Ary. *Decolonizing Theology in Revolution: A Critical Retrieval of Sergio Arce's Theological Thought*. Cham, Switzerland: Palgrave Macmillan, 2018.

Figueroa, Maria. "Toward a Spiritual Pedagogy along the Borderlands". En *Fleshing the Spirit: Spirituality and Activism in Chicana, Latina, and Indigenous Women's Lives*, editado por Elisa Fació y Irene Lara, 34-42. Tucson: University of Arizona Press, 2014.

Fiorenza, Elisabeth Schüssler. *But She Said: Feminist Practices of Biblical Interpretation*. Boston: Beacon, 1992.

Frymer-Kensky, Tikva. "Saviors of the Exodus". En *Reading the Women of the Bible: A New Interpretation of Their Stories*, 24-33. Nueva York: Schocken, 2002.

Fuchs, Esther. "Status and Role of Female Heroines in the Biblical Narrative". En Bach, *Women in the Hebrew Bible*, 77-84.

Gafney, Wilda. "When Gomer Looks More like God". *The Rev. Wil Gafney, Ph.D.* (blog). 24 de septiembre de 2018. https://www.wilgafney.com/2018/09/24 /when-gomer-looks-more-like-god/.

— *Womanist Midrash: A Reintroduction to the Women of the Torah and the Throne*. Louisville: Westminster John Knox, 2017.

Garcia, Mario T., ed. *The Gospel of César Chávez: My Faith in Action*. Celebrating Faith. Lanham, MD: Sheed & Ward, 2007.

García-Alfonso, Cristina. *Resolviendo: Narratives of Survival in the Hebrew Bible and in Cuba Today*. Nueva York: Peter Lang, 2010.

García-Johnson, Oscar. *Spirit Outside the Gate: Decolonial Pneumatologies of the American Global South*. Missiological Engagements. Downers Grove, IL: IVP Academic, 2019.

García-Rivera, Alejandro. *The Community of the Beautiful: A Theological Aesthetics*. Collegeville, MN: Liturgical Press, 1999.

Gemi-Iordanou, Effie, Stephen Gordon, Robert Matthew y Ellen McInnes. *Medicine, Healing and Performance*. Oxford: Oxbow Books, 2014.

Gibbs, Charlotte Mitchell. *Household Textiles*. Boston: Whitcomb & Barrows, 1912.

González, Justo L. *Mañana: Christian Theology from a Hispanic Perspective*. Nashville: Abingdon, 1990.

González, Karen. *The God Who Sees: Immigrants, the Bible, and the Journey to Belong*. Harrisonburg, VA: Herald, 2019.

Gonzalez, Michelle A. *Afro-Cuban Theology: Religion, Race, Culture, and Identity*. Gainesville: University Press of Florida, 2006.

Gossai, Hemchand, ed. *Postcolonial Commentary and the Old Testament*. Nueva York: T&T Clark, 2019.

Guardiola-Sáenz, Leticia A. "Border-Crossing and Its Redemptive Power in John 7.53-8.11: A Cultural Reading of Jesus and the Accused". En *John and Postcolonialism: Travel, Space, and Power*, editado por M. W. Dube y J. L. Staley, 129-52. Nueva York: Sheffield Academic, 2002.

Gutiérrez, Gustavo. *We Drink from Our Own Wells: The Spiritual Journey of a People*. Ed. 20.ª aniv. Maryknoll, NY: Orbis Books, 2003.

Hall, William J., Mimi V. Chapman, Kent M. Lee, Yesenia M. Merino, Tainayah W. Thomas, B. Keith Payne, Eugenia Eng, Steven H. Day y Tamera Coyne-Beasley. "Implicit Racial/Ethnic Bias among Health Care Professionals and Its Influence on Health Care Outcomes: A Systematic Review". *American Journal of*

Public Health 105, n. 12 (diciembre de 2015): e60-e76. https://www.ncbi.nlm
.nih.gov/pmc/articles/PMC4638275/.

Hamori, Esther J. *Women's Divination in Biblical Literature: Prophecy, Necromancy, and Other Arts of Knowledge*. New Haven: Yale University Press, 2015.

Hasan Al-Saidi, Afaf Ahmed. "Post-colonialism Literature the Concept of Self and the Other in Coetzee's Waiting for the Barbarians: An Analytical Approach". *Journal of Language Teaching and Research* 5, n. 1 (2014): 95-105.

Hidalgo, Jacqueline M. *Revelation in Aztlán: Scriptures, Utopias, and the Chicano Movement*. The Bible and Cultural Studies. Nueva York: Palgrave Macmillan, 2016.

Honig, Bonnie. "Ruth, the Model Emigrée: Mourning and the Symbolic Politics of Immigration". En Brenner, *Ruth and Esther*, 50-74.

Isasi-Díaz, Ada María. "Mujerista Discourse: A Platform for Latinas' Subjugated Knowledge". En *Decolonizing Epistemologies: Latina/o Theology and Philosophy*, editado por Ada María Isasi-Díaz y Eduardo Mendieta, 44-67. Transdisciplinary Theological Colloquia. Nueva York: Fordham University Press, 2012.

— *Mujerista Theology: A Theology for the TwentyFirst Century*. Maryknoll, NY: Orbis Books, 1996.

Isasi-Díaz, Ada María, y Fernando F. Segovia, eds. *Hispanic/Latino Theology: Challenge and Promise*. Minneapolis: Fortress, 1996.

Jackson, Melissa A. *Comedy and Feminist Interpretation of the Hebrew Bible: A Subversive Collaboration*. Oxford Theological Monographs. Oxford: Oxford University Press, 2012.

Jaramillo, Juliana Jiménez. "The Queasy Cultural Legacy of Sábado Gigante". Brow Beat, *Slate*, 21 de abril de 2015. https://slate.com/culture/2015/04/sabado-gigante-canceled-all-spanish-speakers-should-be-glad-it-s-finally-going-off-the-air.html.

Jennings, Willie James. *After Whiteness: A Theological Education in Belonging*. Grand Rapids: Eerdmans, 2020.

— "Can 'White' People Be Saved: Reflections on Missions and Whiteness". Discurso pronunciado como parte del Fuller Dialogues: Race and Identity. Publicado por Fuller Studio el 24 de febrero de 2018. https://fullerstudio.fuller.edu/fuller-dialogues-race-theology-and-mission/.

— *The Christian Imagination: Theology and the Origins of Race*. New Haven: Yale University Press, 2010.

"John MacArthur Beth Moore Go Home". *Reformation Charlotte*. 18 de octubre de 2019. Vídeo de YouTube, 7:35. https://www.youtube.com/watch?v=NeNKH qpBcgc.

Jones, Barry. "The Oldest Trick in the Book: Narrative Explorations of Oppression and Resistance in Exodus 1". *Review & Expositor* 114 (2017): 157-65.

Kam, Rose. *Their Stories, Our Stories: Women of the Bible.* Nueva York: Continuum, 1995.

Keegan, William F., y Lisabeth A. Carlson. *Talking Taíno: Caribbean Natural History from a Native Perspective.* Tuscaloosa: University of Alabama Press, 2008.

Keener, Craig. *Acts: An Exegetical Commentary.* Vol. 2, *3:1-14:28.* Grand Rapids: Baker Academic, 2013.

— *A Commentary on the Gospel of Matthew.* Grand Rapids: Eerdmans, 1999.

Klein, Lillian R. "Achsah, What Price This Prize?". En Brenner, *Judges*, 18-26.

— "Hannah: Marginalized Victim and Social Redeemer". En Brenner, *Samuel and Kings*, 77-92.

Kohles, Sarah. "Euodia, Syntyche, and Lydia: The Leading Ladies of Philippi in Philippians 4:2-3 and Acts 16:11-15, 40". Tesis doctoral, Catholic Theological Union at Chicago, 2015. Theological Research Exchange Network.

Kohn, Natalia, Noemi Vega Quiñones y Kristy Garza Robinson. *Hermanas: Deepening Our Identity and Growing Our Influence.* Downers Grove, IL: InterVarsity, 2018.

Kramer, Phyllis Silverman. "Miriam". En Brenner, *Exodus to Deuteronomy*, 104-33. Sheffield: Sheffield Academic, 2000.

Kreps, Daniel. "Nipple Ripples: 10 Years of Fallout from Janet Jackson's Halftime Show". Culture, *Rolling Stone*, 30 de enero de 2014. https://www.rollingstone.com/culture/culture-news/nipple-ripples-10-years-of-fallout-from-janet-jacksons-halftime-show-122792/.

Kwok, Pui-lan, ed. *Hope Abundant: Third World and Indigenous Women's Theology.* Maryknoll, NY: Orbis Books, 2010.

Labberton, Mark. "Willie James Jennings on Race". Publicado el 14 de febrero de 2017. *Conversing.* Podcast, 01:04:06. https://conversing.libsyn.com/6-willie-james-jennings-on-race.

Lapsley, Jacqueline. *Whispering the Word: Hearing Women's Stories in the Old Testament.* Louisville: Westminster John Knox, 2005.

Leahy, Anna. "What Does It Mean to Live with a Body That Can't Be Fixed?". *BuzzFeed News.* 28 de septiembre de 2018. https://www.buzzfeednews.com/article/annaleahy/living-with-chronic-pain-that-cant-be-fixed-ada-limon.

Lee, Hak Joon. *We Will Get to the Promised Land: Martin Luther King, Jr.'s Communal-Political Spirituality.* Eugene, OR: Wipf & Stock, 2017.

Leseho, Johanna, y Lisa Rene Maxwell. "Coming Alive: Creative Movement as a Personal Coping Strategy on the Path to Healing and Growth". *British Journal of Guidance & Counseling* 38, n. 1 (febrero de 2010): 17-30.

Levine, Amy-Jill, y Marc Zvi Brettler, eds. *The Jewish Annotated New Testament: New Revised Standard Version Bible Translation.* Nueva York: Oxford University Press, 2011.

Lewis, Jone Johnson. "35 Zora Neale Hurston Quotes". ThoughtCo. 9 de diciembre de 2019. https://www.thoughtco.com/zora-neale-hurston-quotes-3530194.

Limón, Ada. "Wonder Woman". En *The Carrying: Poems*, 42. Minneapolis: Milkweed Editions, 2018.

Loera-Brus, Antonio, de. "Latinos Owe African Americans Everything". *The Tennessee Tribune.* 5 de agosto de 2020. https://tntribune.com/latinos-owe -african-americans-everything/.

Lopez, Juan Carlos, y Rogelio Robles. "Latina Evangélicas Panel Discussion [with Dr. Elizabeth Conde-Frazier]". Publicado el 7 de noviembre de 2017. *Spanglish Seminary Podcast.* 97:00. https://www.stitcher.com/show/spanglish -seminary/episode/latina-evangelicas-panel-discussion-with-dr-elizabeth -conde-frazier-52152628.

Love, Stuart. *Jesus and Marginal Women: The Gospel of Matthew in Social-Scientific Perspective.* Eugene, OR: Cascade Books, 2009.

Markham, Clements R. *The Journal of Christopher Columbus (During His First Voyage, 1492-93): And Documents Relating to the Voyages of John Cabot and Gaspar Corte Real.* Farnham, UK: Hakluyt Society, 2010.

Martell-Otero, Loida I., Zaida Maldonado Pérez y Elizabeth CondeFrazier. *Latina Evangélicas: A Theological Survey from the Margins.* Eugene, OR: Cascade Books, 2013.

McCaulley, Esau. *Reading While Black: African American Biblical Interpretation as an Exercise in Hope.* Downers Grove, IL: InterVarsity, 2020.

McSherry, J. Patrice. "Operation Condor: Clandestine Inter-American System". *Social Justice* 26, n. 4 (1999): 144-74.

Medina, Lara, y Martha R. Gonzales, eds. *Voices from the Ancestors: Xicanx and Latinx Spiritual Expressions and Healing Practices.* Tucson: University of Arizona Press, 2019.

Mehta, Angeli. "Beyond Recycling: Putting the Brakes on Fast Fashion". *Reuters Events,* 28 de abril de 2019. https://www.reutersevents.com/sustainability /beyond-recycling-putting-brakes-fast-fashion.

Menchú, Rigoberta, y Elisabeth Burgos-Debray. *I, Rigoberta Menchú: An Indian Woman in Guatemala.* Londres: Verso, 2009. E-book.

Mendes, Karla. "Resisting to Exist: Indigenous Women Unite against Brazil's Far-Right President". *Amazon Watch*, 20 de mayo de 2019. https://amazon watch.org/news/2019/0520-resisting-to-exist.

Meyers, Carol. "The Family in Early Israel". En *Families in Ancient Israel*, por Leo G. Perdue, Joseph Blenkinsopp, John J. Collins y Carol Meyers, 1-47. The Family, Religion, and Culture. Louisville: Westminster John Knox, 1997.

— "Hannah and Her Sacrifice: Reclaiming Female Agency". En Brenner, *Samuel and Kings*, 93-105.

— "The Hannah Narrative in Feminist Perspective". En *Go to the Land I Will Show You: Studies in Honor of Dwight W. Young*, editado por Dwight W. Young, Joseph E. Coleson, Victor Harold Matthews y Joseph Coleson, 117-26. Winona Lake, IN: Eisenbrauns, 1996.

— *Households and Holiness: The Religious Culture of Israelite Women*. Facets. Minneapolis: Fortress, 2005.

— "Returning Home: Ruth 1.8 and the Gendering of the Book of Ruth". En Brenner, *Ruth and Esther*, 85-114.

Mignolo, Walter. *Local Histories/Global Designs: Coloniality, Subaltern Knowledges, and Border Thinking*. Princeton Studies in Culture/Power/History. Princeton: Princeton University Press, 2012.

Missing and Murdered: Confronting the Silent Crisis in Indian Country, before the Committee on Indian Affairs, United States Senate. 12 de diciembre de 2018. Testimonio de Charles Addington, director – Office of Justice Services, Bureau of Indian Affairs. https://www.doi.gov/ocl/indian-country-crisis.

Morrison, Aaron. "Here's Everything You Need to Know about the Mothers of the Movement". *Mic*, 26 de julio de 2016. https://www.mic.com/articles/149802 /here-s-everything-you-need-to-know-about-the-mothers-of-the-movement.

"Mother Teresa Reflects on Working Toward World Peace". *Architects of Peace*. Acceso el 12 de enero de 2021. https://www.scu.edu/mcae/architects-of -peace/Teresa/essay.html.

Moulds, Josephine. "Child Labour in the Fashion Supply Chain: Where, Why, and What Can Be Done". *The Guardian*. Acceso el 6 de febrero de 2021. https://labs.theguardian.com/unicef-child-labour/.

Muñoz, Susana Blaustein, y Lourdes Portillo, dirs. *The Mothers of Plaza De Mayo* (documental). 1985; Buenos Aires, Argentina: Women Make Movies, 1985.

Mutchler, J. E., L. A. Baker y S. Lee. "Grandparents Responsible for Grandchildren in Native-American Families". *Social Science Quarterly* 88, n. 4 (2007): 990-1009.

Newsom, Carol A., Sharon H. Ringe y Jacqueline E. Lapsley, eds. *Women's Bible Commentary*. 3.ª ed. Louisville: Westminster John Knox, 2012.

Nikondeha, Kelley. *Defiant: What the Women of Exodus Teach Us about Freedom*. Grand Rapids: Eerdmans, 2020.

Norton, Yolanda. "Silenced Struggles for Survival: Finding Life in Death in the Book of Ruth". En M. Smith, *I Found God in Me*, 266-80.

O'Day, Gail R. "The Gospel of John: Introduction, Commentary and Reflections". En *Luke-John*, editado por Leander E. Keck, 496-865. Vol. 9 de *The New Interpreter's Bible*. Nashville: Abingdon, 1994.

Osborne, Grant R., y Clinton E. Arnold. *Matthew*. Zondervan Exegetical Commentary Series: New Testament 1. Grand Rapids: Zondervan, 2010.

Pedraza, Sylvia. "Los Marielitos of 1980: Race, Class, Gender, and Sexuality". *ACSE Cuba*. 30 de noviembre de 2004. https://www.ascecuba.org/asce_proceedings/los-marielitos-of-1980-race-class-gender-and-sexuality/.

Penner, Louis A., Irene V. Blair, Terrance L. Albrecht y John F. Dovidio. "Reducing Racial Health Care Disparities: A Social Psychological Analysis". *Policy Insights from the Behavioral and Brain Sciences* 1, n. 1 (octubre 2014): 204-12. https://www.ncbi.nlm.nih.gov/pmc/articles/PMC4332703/.

Peterson, Eugene. *The Word Made Flesh: The Language of Jesus in His Stories and Prayers*. Londres: Hodder & Stoughton, 2008.

Pinto-Bailey, Cristina Ferreira, y Maria Firmina dos Reis. "'The Slave Woman': An Introduction". *Afro-Hispanic Review* 32, n. 1 (primavera 2013): 205-18. www.jstor.org/stable/23617266.

Ramsey, K. J. *This Too Shall Last: Finding Grace When Suffering Lingers*. Grand Rapids: Zondervan, 2020.

"The Rana Plaza Accident and Its Aftermath". *International Labour Organization*. Acceso el 6 de febrero de 2021. https://www.ilo.org/global/topics/geip/WCMS_614394/lang--en/index.htm.

Reid, Barbara E. "A Godly Widow Persistently Pursuing Justice: Luke 18:1-8". *Biblical Research* 45 (2000): 25-33.

Reyes, Patrick B. *Nobody Cries When We Die: God, Community, and Surviving to Adulthood*. Nashville: Chalice, 2016. ProQuest Ebook Central.

Rivera, Mayra. "God at the Crossroads: A Postcolonial Reading of Sophia". En *The Postcolonial Biblical Reader*, editado por R. S. Sugirtharajah. Oxford: Wiley & Sons, 2005. ProQuest Ebook Central.

Robinson, Jo Ann. *The Montgomery Bus Boycott and the Women Who Started It: The Memoir of Jo Ann Gibson Robinson*. Editado por David J. Garrow. Knoxville: University of Tennessee Press, 1987.

Rodríguez, Jeanette, y Ted Fortier. *Cultural Memory: Resistance, Faith, and Identity*. Austin: University of Texas Press, 2007.

Romero, Robert Chao. *Brown Church: Five Centuries of Latina/o Social Justice, Theology, and Identity*. Downers Grove, IL: InterVarsity, 2020.

— "The Spiritual Praxis of Cesar Chavez". *Hispanic Theological Initiative/ Perspectivas* (Princeton Theological Seminary) (2017): 24-39.

Ruether, Rosemary Radford. *Sexism and God-Talk: Toward a Feminist Theology; With a New Introduction*. Twentieth Century Religious Thought. Boston: Beacon, 1993.

Sacks, Jonathan. *Rabbi Jonathan Sack's Haggadah: Hebrew and English Text with New Essays and Commentary*. Jerusalem: Maggid Books, 2015.

Saldaña, Ruben Jr. "Orale! Food and Identity Amongst Latinos". *Institute for Latino Studies* (University of Notre Dame) 6, n. 4 (2001): 1-10.

Samulowitz, Anke, Ida Gremyr, Erik Eriksson y Gunnel Hensing. "'Brave Men' and 'Emotional Women': A Theory-Guided Literature Review on Gender Bias in Health Care and Gender Norms towards Patients with Chronic Pain". *Pain Research and Management* 2018 (25 de febrero de 2018): 1-14. https:// doi.org/10.1155/2018/6358624.

Santos, Boaventura de Sousa. *Epistemologies of the South: Justice against Epistemicide*. Nueva York: Taylor & Francis Group, 2014.

Serano, Julia. *Excluded: Making Feminsist and Queer Movements More Inclusive*. Berkely, CA: Seal, 2013.

Siegal, William. *Aymara-Bolivianische Textilien*. Krefeld: Deutsches Textilmuseum, 1991.

Smith, George Adam. *Historical Geography of the Holy Land: Especially in Relation to the History of Israel and of the Early Church*. 15.º ed. Nueva York: Hodder & Stoughton, 1896.

Smith, Mitzi J., ed. *I Found God in Me: A Womanist Biblical Hermeneutics Reader*. Eugene, OR: Cascade Books, 2015.

Spalding, Diana. "When George Floyd Called Out for His Mama, Mothers Everywhere Answered". *Motherly*, 4 de junio de 2020. https://www.mother.ly /news/george-floyd-called-for-mothers-everywhere.

Stevenson, Bryan. *Just Mercy: A Story of Justice and Redemption*. Nueva York: Spiegel & Grau, 2014.

Stringer, Tracey. "Hannah: More than a Mother". *Priscilla Papers* 33, n. 1 (2019): 3-6.

Thurman, Howard. *Jesus and the Disinherited*. Boston: Beacon, 1996.

Tinker, George E. *Spirit and Resistance: Political Theology and American Indian Liberation*. Minneapolis: Fortress, 2004. Kindle.

Tippett, Krista. "Robin Wall Kimmerer: The Intelligence of Plants". Transmitido el 25 de febrero de 2016, actualizado el 20 de agosto de 2020. *On*

Being with Krista Tippett. Podcast, 50:55. https://onbeing.org/programs /robin-wall-kimmerer-the-intelligence-of-plants/.

Trible, Phyllis. "A Human Comedy: The Book of Ruth". En *Literary Interpretations of Biblical Narratives.* Vol. 2, editado por Kenneth R. R. Gros Louis con James S. Ackerman, 161-90. Nashville: Abingdon, 1982.

Tweed, Thomas A. *Our Lady of the Exile: Diasporic Religion at a Cuban Catholic Shrine in Miami.* Religion in America Series. Nueva York: Oxford University Press, 1997.

UN General Assembly. Resolución 61/295. United Nations Declaration on the Rights of Indigenous Peoples. 13 de septiembre de 2007. https://www.un.org /development/desa/indigenouspeoples/wp-content/uploads/sites/19/2018 /11/UNDRIP_E_web.pdf.

Van der Kolk, Bessel A. *The Body Keeps the Score: Brain, Mind, and Body in the Healing of Trauma.* Nueva York: Penguin Books, 2015.

"Walter Mignolo 'Colonial Wounds, Decolonial Healing'". *Sharing Life.* 22 de mayo de 2019. Vídeo de Vimeo, 1:03:15. https://vimeo.com/337899001.

Warrior, Robert Allen. "Canaanites, Cowboys, and Indians: Deliverance, Conquest, and Liberation Theology Today". *Christianity and Crisis* 49, n. 12 (1989): 21-26.

Weems, Renita J. "The Hebrew Women Are Not Like the Egyptian Women: The Ideology of Race, Gender and Sexual Reproduction in Exodus 1". *Semeia* 59 (1992): 25-34.

Witherington, Benjamin, III. "Joanna: Apostle of the Lord—or Jailbait?". *Bible Review* 21, n. 2 (2005): 12-14.

Yoshinori, Kamo. "Asian Grandparents". En *Handbook on Grandparenthood*, editado por Maximiliane E. Szinovácz, 97-112. Westport, CT: Greenwood, 1998.

Yugar, Theresa A. *Sor Juana Inés de la Cruz: Feminist Reconstruction of Biography and Text.* Eugene, OR: Wipf & Stock, 2014.

Zaru, Jean. "Biblical Teachings and the Hard Realities of Life". En Kwok, *Hope Abundant*, 123-37.

Zinn, Howard. *A People's History of the United States: 1492-Present.* Harper Perennial Modern Classics. Nueva York: HarperPerennial, 2005. E-book.